杭州日报报业集团·浙江大学元宇宙产业与文化创新研究中心
电子竞技职业技能等级认定推荐教材

中国电子竞技
产业文化概论

AN INTRODUCTION
TO THE CULTURE OF CHINESE
E-SPORTS INDUSTRY

赵瑜佩　林仲轩　著

ZHEJIANG UNIVERSITY PRESS
浙江大学出版社
·杭州·

图书在版编目（CIP）数据

中国电子竞技产业文化概论 / 赵瑜佩，林仲轩著
. — 杭州：浙江大学出版社，2022.9
ISBN 978-7-308-22474-1

Ⅰ．①中… Ⅱ．①赵… ②林… Ⅲ．①电子游戏－运
动竞赛－体育产业－研究－中国 Ⅳ．①G898.3

中国版本图书馆CIP数据核字(2022)第053085号

中国电子竞技产业文化概论
ZHONGGUO DIANZI JINGJI CHANYE WENHUA GAILUN

赵瑜佩　林仲轩　著

责任编辑　赵　静
责任校对　胡　畔
封面设计　林智广告
出版发行　浙江大学出版社
　　　　　（杭州市天目山路148号　　邮政编码　310007）
　　　　　（网址：http://www.zjupress.com）
排　　版　杭州林智广告有限公司
印　　刷　杭州高腾印务有限公司
开　　本　787mm×1092mm　1/16
印　　张　15.25
字　　数　330千
版 印 次　2022年9月第1版　2022年9月第1次印刷
书　　号　ISBN 978-7-308-22474-1
定　　价　88.00元

▶ **本书专家编委会**

张易加　石　翔　马晓敏　金考生　邹箭峰　杨　森　赵丕彦

▶ **编写秘书**

郑　帆　郑　静

▶ 浙江大学

虚拟现实与数字文化研究中心

Z³ 数字影像实验基地

学生科研助理团队（按姓氏拼音排序）

陈佳妮　陈亿果　杜开泰　蒋雨露　孔祥思　李秋衔

石凯媛　孙晨怡　汪宇新　吴品锜

目 录

CONTENTS

导　言

电子竞技（以下简称电竞）是区别于传统体育，以数字技术为支撑，以软硬件设备为器械，以制定统一竞赛规则为前提，在数字环境下进行的对抗性游戏比赛，考验人的身心智力、反应能力和团队协作能力。关于电竞的定义很多，甚至不同学科的学者也在不断修正自己的定义。我们认为，电竞是数字技术赋能之下的生活方式运动（life-style sport），因此，理解电竞，需要有跨媒介和跨专业的思维和视野，甚至要从更广阔的元宇宙理解电竞。

电竞曾经历污名化阶段。主流职业选手及电竞从业者曾被贴上"沉迷游戏""玩物丧志"的标签。电竞文化也被理解为是小众圈层的亚文化，不受社会认可。当时电竞产业还处在被边缘化的阶段，其市场前景与商业价值尚未获得关注。

2003年，电竞在我国被国家体育总局认定为正式的体育运动。2017年，国际奥委会认可电竞为体育运动；同年，中国传媒大学首次开设"艺术与科技（数字娱乐方向）"专业，成为国内首个致力于电竞专业人才培养的大学。2018年，电竞被列为雅加达亚运会的表演项目；同年，蓄势多年的电竞产业迅猛发展，《英雄联盟》《王者荣耀》《绝地求生》等流行赛事项目在中国巨大的娱乐市场上不断积累热度，电竞赛事相关话题频频入榜各大社交媒体，"IG夺冠"也被人民日报、共青团中央等主流媒体竞相报道。2019年，中国电竞产业迎来了发展的爆发期，中国整体电竞市场规模突破1000亿元。2020年，在新冠肺炎疫情期间，电竞产业发挥数字体育的优势，整体市场规模也达到了惊人的1474亿元。2022年，电竞将真正作为亚运会的竞赛项目在杭州2022年第19届亚运会（已延期至2023年）上亮相……电竞以崭新的姿态进入大众视野，逐步去除污名化标签，步入主流化。电竞逐渐得到政策扶持、资本助推及社会认可。同时，中国电竞的核心市场发展迅速，实现快速增长，产业链不断向专业化、成熟化、规范化迈进，形成了良好的电竞产业生态。中国电竞行业政策利好、资本入局、社会关注，正吸引着越来越多投资者的关注与热情，实现蓬勃发展。

电竞运动顺应了互联网信息技术的发展趋势，在众多体育运动项目中具备较强的对抗性、观赏性及娱乐性，拥有天然庞大的年轻用户基础。如今，电竞已经发展为一项完整的产业，结合科技、体育、传媒、文化多领域，为社会提供电竞产品、服务，并获得良好预期的经济效益。电竞市场也逐步构建起了完整的上、中、下游结构，形成了丰富完善、多元化的产业生态。其主要以电竞游戏厂商的产品研发、内容授权为上游段；以电竞赛事体系的赛事承办、赛事运营为中游段，也被认为是产业核心内容；最后以直播平台的内容制作与传播、电竞价值衍生市场为下游段。产业链各端口环环相扣，紧密发展，不断为整体产业赋能，注入新动力。

作为新兴行业，电竞市场通过其不断增长的市场规模等亮眼数据展现了其巨大的潜在价值，对年轻消费者和全球投资者有着独特吸引力；而与此同时，作为尚处于起步阶段的电竞行业，其产业内外不可避免地存在着一些类似职能分配不当、监管工作缺位、人才缺口过大，以及运营、发展体制与机制不完善的情况。为助推我国电竞产业整体未来的可持续发展，不仅电竞市场发展机遇与结构研究值得深入探讨，目前行业内外存在的诸多问题与挑战也亟须引起重视。

自2016年教育部确立电竞专业归属于国家正式教育的一部分之后，从2017年开始以中国传媒大学首开电竞相关"艺术与科技（数字娱乐方向）"专业为先导，同年南京传媒学院开设本科电竞学院，下设"艺术与科技（电竞游戏策划与设计）"和"播音与主持艺术（电子竞技解说与主播）"专业；四川传媒学院开设"电子竞技运动与管理"专业；后续四川电影电视学院、上海体育学院、广州体育学院、山东体育学院及澳门科技大学等相继开设电竞相关专业。针对国内各大高校逐步开设电竞相关专业而专业内部中文教材稀缺的情况，本教材以专业科研团队多年来系统性地分析电竞产业文化为基础，主要面向国内相关专业师生，用以辅助其顺利跨过电竞专业的认知与理论门槛，初步形成国内、国际视野下的电竞产业格局观与发展观，以便未来进行电竞相关研究领域更深层次的探索，从而培养电竞相关的高素质复合型人才，补足我国电竞产业人才缺口，推动我国电竞产业的整体可持续发展。

本教材着眼于我国电竞市场文化的发展概况，辅以了解全球电竞产业和政策格局，帮助学生重点探讨我国电竞产业发展历程、现阶段发展瓶颈及未来可持续发展的参考路径。具体设计如下。

第一章内容针对中国电竞发展的全球背景，从历时性、共识性、结构性三大维度对世界主要电竞国家与地区的电竞产业进行总结梳理，并分析对比各国或地区的电竞市场产业特征，以建构全球视野下中国电竞发展的基本认知。第二章内容主要从电竞的文创属性出发，从全产业链角度进行了理论与案例的细致梳理和批判性讨论，包括电竞城市生态、集聚效应强化、人才培养与引进，以及衍生业态叠加等内容。第三、四、五章内容涵盖从上游链游戏开发、中游链赛事运营到下游链电竞内容分发与传播，涉及直播、粉丝经济、游戏IP等细分市场的商业化板块。第六章聚焦分析国内电竞相关扶持和治理政策，对国内电竞产业文化发展做了系统性总结与展望，并以国际电竞的兴起、发展、政策助推、遭遇的困境难题及未来发展趋势等内容作为拓展知识。总之，本教材重视从宏观和微观结合的角度看待"电子竞技"这一新兴领域在国际国内的发展路径。更重要的是，相关理论框架的阐释服务于学生批判性思考我国电竞产业未来可持续发展的可行路径。

本教材相比同类书籍，涵盖范围更广，内容更加全面、细致——以全球电子竞技产业与市场结构为背景，着重分析我国电竞产业文化，对口国内电竞专业师生的需求，针对性较强，辅以系统性分析各大主流电竞国家与地区的产业发展概况与困境，进一步加深学生对电竞产业的理解与感知；同时通过电竞的文创属性对整体产业加以阐述分析，满足国内电竞相关专业学生对本产业新视角、新层次理解的需求，为电竞产业多元融合发展态势下的业态叠加等附加产值提升方案给出参考意见，刺激学生进入更深层次的探讨与总结。内容上循序渐进，层层深入，将理论与实际紧密结合。相比同类科普性质较强的书籍，本教材兼具可读性的同时更具研究启发性，更具理论深度，学术逻辑更为缜密，更加适合专业人士学习阅读。

需要特别强调的是，本教材的设计过程、研究思路和分析框架得益于以下几个理论系统。

一、"生态系统"与"商业生态系统"

迈克尔·波特（Michael Porter）曾提出"价值链"（value chain）这一概念，将单个企业的生产活动分解为若干个战略性的价值活动，以此对企业的基本活动进行战略分析。随后这一概念被延伸为"价值系统"（value system），用于描述多个企业在以提供产品或服务为目的的价值系统中竞争的状态。有学者认为，以波特为代表的传统的产业分析视角忽视了市场之外的、更为宏观的竞争环境，因此对企业与企业、企业与环境之间的互动关系缺乏解释力。也就是说，一个可持续性极强的商业环境时刻影响着企业竞争，这一商业环境是复杂的、动态的、瞬息万变的，由多个处于不同发展阶段的市场所组成。如果将企业视为在某一产业内为了有限的市场份额针锋相对的竞争者，那诸如"单个企业是如何构造一个全新的商业社群的？""面对瞬息万变的外部环境和持续的产业创新，商业社群是否有一个适应性的、稳定的、有领导意义的架构？"等问题将难以回答。基于以上对波特"价值系统"概念的争议，有学者引入生物学领域的"生态系统"概念，强调企业并非某一产业的成员，而是横跨多个产业的生态系统的组成部分。1996年，摩尔（Moore）将生态系统定义为"一种由处于互动状态的组织和个体，即商业世界的有机体，所构成的经济社群"，并进一步提出"商业生态系统"是当产业发展到一定程度之后所呈现的经济组织形式。一方面，生态系统运行的功能在于促进协同演进（coevolution）；另一方面，协同演进是以持续性的创新（continuous innovation）为导向的，不仅发生在生态系统内部，也发生在生态系统与其所处环境之间。进一步地，有学者强调商业系统处于一个更为广阔的机会空间（opportunity space）之中，由宏观层面自上而下的稳定力量和微观层面自下而上的创新力量共同形塑而成。此为更全面地研究科技创新、政府监管、地方性与全球性的竞争、企业间不同形式的合作关系提供了全新的视角。

在商业生态系统内部，企业以创新为目的，在提升产品质量、满足客户需求的过程中既有合作关系也有竞争关系，从而促成下一轮的创新，这一循环被定义为"协同演进"（coevolution）。围绕"商业生态系统"，有学者将相关研究区分为生态结构学派与生态协同演化学派。前者强调生态系统是一个有着多边相互依存关系的结构（ecosystem as structure），而后者则把生态系统视为一个成员网络，成员与成员之间、成员与外部环境之间保持持续互动的关系，并以此促进创新。"协同演进"这一概念源于人类学家格雷戈里·贝特森（Gregory Bateson）的表述："相互依存的物种在无尽的互惠的循环中协同演进的过程，物种A所发生的变化为物种B在自然选择中所发生的变化奠定基础，反之亦然。"[①]在商业生态系统视角下，协同演进具体表现为企业在面对其所处环境时表现出的适应性的战略结盟行为，可划分为诞生—扩张—主导—自我革新四个阶段。协同演进不仅发生在生态系统内部，作为一种行动者主导的创新性合作，也可以发生在生态系统与其所处环境之间，企业与其所处的环境之间不再是决定与被决定、影响与被影响的单向关系，而是你中有我、我中有你的协同演进。有学者更进一步地提出，组织内部的微观协同演进和组织与环境之间的宏观协同演进共同构成了协同演进的多维性特征。

作为"商业生态系统"这一理论框架下的两个重要概念，"协同演进"与"创新"在宏观和微观层面都呈现出既共生共存，又相互形塑的关系。在微观层面，生态系统由积极参与多边互动且有共同的价值主张（value proposition）的"行动者"（actors）构成，所谓"价值主张"即是通过产生"共同利益"（public goods）来维持生态系统能量的行动。Moore则更进一步地把"行动者"定义为"创新者"，其创新能力与产品、服务和商业活动协同演进。因此，商业生态系统的边界由行动者决定，行动者通过持续性的创新，不断拓宽生态系统的边界。随着信息技术的崛起，消费者与生产者之间的界限趋于模糊，因此行动者的身份也呈现出流动性和多样化的特征。在这一基础上，生态系统内部的信息、知识和资源得以互通，行动者之间的协调与配合得以实现。因此，一个理性状态的生态系统，是一个由高度灵活的、以创新为目的的生产者和消费者共同构成的经济社群。而在宏观层面，生态系统处于一个更为广阔的"机会空间"之中，这一空间是开放的，它的边界仅由内部生态系统的发展与部署所定义，而生态系统在与机会空间互动的过程中实现持续性的创新。作为一种能够适应外部刺激并把握外部机遇的适应性系统，商业生态系统是与机会空间相互依赖的、多变的且不稳定的。有学者认为微观层面与宏观层面的协同演进都将

---

① Bateson G. Mind and Nature[M]. 1st. E.P. Dutton, 1979: 137.

"持续性的创新"视为手段和目的。摩尔也曾总结道，理想状态下的生态系统是由横跨了多重贡献者和参与者的创新协同演进而来的。

应用到各成员之间紧密交织的电竞系统，企业、赛事、战队、选手、俱乐部、观众在互动与结盟的同时，与负责监管电竞产业的政府部门之间达成合作与互补关系。然而，与传统的竞技体育相比，电竞是一个产业驱动的"伞状"综合体，须以动态的、包容的研究视野加以分析。由于电竞的跨学科性学术研究滞后，同时电竞的战略管理和资源配置研究一直缺乏有效的理论支撑，相关规制研究同样滞后。但随着"电子竞技与管理"纳入高等职业院校的专业目录、国家体育总局对电竞体育属性的强调等宏观语境不断为电竞产业研究带来新的议题。这些都不是单一学科能解决的挑战，而是一系列综合性的社会问题，其中作为文创产业的电竞产业牵涉到互联网传播变革、电竞产业与文化创意、政府决策与管理等多研究领域，因此，商业生态系统理论可以帮助我们理解第一章和第二章的内容。

二、作为商业生态系统的电竞产业

具体到电竞产业，自20世纪80年代起，以日本单机游戏为代表的电子游戏产品进入我国并风靡一时，与之相关的市场和监管体系也逐步成型。而近年来随着电竞的去污名化与直播平台的兴起，我国电竞的产业规模不断扩大，形成了覆盖内容授权、赛事内容、赛事承办与内容传播等多个环节的产业链条，电竞产业的未来价值也随着现阶段的发展不断被挖掘拓展，可持续化发展的脉络逐渐清晰可见。微观层面的"行动者"们整合并内化了产业内部的企业与市场，在推动电竞大众化、体育化与商业化的同时，积极开拓细分市场，通过赛事参与、赛事版权、内容生产、内容消费等互动关系实现协同演进；而宏观层面则面临着来自六大政府部门、社会舆论等外部环境所带来的挑战与机遇。因此，通过"商业生态系统"这一视角理解我国电竞产业的发展有助于兼顾微观与宏观层面的动态关系，从而最大限度地推动我国电竞产业的可持续发展。

如果说"生态系统"是一种"按照某种意图或理念而想象出来的存在"，那么价值主张正是这种"意图和理念"的具象化呈现。"去污名化"也成为电竞生态系统中行动者实现协同演进的价值主张之一。电竞生态系统"去污名化"的努力实践呈现出多面性，包括央视等主流媒体的认可，以及人力资源和社会保障部（简称人社部）、教育部和国家体育总局对电竞运动员职业身份和专业性的保护。再比如，近年来，多个省、市、县（区）级体育局在多个城市设置电竞项目"一线社会体育指导员"这一公益性职位，通过长期在基层一线向公众提供传授健身技能、组织健身活动、宣传科学健身知识等全民健身志愿服务的社会体育指导员普及电竞文化，并将电竞运动康复与防沉迷研究、电竞赛事运营全流程、电竞场馆资源开发等专业知识下沉到基层。

因此，作为"行动者驱动"（actors-oriented）的电竞生态系统，电竞的"去污名化"

实践是以提升社会素养为目标，即增进社会大众对电竞的了解和反思、削弱"电子海洛因""网瘾少年"等刻板印象，并为电竞的发展减少污名化阻碍的认知能力和实践行为。在这个过程中的行动者具备以下特点：

- 行动者有自我组织的能力和动机。
- 行动者有积累和分享资源的共同目的 。
- 有相关的协议、程序和架构使多行动者的合作成为可能。

基于"游戏""电子娱乐"的社会认同度较低的情况，电竞自创立以来，"去污名化"的实践行动便从未停止，该价值主张也在产业结构升级、产值赋能提升的过程当中被反复强化。而历史事实也证明：电竞产业存在的潜在价值值得行动者们去反复践行电竞"去污名化"的价值主张，只有以此为前提，电竞生态系统才得以在宏观环境下存活、可持续发展。

据Newzoo发布的《2021全球电竞与游戏直播市场报告》统计，中国电竞用户预计达到4.25亿人，中国已经成为全球电竞产业的最大市场——电竞核心观众与电竞赛事营收均位列全球之首。与之形成鲜明对比的是，据2019年人社部发布的《新职业——电子竞技员就业景气现状分析报告》，只有不到15%的电竞岗位处于人力饱和状态，预测未来五年电竞员人才需求量近200万人。协助缓解、解决当下电竞人才缺口的困境，能够在很大程度上为国内电竞产业注入活力，促进产业的可持续发展。

基于巨大的人才缺口，及时面向电竞生态系统输送人才、提高人才培育质量和效率成为由电竞生态系统的行动者和机会空间共同促成的生态治理实践，这既是电竞生态系统半开放性的表现，也是完善和提升关键行动者们正规性与专业性的举措。前者强调提升进入电竞生态系统的壁垒能够推动创新和高水平行动者之间多边互补关系的形成，后者强调的则是多边的共同专业化和多边的共事机制的构建能够推动电竞生态系统特定的专业化的竞争优势的产生和应用。共同演进（co-evolution）、共同专业化（co-specialization）和共同创造价值（co-creation）都是生态系统互补性的体现。相应地，电竞人才培育体系现存的问题也有着类似的多边性，电竞生态系统中原本应该具有强互补性的关键行动者在电竞人才培育实践过程中表现出资源、信息与实践活动等方面的断层。例如由高等院校所构建的人才培育体系对于电竞领域中核心企业（行动者）而言存在着一定程度上的供需脱节。

理想状态下的商业生态系统有着能够组织成百上千的行动者实现集体行动的领导者，来共同面对协同演进过程中存在的问题，而这一角色通常是由核心企业（focal firms）扮演的。在我国的电竞生态系统中，腾讯电竞通过逐步实现平台基础设施化和基础设施平台化的"伞状平台"，构建出电竞生态系统中的核心企业，成为生态系统中实现创新的引领者角色。腾讯电竞作为生态系统中的核心企业，不仅提供和创造直播和饭圈等行动者的存在环境，推动着俱乐部和选手们与受众互动、娱乐和社交需求的价值创造，使其在感受赛事氛围的同时实现内容消费，进而达成电竞生态系统的互补性。此外，电竞生态系统内部的核心企业、上下游企业、高等职业院校一方面是独立存在的个体，有着相对独立性和决策自主性，另一方面，三者在共同的价值主张的引导下交互行动，积极参与到协同专业化（co-specialization）的实践活动中来，既有一定的模块化分工，又体现出多方的互补性（complementarity）。

因此，在电竞生态系统中，行动者之间的互补性不再仅限于以扩大收益、提升产品服务质量为目的，供需双方相互满足需求，而是各行动者协同演进，强调生态系统的可持续发展，既是资源的受益者，又是资源的整合者。这也是行动者角色的"流动性"体现，即在持续的、动态的协同演进过程中，作为多样化的角色呈现出不同的行为模式，而非在某一特定角色框架下完成特定的行为。

三、平台化基础设施与基础设施化的平台

基础设施研究和平台研究作为两种阐述数字媒体和数字平台扩张的理论路径，为分析我国电竞产业与数字平台之间的互构关系、剖析数字平台的边界扩张过程提供了重要的学术框架，基于此视角之下的理论研究也将内化于产业规划发展的实际操作之中。基础设施研究成型于信息科学和科学技术研究，而平台研究同样由媒体研究和信息科学所构成。数据驱动和技术支持的环境及其多重背景模糊了基础设施研究和平台研究这两种虽有根本不同但又相争相成的观念方法间的关系。

之前的研究将"基础设施"定性为由事件或行为驱动的物质实体，比如铁路、高速公路、电力及数字时代的信息高速公路。这一概念后来演变为三类基础设施：企业信息、商业部门（如支持制造业供应链的基础设施）和普遍服务（如互联网），后该概念又继续扩展，如今已包括信息和数据基础设施。汉瑟斯（Hanseth）和莱蒂宁（Lyytinen）将信息基础设施描述为一个共享的、开放与无限的、异构且不断发展的社会技术系统（安装基础），其囊括信息技术、用户、操作及设计社区。格雷（Gray）等人将数据基础设施定义为涉及数据创建、处理和分发的社会技术系统，托管各种平台实例，包括应用实例和网站实例。

"平台"的概念界定在学科内一直存在争议。21世纪初，埃文斯（Evans）等人在技术行业相关文献中将平台定义为匹配人、信息和商品的数字中介，此时平台是"计算机架构"的同义词。在信息科学中，平台最开始被频繁地视作一种基于软件的结构，或是一种在线市场。蒂瓦纳（Tiwana）等人将平台定义为基于软件系统的可扩展代码库，能够作为交互操作的接口，提供与之交互的模块所共享的核心功能。相反，经济学家和商业学者从商业模式和资产的角度将平台视为如同"媒人"一般的角色，而麦卡菲（McAfee）和布林约尔松（Brynjolfsson）还将平台视为一种以访问、复制和分配的边际成本均接近零为特征的数字环境。平台在媒体和通信领域的定义研究也发生了改变，其从内容共享逐步扩展至社交媒

应用。例如，斯尼切克（Srnicek）将平台定义为能够让两个或多个群体进行互动的数字基础设施，斯尼切克在《平台资本主义》中对平台进行了进一步的分类，其认为平台应包括广告、产品、精益、工业和云端技术。由此可见，媒体和传播领域中针对平台的研究方向，是极力采集数字媒体对传播、在线活动和表达的限制方式。

值得注意的是，普兰顿（Plantin）等人的研究展示了"平台"和"基础设施"之间的相关性。他们通过分析谷歌、Facebook 和开放式网络如何利用数字技术的力量，并通过提供更便宜、更多样化与更具竞争性的平台来进一步促进现代基础设施理念的分裂。这一分裂过程被普兰顿等人称为"基础设施平台化"，即 the platformization of instructure。该过程既促进了垄断性政府基础设施的更迭与发展，也使得财富和公权力逐步转向私营企业。普兰顿等人进一步判断，新兴的数字技术加上数字化的竞争工具和服务为"平台基础设施化"过程提供保障。类似地，尼堡（Nieborg）和海尔蒙德（Helmond）同样为理解数字公司的经济增长与技术扩张构建了一个新的分析框架，在此基础上研究了 Facebook、Messenger 等社交媒体在平台化过程中是如何显现其基础设施属性的，尤其是社交媒体如何转变为一个通过数据交互和连接来操作动态平台实例的数据基础设施。上述三者均向我们展示了基础设施的平台化和平台的基础设施化是如何打破被认为是符合公众利益的公司权力范围内微妙平衡的。因此，这两个概念虽互有区别，但又互为表里，研究者证明了数字平台的潜在特征，而这些特征意味着数字平台不应被理解为一个单独由平台研究或基础设施研究组成的类别。

综上，关于如何从平台化基础设施与基础设施化的平台的理论路径出发去理解电竞产业，本教材在第二章的拓展阅读中做了研究性回应。

四、数字平台与政策法规

本教材第一、第三、第五章都讨论了电竞政策法律的治理环境，电竞同样也面临来自传播政治经济研究的拷问。关于平台权力与国家法律法规间的关系研究，现主要有两大流派，供进一步思考。第一种流派认为类似谷歌和 Facebook 等数字平台是能够拥有自主权的。政治经济学家还会因其资本密集度的内在累积趋势、企业集中度及平台权力的分配后果等问题对数字平台予以批判。同时，数字平台也更倾向于将自己定义为技术公司而非媒体公司，这种倾向使得数字平台在运作过程中消解了文化维度。第二种流派的代表人物是 Flied 等人，他们认为，虽然政府部门的作用已经从控制媒体转向通过提供监管框架来维持、协调和促进媒体发展，但政府部门依然是主要的政策参与者。这一流派的研究者以欧洲和美国的数字平台间的区别作为其论据。研究者发现，美国的监管范围较欧洲更窄，反应性也更强。这两种流派观念冲突的原因不仅仅在于公众对可取性的看法、管理混乱及由国家介入行业自我监管所导致的潜在冲突，更在于企业家、政治经济学家和媒体学者之间缺乏跨学科的对话。由于存在上述问题，两种流派的观念都仍需得到进一步的检验，用户的宏观认知及数字平台中的环境限制性质也需要得到进一步的检验。

五、4P理论

4P理论的前身来源于尼尔·博登（Neil Borden）于1953年提出"市场营销组合"（marketing mix），其意指"市场需求或多或少会在某种程度上受到所谓'营销变量'或'营销要素'的影响"。为获得可接触市场的最大利润，该理论要求企业对这些要素进行有机组合，以满足市场需求。之后在1960年，杰罗姆·麦卡锡（Mc Carthy）发表《基础营销》（*Basic Marketing*）一书，他对尼尔·博登（Neil Borden）所提出的"营销要素"进行了一般性质的概括，最终将其分为四类：产品（product）、价格（price）、渠道（place）、促销（promotion），即4P理论。1967年，菲利普·科特勒在《营销管理：分析、规划与控制》一书中进一步确认了以4P为核心的营销组合方法：①产品（product），注重开发的功能，要求产品有独特的卖点，把产品的功能诉求放在第一位；②价格（price），根据不同的市场定位，制定不同的价格策略，产品的定价依据是企业的品牌战略，注重品牌的含金量；③分销（place），企业并不直接面对消费者，而是注重经销商的培育和销售网络的建立，企业与消费者的联系是通过分销商来进行的；④促销（promotion），企业注重通过销售行为的改变来刺激消费者，以短期的行为促成消费的增长，吸引其他品牌的消费者或导致提前消费来促进销售的增长。

4P理论为后续管理营销学科的发展提供了基础的理论框架。该理论认为单个企业的营销管理活动受到两种因素的影响——可控因素和不可控因素——前者包括但不限于诸如产品、价格、分销、促销等因素，称之为企业可控因素；后者包括但不限于如社会/人口、技术、经济、环境/自然、政治等环境因素，称之为企业不可控因素，这部分内容多与企业身处的外部环境相关。企业营销活动的实质是一个利用内部可控因素适应外部环境的过程，即通过对产品、价格、分销、促销的计划和实施，对外部不可控因素做出积极动态的反应，从而促成交易的实现和满足个人与组织的目标。用科特勒的话说就是，如果公司生产出适当的产品，定出适当的价格，利用适当的分销渠道，并辅之以适当的促销活动，那么该公司就会获得成功。所以市场营销活动的核心就在于制定并实施有效的市场营销组合。而放置于现阶段电竞产业框架之内，在其商业价值和文创价值逐渐清晰的今天，4P营销理论适用于理解、研究、探索以商业生态系统为底层脉络的电子竞技板块；而在电竞产业视域之下的4P理论也将区别于其他产业内容而有所创新、拓展。希望在未来的教学中，可以看到4P理论框架的批判性思考。

六、PEST分析

PEST分析是利用环境扫描分析总体环境中的政治、经济、社会与科技等四种因素的一种模型。这个策略工具也能有效地了解市场的成长或衰退，以及企业所处的状况、潜力与营运方向，同样适用于对电竞产业的环境分析，当用于制定规划电竞相关参与者的未来发展方向时将起到重要的前瞻作用。

• 政治因素指一个国家的社会制度，执政党的性质，政府的方针、政策、法令等。不同的国家有着不同的社会性质，不同的社会制度对组织活动有着不同的限制和要求。在中国共产党的领导之下，我国社会主义的政策性质将不会发生改变，但围绕于此展开的针对于每个产业的具体政策内容可以多元化，以灵活适应产业发展。具体包含租税政策、劳工法律、环境管制、贸易限制、关税与政治稳定。

• 经济因素涵盖宏观和微观两个方面的内容。宏观层面的经济因素主要指一个国家的人口数量及其增长趋势，国民收入、国内生产总值及其变化情况，以及国民经济发展水平和速度；在微观层面，经济环境主要是指企业所在地区或所服务地区内消费者的收入水平、消费偏好、消费结构、消费趋势、储蓄情况、就业程度等因素。这些因素直接决定着企业目前及未来的市场大小。

• 社会因素通常包括一个国家或地区的居民文化水平、教育程度、风俗习惯、价值观念等内容。居民的需求层次受到文化水平的影响会有所不同；而价值观念则会影响居民对组织目标、组织活动及组织存在本身的认可与否。另外，还有健康意识、人口成长率、年龄结构、工作态度及安全需求等等，或多或少都会影响着一个企业的生存与发展。

• 科技因素包含生态与环境方面，它决定着准入门槛的高度和最低有效生产水准。技术环境除了要考察与企业所处领域的活动直接相关的技术手段的发展变化外，还应及时了解国家对科技开发的投资和支持重点、该领域技术发展动态和研究开发费用总额、技术转移和技术商品化速度、专利及其保护情况等等。

综上所述，希望以本教材梳理的理论框架作为研究基础，能帮助大家进一步理解和思考我国电竞产业文化与发展。

第一节 🔊 历时层面：电竞市场发展历程

电竞最早起源于20世纪60年代。以几大重要时间为节点，电竞发展史可以划分为三大阶段，分别是萌芽期、发展期、高潮期。

一、萌芽期（1962—1998）：产业特性初现

（一）电子游戏发展构成竞技性基础

电竞运动是由电子游戏的对抗性衍生而来的，或者说，电子游戏的产生为电竞构建了竞技基础。1962年，美国麻省理工学院的学生史蒂夫·拉塞尔（Steve Russell）设计出第一款具有娱乐性质的双人射击太空站模拟网络游戏 Spacewar!（《太空战争》），由此也衍生出1972年电竞史上第一场电竞比赛 "Intergalactic Spacewar Olympics"（泛银河系太空大战奥运会）。这是电竞史上第一场真正意义上的电竞比赛，史蒂夫的学生也被邀请参加。1972年因此被称作电竞元年。

（二）电竞赛事构成商业化基础

1980年，电子产品制造商雅达利公司组织射击游戏《太空入侵者》比赛，参加人数近一万，成为具有代表性的大型电竞赛事之一（图1-1）。此后随着任天堂公司、索尼公司等游戏厂商陆续研发了街机游戏、电脑游戏及游戏平台等产品，各种电竞赛事也开始陆续诞生。例如，1990年、1994年任天堂世纪锦标赛；1997年，职业游戏玩家联盟（PGL）成立，第一届职业锦标赛"星际争霸"也随之举办，为之后电竞的发展构建了基础。

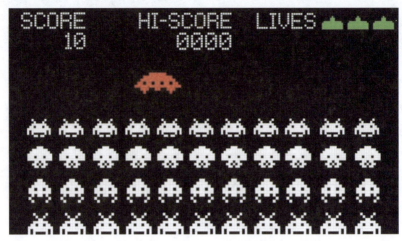

图1-1 《太空入侵者》游戏画面

二、发展期（1998—2016）：产业角色多元化

（一）1998年：电竞发展转折节点

1.电竞影响力呈现："大神级"电竞职业选手出现

1998年是电竞从萌芽期迈向发展期的重要节点。一个里程碑式的事件是美国射击游戏选手Fatal1ty（原名：Johnathan Wendel）的横空出世（图1-2）。Fatal1ty被称为FPS游戏第一人。这位选手在1998年开始参加《雷神之锤》系列电竞比赛，并在其职业生涯里称霸了各大赛事榜单。在电竞选手历史奖金榜中，Fatal1ty曾霸榜10年，是第一个获得电竞终身成就奖的人，也是第一个在世界范围内拥有极高声誉的明星选手。Fatal1ty的影响力甚至破圈传播，时代周刊、纽约时报、福布斯杂志等主流媒体都对其进行了报道。"大神级"电竞选手的出现贯穿早期电竞发展过程，成为电竞发展的第一个标志。

图1-2 Fatal1ty

2. 韩国电竞快速发展：政策与资本驱动实现腾飞

另一个里程碑式的事件是韩国电竞的快速发展。1998年起，《星际争霸》游戏风靡韩国，备受韩国游戏玩家青睐，拥有庞大的用户基数。也因《星际争霸》的出现，韩国网吧（电竞发展最草根的空间场域）数量以惊人的速度增加。随后专门参加《星际争霸》比赛的职业玩家大量出现，各种大大小小电竞赛事不断举办，电竞逐渐进入韩国民众视野。

由于1997年的亚洲金融危机，韩国的GDP严重下滑，失业率迅速增加，韩国政府应时改变经济政策结构，开始转向文娱产业。韩国电竞产业恰逢发展契机，在政策支持及资本助推下实现腾飞。2000年，韩国职业电竞协会（KeSPA）（图1-3）率先成立并获得韩国文化和体育部批准，为电竞作为体育项目获得官方承认奠定组织基础。KeSPA的成立是韩国电竞发展史上的重要节点，围绕着KeSPA，完善的电竞产业在韩国开始构建。2004年，韩国电竞产业年产值达到了惊人的40亿美元，庞大的电竞市场规模使得韩国率先成为全球电竞大国，电竞产业开始作为其国民经济支柱性产业之一，形成了全球领先的、完善的电竞产业生态体系。KeSPA的成立展示了基于专业基础设施和政治认可之下电竞与传统体育的融合模式，也成为世界电竞结构模式的先驱和参考对象。

图1-3　KeSPA电竞协会会标

三、爆发期（2016年至今）：产业生态转型

（一）移动电竞领域突破，中国电竞市场实现新一轮爆发式增长

全球电竞产业加速发展，市场规模不断扩大。中国电竞产业虽经一波三折，但后来迎头赶上。中国逐渐成为全球最大的电竞市场，形成了完整的电竞产业生态闭环结构和成熟产业体系。根据企鹅智库的统计，2017年，中国电竞用户规模达到2.5亿，在全球电竞用户数中的比例超过一半[①]。中国成为电竞市场大国及全球电竞产业中心。近年来，中国电竞凭借着在移动电竞领域的突破，引领了电竞新一轮的爆发式增长。（图1-4）

---

① 企鹅智库. 2020 全球电竞运动行业发展报告.(2020-08-05) [2020-08-24].https://new.qq.com/omn/20200824/20200824A06DVH00.html.

图1-4　玩电竞的中国年轻人　、

第二节 🐟 共时层面：电竞整体市场规模

一、垂直细分市场：整体性与结构性

（一）全球电竞市场收入破10亿美元

据数据统计，在2019年及2020年，全球电竞市场收入（不包括游戏市场）分别为9.575亿美元及9.471亿美元；预计2024年全球电竞市场收入会超过16亿美元，以11.1%的年复合增长率高速增长（图1-5）。庞大的市场收入表明了电竞市场价值，同时，超过10%的复合增长率也表明电竞市场活力未减，仍受消费者与投资者青睐。

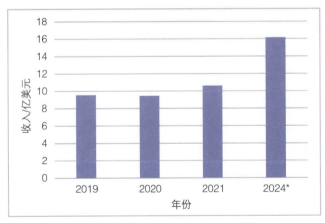

图1-5　2019—2024年全球电子竞技市场收入与预测

（数据来源：Statista）

注：图中＊表示预测数据，后同。

（二）电竞市场收入结构

1. 电竞市场收入结构多元化

电竞市场的商业价值也表现在多元化的收入结构及价值变现路径。电竞市场收入结构主要包括赞助收入、媒体版权收入、发行商补贴收入、电竞赛事现场门票及周边商品收入、数字虚拟产品销售收入、电竞赞助收入及电竞IP衍生收入等，多元的收入结构离不开电竞市场完整的上下游产业模式及丰富的产业衍生业态。

（1）游戏发行商补贴收入（Game Publisher Fees）

上游的游戏发行厂商出于游戏营销宣传等目的，授权游戏版权，投资电竞赛事承办组织，支付赛事举办与运营的支出。

（2）周边和票务收入（Merchandise and Ticket Revenues）

电竞赛事承办机构通过销售电竞赛事门票与周边产品获得的收入。

（3）赞助收入（Sponsorship Revenues）

赞助收入主要是品牌商与赛事运营方等电竞组织达成协议，包括产品广告植入、品牌冠名赞助、战队代言、品牌与电竞赛事IP联动等营销手段在内的与赞助相关的所有交易收入。

（4）虚拟商品收入（Digital Revenues）

主要是与电竞俱乐部或电竞选手进行联动以售卖游戏内虚拟道具等商品所产生的收入。

（5）媒体版权收入（Media Rights）

媒体版权收入主要是指电竞赛事的播放渠道及创造的流量变现价值，允许特定渠道使用特定电竞内容所产生的收入。例如，视频直播平台为获得电竞赛事转播权而向赛事组织方支付款项；因使用某些部分电竞赛事的视频或者图片内容所产生的版权费用。

（6）直播收入（Streaming Revenues）

电竞职业选手及电竞主播在直播平台中通过直播电竞相关内容所产生的收入。

2. 以媒体版权及赞助收入为主体

在2021年，全球电竞市场收入主要是以媒体版权收入和赞助收入为主体，达到了8.336亿美元，几乎占据了电竞市场总收入的3/4，其中，赞助收入达到了6.41亿美元，远超其余各项，占据整个市场收入的59%，是电竞市场的基础与核心。电竞因其庞大用户市场及IP价值，备受品牌方与广告商等投资者的青睐。2021年，受新冠肺炎疫情影响，电竞赛事门票与周边商品等收入为6660万美元，呈现下降趋势。如今随着疫情限制逐渐放宽与解除，线下赛事门票与周边商品等收入或将摆脱较低水平增长的局面。（图1-6、图1-7）

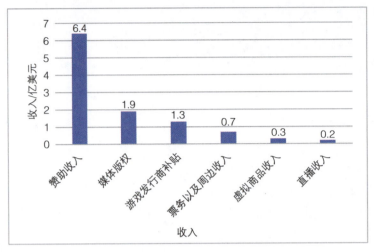

图1-6　2021年全球电竞收入结构

（数据来源：Statista）

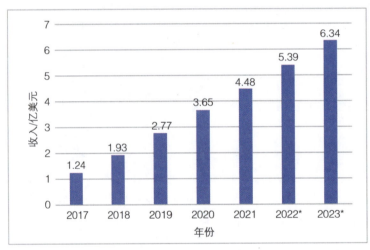

图1-7　2017—2023年媒体版权收入与预测

（数据来源：Statista）

二、全球市场分布：国别性与区域性

电竞市场分布集中，地区收入高低悬殊。从全球电竞市场区域收入划分来看，中国、北美地区及西欧地区是主要电竞市场，其中，中国在全球电竞市场所占收入份额最高，以3.60亿美元总收入位列世界第一，同比2020年的3.151亿美元增长了14%，占比超过全球的30%；北美地区则以2.43亿美元位居第二；西欧地区以2.05亿美元位居第三。（图1-8）

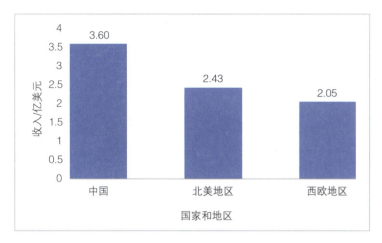

图1-8　2021年中国、北美地区、西欧地区电子竞技市场收入
（数据来源：Statista）

三、电竞用户结构：类型与动机

（一）电竞用户类型

1. 全球电竞用户分布

电竞用户包括电竞赛事参与者和电竞观众。电竞赛事参与者指电竞选手、电竞解说员及其他电竞从业者等群体。电竞观众是指每年至少观看一次职业电竞赛事的群体，包括核心电竞爱好者即一个月内观看专业电竞内容达到一次以上，以及偶尔观看电竞的、了解电竞的非核心电竞观众群体。（图1-9、图1-10）

图1-9　电竞解说员

图1-10　电竞爱好者

全球电竞观众主要由核心电竞爱好者与非核心电竞兴趣群体组成，两者占比保持大致相同（图1-11），这表明在电竞观众中，既有高黏度、高活跃度的核心电竞爱好者，也有庞大的潜在的非核心电竞兴趣群体的潜在受众。

图1-11　全球电竞观众总数增长及分布

（数据来源：NewZoo[①]）

2. 全球电竞用户规模

虽受新冠肺炎疫情影响，全球体育市场整体发展呈现下降趋势，然而电竞市场发展势头却逆流而上，因其社交性、互动性及在线性的属性，顺应了疫情期间用户需求，电竞观众活跃度提升，整体市场保持增长趋势。根据调研数据，欧美市场超过20%的用户在疫情期间投入了更多时间在电子游戏、电竞直播与赛事观看上。全球总体的电竞观众规模也在2021年增长至4.74亿人，同比增长8.7%，预计将会在2024年达到5.7亿人的规模。[②]（图1-12）

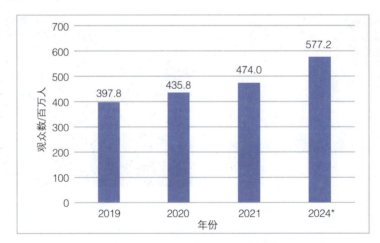

图1-12　2019—2024年全球电竞观众规模以及预测

①　Newzoo. 2020 年全球电竞市场 . (2020-02-01) [2020-02-08]. https://newzoo.com/insights/trend-reports/newzoo-global-esports-market-report-2020-free-verision-chinese/.
②　企鹅智库2020. 全球电竞运动行业发展报告 . (2020-08-05) [2020-08-24]. https://new.qq.com/omn/20200824/20200824A06DVH00.html.

（二）电竞用户消费行为

1. 电竞用户消费行为动机

电竞学者哈马里（Hamari）和索布洛姆（Sjöblom）[①]认为，电竞和游戏的消费行为驱动因素是功能性，对应知识、信息的获取；享乐性，包括逃避现实压力及社会性。目前研究认为影响电竞用户的消费行为主要包括以下因素。

①替代性成就感：电竞赛事的胜利与优异成绩所带来的替代性满足。

②美学：电竞画面的视觉效果。

③功能性：相关知识和信息的获取。

④戏剧性：电竞赛事的不确定性和悬念享受。

⑤享乐动机：转移对生活问题与压力的注意。

⑥社会互动：作为一种社交机会。

也有学者通过结构模型分析指出电竞用户的情感参与度会对其消费行为产生显著的积极影响，其消费行为主要表现为提高社区参与度、购买意愿、合作生产、口碑传播和新玩家招募。[②]

可以发现，为促进电竞用户消费行为，电竞从业者需要从电竞消费者行为动机出发，例如目前电竞消费者通过电竞获得刺激，转移现实注意力，寻求情感满足。因此，情感参与度高、更具体验性的电竞游戏可能更加满足电竞消费者需求。

2. 消费行为受游戏和直播类型影响

电竞用户的赛事观看动机及消费行为被认为与不同类型电竞游戏及直播类型相关。直播类型包括竞技类、动作类、脱口秀类、休闲类等；游戏类型包括动作类、多人在线战场（MOBA）类、卡牌类等等。（图1-13）例如，具有享乐和情感释放动机的观众，更倾向于选择观看动作类、卡牌类和多人在线战场类等游戏类型；具有信息获取和学习动机的观众更倾向于观看卡牌类和多人在线战场类。卡牌游戏以《炉石传说》为例，多人在线战场游戏以英雄联盟为例，由于两者都需要对游戏内容本身例如卡牌的组合使用、角色的能力与策略等充分了解，具有强竞技性。因此观看这些电竞游戏类型的直播可以让这部分受众获取信息，通过提升技术与能力赢得赛事。而更追求美学的观众则偏向于选择休闲类游戏。

---

① Sjoblom M, Hamari J. Why do people watch others play videogames? An empirical study on the motivations of Twitch users[J]. Computers in Human Behavior, 2017(75): 985, 996.

② Abbasi A Z, Asif M, et.al. The effects of consumer esports videogame engagement on consumption behaviors[J]. Journal of Product & Brand Management, 2020, 30(8).

图1-13 用户观看游戏直播

综上所述，电竞观众消费行为是由驱动动机、游戏类型、直播类型等交互作用的结果。

（三）基于电竞用户洞察的商业模式创新

在电竞行业利益相关者的关系网络中，电竞用户处于核心地位，这种关系定位也决定了电竞行业未来的价值感知与定位，也即商业模式与媒体战略的创新需要与消费者偏好保持一致性。以电竞媒体为例，当前主要有两大商业模式，分别为传统媒体模式和数据驱动媒体模式。其中，相较于传统媒体模式而言，数据驱动媒体模式的商业价值以洞察消费者数据为核心。经研究发现，不同游戏参与程度的电竞用户的媒体互动方式及价值感知是不同的，主要有以下三点。

①半参与度、低参与度的电竞用户（Semi and Low-Engagement Gamers）都对商业化和按需付费商品较为不感兴趣。

②半参与度、高参与度的电竞用户（Semi and Heavy-Engagement Gamers）都更倾向于接受由电竞组织赞助推广的商品。

③半参与度、高参与度的电竞用户（Semi and Heavy-Engagement Gamers）都相对更看重分享游戏内容和游戏体验。

因此，这也很大程度上影响了电竞市场战略决策。从电竞用户的价值感知可以发现：首先，应当有重点、有针对性地宣传商业产品，避免造成销售断层；其次，电竞组织的品牌价值潜力大；最后，围绕游戏平台制定策略更有可能吸引消费者。

第三节 🔍 结构层面：电竞产业生态系统

产业链是产业经济学中的一个概念，指的是同一行业或不同行业的企业在特定的逻辑关系和时空布局基础上，围绕某个产品展开生产活动所形成的上下关联的、动态的链式中间组织，其目的是实现价值增值、满足用户需求。

电竞产业是信息产业和体育产业融合的产物，涵盖文化、科技等诸多领域。随着电竞行业的快速发展，全球电竞市场已经形成上游游戏厂商、中游赛事和俱乐部运营、下游直播平台的产业链。

①上游内容授权：游戏厂商负责游戏研发及发行销售，掌握着游戏版本的更迭与玩法的设计，并给予中游电竞赛事内容授权。

②中游赛事运营：赛事是整个电竞产业的核心内容和资源，中游赛事部分包括电竞赛事和电竞赛事运营组织、电竞俱乐部参与及电竞赛事商业价值等。

③下游内容传播：下游段包括直播内容传播和媒体内容传播，直播平台提供电竞赛事和用户的沟通渠道；电竞媒体等提供电竞媒体内容传播，既是提升电竞传播热度与话题的重要渠道，也是流量变现的重要方式。

一、产业链上游：游戏内容授权

游戏内容产业处于产业链上游，具有较高的经济效益，其发展是决定电竞赛事成功的前提之一，上游段主要收入来源于用户游戏付费及媒体版权的收入。

上游段组织主体主要包括游戏研发商及游戏发行商。游戏研发商研发创新游戏产品，拥有游戏版权并掌握游戏主要玩法的设计和版本的更迭。

（一）全球游戏市场规模

1. 游戏市场收入高，经济效益明显

在上游游戏市场板块中，全球游戏市场份额达到1758亿美元，并以8.7%的复合年增长率呈现上升趋势。全球游戏市场以亚太地区（主要以中国为主）为主体，其以882亿美元的游戏市场规模占据全球游戏市场收入的一半，成为全球游戏收入占比最高的地区。中国占据其中456亿美元的份额，其次是北美地区（主要以美国为主），以24%的占比位列第二。受新冠肺炎疫情影响，多数地区游戏市场规模呈现下降的趋势，而由于亚太地区主要以移动游戏市场为主，受疫情影响较小，反而呈现上升趋势（图1-14）。[①]

---

① Newzoo. 2020年全球电竞市场报告 .(2020-02-01) [2020-02-08]. https://newzoo.com/insights/trend-reports/newzoo-global-esports-market-report-2020-free-verision-chinese/.

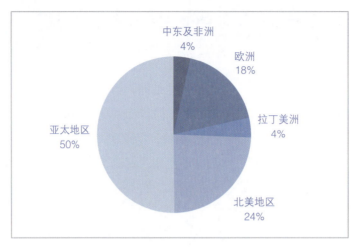

图1-14　2021年全球游戏市场分布
（图表来源：Newzoo）

2. 游戏用户基数庞大

2021年，全球游戏玩家数量达到30亿人，同比增长5.3%，30亿人的高活跃度且具有较高消费意愿的受众使得电竞市场具有其他行业无可比拟的用户基础。此外，亚太地区在全球游戏市场占比为55%，是最大的游戏市场。（图1-15）

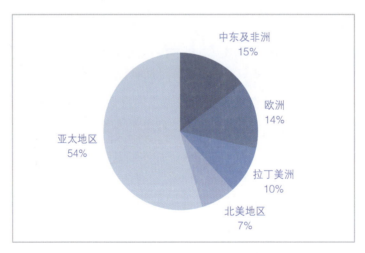

图1-15　2021年全球游戏玩家分布

（二）全球主流游戏类型

全球主流电竞游戏类别主要有MOBA游戏、FPS游戏、RTS游戏、TPS游戏等。其中，FPS、TPS（射击生存类游戏）是欧洲及北美地区的主要游戏类型，RTS（实时战略类游戏）则在亚洲地区更为风靡。（表1-1）

表1-1　电竞游戏分类以及代表游戏与俱乐部

电竞类型	代表游戏	代表俱乐部
MOBA 类	英雄联盟、*DOTA 2*、王者荣耀	国内：eStarpro、FPX 电子竞技俱乐部、QGhappy 电子竞技俱乐部 国际：北美 TSM、Team Liquid　韩国 Samsung Galaxy
RTS 类	星际争霸、魔兽争霸	国内：IG，成立于 2011 年，设有星际争霸 2、炉石传说、绝地求生等分部 国际：韩国 SKTelecom T1
射击生存类（FPS+TPS）	绝地求生、*CS:GO*、和平精英	国内：AG 电子竞技俱乐部、4AM 电子竞技俱乐部 国际：北美 Cloud 9
TGC 类	炉石传说	国内：WE 炉石传说分部成立于 2015 年，也是国内首批在炉石传说领域建立起的俱乐部
体育类	街头篮球、*FIFA OL*	/

1. MOBA 类游戏

MOBA 类游戏全称为 Multiplayer Online Battle Arena，主要是指多人在线战术竞技游戏，以《英雄联盟》（*League of legend*）、《刀塔2》（*DOTA 2*）、《英雄三国》、《王者荣耀》为代表（图1-16、图1-17）。

图1-16　游戏《英雄联盟》界面

图1-17　游戏《刀塔 2》界面

2. FPS 类游戏

FPS类游戏全称为First-Person Shoot，主要是指第一人称射击类游戏，玩家以角色的主观视角进行射击、跑步、交流等操作，主要通过枪械等进行对局。主要FPS类游戏有《反恐精英》（*CS*）、《穿越火线》（*CF*）、《使命召唤》（*COD*）、《守望先锋》等（图1-18、图1-19）。

图1-18　游戏《反恐精英》界面

图1-19　游戏《使命召唤》界面

3. TPS 类游戏

TPS类游戏全称为Third-Person Shooter，主要是指第三人称射击游戏，玩家主要是第三人称视角控制角色进行射击、跑步等动作，相较于第一人称视角，减少了沉浸感，但加强了玩家对角色的控制度。主要TPS类游戏有《坦克世界》《绝地求生》等（图1-20、图1-21）。

图1-20　游戏《坦克世界》界面

图1-21　游戏《绝地求生》界面

4. RTS 类游戏

RTS类游戏全称为Real-Time Strategy，主要是指实时战略游戏，属于策略游戏。玩家通过调兵遣将等方式，进行战略战术的布置。此类游戏考验玩家的策略能力。主要RTS类游戏有《星际争霸》《魔兽争霸》等（图1-22、图1-23）。

图1-22　游戏《星际争霸》界面

图1-23　游戏《魔兽争霸》界面

5. TCG 类游戏

TCG类游戏全称为Trading Card Game，主要指集换式卡牌游戏，同样属于策略游戏，考验玩家的策略布局能力。主要TCG类游戏有《炉石传说》《皇室战争》等（图1-24、图1-25）。

图1-24　游戏《炉石传说》界面　　　　　图1-25　游戏《皇室战争》界面

（三）主流电竞国家游戏市场

1. 游戏厂商布局现状

美国暴雪公司（旗下游戏有《魔兽争霸》《星际争霸》等）、美国艺电公司（《模拟人生》《极品飞车》发行商）、韩国NEXON（《地下城与勇士》和《跑跑卡丁车》）、日本的任天堂（马里奥系列和《塞尔达传说》）、育碧、CAPCOM等，都是世界知名的游戏公司，这些国际企业大都经历了较长时间的发展，占据稳定市场份额与市场细分领域，都具备完善的国际市场竞争和经营能力。

电子游戏属于特殊的传媒产品，其边际效益呈递增趋势，因此各游戏公司都积极拓展海外市场，通过授权本地化团队来降低拓展成本，以此扩大销售市场；除了游戏产品授权外，一些游戏硬件生产商，如索尼等，通过销售电子设备和将生产权转让给电子游戏分销商实现盈利，既降低生产成本，又打开了更多国家的市场。

2. 游戏市场发展特征

（1）美国占据游戏研发主导地位，是多数全球顶尖游戏厂商聚集地

电竞赛事奖金池一定程度上反映了该游戏对应的电竞赛事规模情况和竞技水平。根据2021年主要电竞游戏对应的电竞赛事奖金池，可以发现，世界电竞赛事游戏主要有《刀塔2》（*DOTA 2*）、《反恐精英》（*Counter-Strike: Global Offensive*）、《王者荣耀》（*Arena of Valor*）、《英雄联盟》（*League of legend*）。在对应赛事奖金池排名前十的热门游戏中，有8种热门游戏的上游研发厂商来自美国，这些研发厂商均为全球领先的顶尖游戏厂商（表1-2）。美国作为全球科技领先者，在上游游戏研发端牢牢占据了主导地位。

表1-2　2021全球电竞奖金前十游戏及其所属国家

游戏	奖金池（百万美元）	类型	研发公司	所属国家
DOTA 2	234.79	RPG	Valve	美国
CS:GO	117.20	FPS	Valve	美国
堡垒之夜	107.67	TPS	Epic Games	美国
英雄联盟	84.26	MOBA	Riot Games	美国
星际争霸	35.22	RTS	暴雪娱乐	美国
绝地求生	33.57	TPS	蓝洞	韩国
守望先锋	27.23	FPS	暴雪娱乐	美国
王者荣耀国际版	27.06	MOBA	腾讯游戏	中国
炉石传说	25.39	TCG	暴雪娱乐	美国
风暴英雄	18.19	MOBA	暴雪娱乐	美国

（数据来源：Esports Earning）

（2）中、韩主要电竞国家紧随其后投入游戏研发产业，开发多款热门电竞游戏

①芬兰：多款现象级游戏。

在前章中提到，芬兰拥有历史悠久的游戏市场基础，创作了《贪吃蛇》《愤怒的小鸟》等众多现象级游戏。在电竞游戏方面，以芬兰游戏公司Supercell为例，着重于移动电竞领域的游戏研发，上线了《部落冲突：皇室战争》《荒野乱斗》等热门手游，在游戏市场持续保持统治力。

②韩国：《绝地求生》助推游戏研发领域突破。

韩国游戏产业虽相较于美国起步较晚，但在电竞游戏领域也取得了突破。韩国游戏产业知名的、也是当下非常流行的游戏之一即为Krafton公司（前身为游戏工作室蓝洞）研发的《绝地求生：大逃杀》（图1-26），俗称"吃鸡游戏"。《绝地求生》是一款TPS类游戏，一经发行风靡世界，拥有较高热度，在Steam平台上线5个月销量即破800万份，营收达2.4亿美元。

图1-26　游戏《绝地求生》界面

③中国：自研手游《王者荣耀》。

对于中国而言，《王者荣耀》（图1-27）是中国自研游戏的突破，也标志着中国移动电竞游戏市场的发展。2020年，中国移动电竞的市场规模为759亿美元，标志着未来中国电竞主战场将转移到移动电竞。

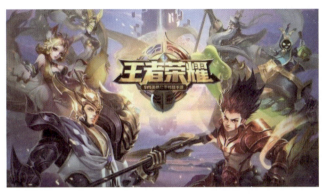

图1-27　手游《王者荣耀》界面

二、产业链中游：电竞赛事发展

（一）电竞赛事：承上启下的桥梁

目前，电竞赛事被定义为职业化、专业化或者半职业化的，具备竞技性的有特定目的或奖品的、有组织的锦标赛或者联赛。电竞赛事是电竞产业发展的必然产物，是整个电竞赛事产业的核心资源。电竞赛事产业链中游段涉及电竞赛事运营方、俱乐部、赛事赞助资本等多个主体，起着承上启下的桥梁作用，主要表现为以下几点。

1. 反哺上游电竞游戏内容产业

电竞赛事热度可以引流游戏本身，起到反哺游戏产业的作用，从而提高玩家用户的黏性与活跃度。

2. 促进电竞传播内容生产

电竞赛事可以为下游段电竞内容传播媒体持续提供内容创作素材。

3. 电竞赛事IP多元商业价值

优质的赛事IP还可以产生多元化的商业价值，创造粉丝经济。例如电竞赛事IP的故事性可以打造电竞宇宙及电竞综艺等电竞媒体衍生项目。韩国的电竞产业特色也即在于对职业电竞选手的包装及"偶像化"的打造，将电竞战队在某种程度上转化为"男团"，通过电竞选手为电竞赛事创造粉丝流量，同时进行战队周边商品销售等流量转化。

（二）全球电竞赛事市场概况

1. 电竞赛事市场规模

在电竞赛事收入构成中，主要是周边和票务收入、赞助收入及部分虚拟商品收入。就电竞赛事而言，以2019年为例，世界范围内共举办了885场重大赛事，各类赛事奖金池达到1.67亿美元，同时门票收入也达到了5630万美元。

2. 电竞赛事类型

电竞赛事位于电竞产业的中游段，联结电竞产业上游段游戏运营与中游段电竞赛事的是游戏厂商的游戏内容授权。电竞赛事包括赛事执行、赛事运营、赛事商业化价值等多个环节，是整个电竞产业链的核心。

按照赛事主办机构可以分为第一方赛事和第三方赛事。游戏厂商出于推广游戏知名度及提升游戏用户活跃度等目的，将游戏版权交由游戏发行商代理、举办第三方赛事或者直接打造第一方电竞赛事体系，如腾讯研发的《王者荣耀》手游，同时举办了第一方电竞赛事王者荣耀职业联赛（KPL），通过举办赛事创造话题热度，对上游游戏推广起到反哺作用。（表1-3）

表1-3　电竞赛事类型及其代表

赛事类型	代表项目	代表赛事
第一方赛事	*LOL*、王者荣耀	KPL、LPL
第三方赛事	*DOTA 2*、*LOL*	WESG

第一方赛事相较于第三方赛事，除了关注度和影响力更高之外，还拥有上游游戏厂商充足的资金支持及能更快掌握游戏版本的更新迭代。另外，第一方赛事能够更好地与对应游戏开展游戏联运等良好互动，从而反哺游戏产业本身。（表1-4）

表1-4　第一方赛事和第三方赛事对比

赛事类型	第一方赛事	第三方赛事
赛事主办	游戏厂商	除游戏厂商之外
赛事吸引力	关注度较高、影响力大	关注度与影响力较低
赛事项目	赛事项目单一	赛事项目多元化
举办目的	保持游戏日活数量、扩大游戏影响力、打造赛事IP反哺游戏运营、积累电竞游戏用户、培养潜在消费者	通过承办赛事获得赛事商业化价值；当地政府为打造电竞产业，通过电竞产业带动地区经济
主要代表赛事	*LPL*、*KPL*、*DOTA 2*、*Ti*	NEST、WCA

（数据来源：鲸准数据、国泰君安证券研究、普华永道）

3. 主流电竞赛事

全球主流电竞赛事及奖金池见表1–5。

表1–5　全球主流电竞赛事奖金池

电竞赛事名称	奖金池（美元）	对应游戏	队伍数（支）
The International DOTA 2 Championships 2019（DOTA 2 国际邀请赛 2019，简称 Ti）	34,330,069.00	DOTA 2	18
The International DOTA 2 Championships 2018（DOTA 2 国际邀请赛 2018，简称 Ti）	25,532,177.00	DOTA 2	18
The International DOTA 2 Championships 2017（DOTA 2 国际邀请赛 2017，简称 Ti）	24,687,919.00	DOTA 2	18
The International DOTA 2 Championships 2016（DOTA 2 国际邀请赛 2016，简称 Ti）	20,770,460.00	DOTA 2	16
The International DOTA 2 Championships 2015（DOTA 2 国际邀请赛 2015，简称 Ti）	18,429,613.05	DOTA 2	16
Fortnite World CUP Finals 2019–Dulo（2019 堡垒之夜世界杯）	15,100,000.00	Fortnite	50
The International DOTA 2 Championships 2014（DOTA 2 国际邀请赛 2014，简称 Ti）	10,931,103.00	DOTA 2	14
PGI.S 2021 Main Event 2021 绝地求生全球邀请赛	7,068,071.00	绝地求生	32
LoL 2018 World Championship 英雄联赛 2018 全球总决赛	6,450,000.00	英雄联盟	24
LoL 2016 World Championship 英雄联赛 2016 全球总决赛	5,070,000.00	英雄联盟	16
LoL 2017 World Championship 英雄联赛 2017 全球总决赛	4,946,969.00	英雄联盟	24
Honor of Kings World Champion Cup 2020 2020 王者荣耀世界冠军杯	4,606,400.00	王者荣耀	12
Call of Duty League Championship 2020 2020 使命召唤冠军联赛	4,600,000.00	使命召唤	10
PUBG Global Championship 2019 2019 绝地求生全球冠军联赛	4,080,000.00	绝地求生	32

（1）DOTA 2 国际邀请赛（The International DOTA 2）

DOTA 2国际邀请赛创立于2011年，是一年一度的全球性的电竞赛事，赛事奖金位于全球电竞赛事前列，由维尔福（Valve Corporation）主办。奖杯为特制冠军盾牌不朽盾，每一届冠军队伍及人员将记录在游戏泉水的冠军盾中。Ti赛事每年7月或8月开赛，持续时间从四天到两周不等，举办地点在美国西雅图（图1-28）。截至目前，Ti赛事已经成功举办9届，在Ti9决赛现场，维尔福也宣布将在瑞典首都斯德哥尔摩举办第10届*DOTA 2*国际邀请赛。在赛制上，Ti比赛采取邀请和选拔两种机制，Ti8包括8支直邀战队和10支各赛区预选赛晋级战队，中国战队曾在Ti2、Ti4、Ti6获得冠军。Ti赛事的独特之处在于其近亿元的奖金池，也是电竞历史上奖金最高的电竞比赛，其中，Ti9奖金池更是达到34330069美元，刷新自身保持的电竞比赛最高奖金池纪录（表1-6）。

图1-28　*DOTA 2* Ti赛事现场

表1-6　*DOTA 2* Ti 历年赛事汇总

届数	时间	举办地	奖金（美元）	奖杯	主办方	冠军
Ti1	2011年8月17日—8月21日	德国科隆	1,600,000			NaVi 乌克兰
Ti2	2012年8月27日—9月3日	美国西雅图贝纳罗亚音乐厅	1,600,000			IG 中国
Ti3	2013年8月7日—8月11日	美国西雅图贝纳罗亚音乐厅	2,874,380	V社特制冠军盾牌不朽盾	Valve Corporation	Alliance 瑞典
Ti4	2014年7月9日—7月21日	美国西雅图钥匙球馆	10,925,709			Newbee 电子竞技俱乐部中国
Ti5	2015年7月27日—8月9日	美国西雅图钥匙球馆	18,429,613			EG 美国
Ti6	2016年8月3日—8月13日	美国西雅图钥匙球馆	20,746,930			Wings 中国
Ti7	2017年8月3日—8月13日	美国西雅图钥匙球馆	24,688,095			Team Liquid 欧洲

届数	时间	举办地	奖金（美元）	奖杯	主办方	冠军
Ti8	2018年8月16日—8月26日	加拿大温哥华罗渣士体育馆	23,810,000	V社特制冠军盾牌不朽盾	Valve Corporation	OG 欧洲
Ti9	2019年8月16日—8月26日	上海梅赛德斯-奔驰文化中心	34,330,000			OG 欧洲

（2）《英雄联盟》全球总决赛（League of Legends World Championship）

《英雄联盟》全球总决赛是《英雄联盟》各项赛事中竞技水平、含金量、荣誉度及知名度最高的比赛。S赛一般在每年10月—11月开赛，迄今为止已经连续举办了11届（图1-29）。S赛是第一方赛事，由拳头游戏（Riot Games）主办，包括入围赛、小组赛、八强赛、半决赛、决赛五个阶段，一般在举办国不同城市间巡回进行，持续时间为一个月左右。参赛者是来自全球各大赛区中获得总决赛参赛资格的战队，也是各大赛区具有顶尖水平的队伍，每个赛区根据规模和水平（赛区历史赛事成绩表现）决定其在总决赛拥有的参赛名额。全球共13个赛区，分别是韩国LCK、中国港澳台地区LMS、欧洲LCS（LCS.EU）、北美LCS（LCS.NA）、中国LPL、独联体LCL、巴西CBLOL、东南亚GPL、北拉丁美洲LLN、南拉丁美洲CLS、土耳其TCL、大洋洲OPL、日本LJL。英雄联盟S赛具有相当高的热度，以S9赛为例，它以在线观看时长1.06亿小时，成为2019年在Twitch和Youtube上观看时长最长的锦标赛。

图1-29 英雄联盟全球总决赛现场

（3）*CS:GO* Major

CS:GO Major是*CS:GO* 全球最高级别、最高奖金、最高荣誉的赛事。由维尔福（Valve Corporation）赞助并由第三方赛事主办公司承办。*CS:GO* Major每年举办2—3次，

分别在每年1—3月、7—8月、10—11月。参赛战队会按照上届Major的成绩分为"传奇组"和"挑战者组",传奇组由上届Major小组出线8强组成(2018年7月扩充为16支),挑战者组则由各地区Minor预选决出的16支队伍,比赛决出8支队伍组成,赛制分为小组赛和淘汰赛两个阶段。(图1-30)

图1-30 *CS:GO* Major现场

(4)《绝地求生》全球邀请赛(PUBG Global Invitational,简称PGI)

《绝地求生》全球邀请赛是《绝地求生》官方举办的全球范围内的邀请赛,也是《绝地求生》最大规模、最高荣誉的一项赛事。(图1-31)绝地求生全球邀请赛于2018年7月在德国柏林举办第一届,采用组队形式,分为TPP和FPP两种视角展开竞争。PGI是蓝洞官方第一次在全球范围内采用赛区选拔的形式挑选入围战队,是PUBG第一次真正意义上的世界大赛,赛区包括欧洲、北美、亚洲(除中韩日)、中国、韩国、日本、拉丁美洲、大洋洲、中东,最终有20支战队参加,总奖金达到200万美元,来自中国的OMG战队凭借第一天4场3鸡的超水平发挥拿下FPP模式世界冠军。

图1-31 2019年绝地求生全球邀请赛标志

（5）《守望先锋》联赛（Overwatch League，简称 OWL）

随着《守望先锋》火爆全球，暴雪公司随即开始打造以《守望先锋》为核心的电竞赛事，《守望先锋》联赛是全球首个以城市战队为单位的大型电竞联赛，由来自全球20支战队组成，是《守望先锋》项目的最高级别赛事。（图1–32）《守望先锋》职业联赛于2016年成立，分为太平洋赛区及大西洋赛区，每个赛区由10支战队组成，赛制分为季前赛、常规赛、季后赛、总决赛，还包括全明星周末，第一届冠军为伦敦喷火战斗机队，第二届则为旧金山震动队。在2021年1月，《守望先锋》联赛获"第十届纽约游戏大奖"最佳电竞赛事奖。

图1–32　守望先锋全球联赛现场

（6）世界电子竞技运动会（World Electronic Sports Games，简称 WESG）

WESG是阿里体育在2016年打造的一项世界级赛会制电竞赛事，赛事覆盖全球125个国家和地区，在每年5月—次年3月举办。（图1–33，表1–7）

图1–33　世界电子竞技运动会现场

表 1-7　WESG 历届举办情况

第一届 WESG 获奖名单 2016—2017				
项目	奖金池（美元）	冠军	亚军	季军
反恐精英：全球攻势	1,500,000	Team EnVyUs	Team Kinguin	Virtus.pro
DOTA 2	1,500,000	TNC	Cloud 9	Alliance
星际争霸 II	402,000	TY	JAGW / Maru	Ting / Neeb
炉石传说	300,000	PHA / Staz	[A] / Orange	VP / Bunny Hoppor
第二届 WESG 获奖名单 2017—2018				
项目	奖金池（美元）	冠军	亚军	季军
反恐精英：全球攻势 通用组	1,500,000	Fnatic	Space Soldiers	Team Russia
反恐精英：全球攻势 女子组	170,000	Russian Forces	LLG Gaming	Those Damn Canadians
DOTA 2	1,500,000	Team Russia	PaiN Gaming	Team Hellas
星际争霸 II	402,000	JAGW / Maru	Dark	Ence / Serral
炉石传说 通用组	300,000	RB / Fujitora	TGS / Luker	Posesi
炉石传说 女子组	51,000	GL Hui Hui	Liooon	Yan
第三届 WESG 获奖名单 2018—2019				
项目	奖金池（美元）	冠军	亚军	季军
反恐精英：全球攻势 通用组	890,000	Windigo	AGO	G2
反恐精英：全球攻势 女子组	105,000	CLG.RED	Lazarus	TDC
DOTA 2	890,000	TNC	Keen Gaming	Team Russia
星际争霸 II	240,000	INno Vation	Serral	Maru
炉石传说 通用组	190,000	Purple	山下智久	Alex
炉石传说 女子组	35,000	다롱이	Baby Bear	Justine
虚荣	105,000	Tribe Gaming	Team ACE	SLY
实况足球 2019	52,500	Suprema Ettorito	Alemao Pesbr	RoksaCZV22

（7）英特尔极限大师赛（Intel Extreme Masters，简称 IEM）

英特尔极限大师赛是第一个全球规模的电竞精英锦标赛（表 1-8）。2006 年英特尔德国公司与 ESL 合作创立了 IEM 极限大师赛，开始组织开展以欧洲为基地的全球性赛事。

表1-8　IEM赛事简介

主办方	电子竞技联盟（Electronic Sports League，ESL），总部位于德国科隆，是欧洲著名电子竞技组织，成立于1997年。
赞助商	英特尔独家冠名赞助。
比赛项目	反恐精英（CSGO）、魔兽争霸（War 3）、星际争霸2（SC 2）、雷神之锤（Quake Live）、英雄联盟（LOL）、绝地求生（PUBG）。
奖金	2012年：（总奖金10万美元）冠军$50,000，亚军$20,000，季军$8,000，殿军$3,800，5—6名$2,800，7—8名$2,200，9—10名$2,100，11—12名$2,000。
	2014年：冠军：100,000美元（约60万人民币）此次IEM8世界冠军赛只为冠军提供10万美元的奖励，其余名次选手只有相对应的WCS积分，无赛事奖金。反恐精英项目世界总决赛冠军奖金为50000美元，星际争霸Ⅱ项目世界总决赛冠军奖金为10万美元，而根据IEM奖金分配，取得亚军将颗粒无收。

（8）世界电子竞技大赛（World Cyber Games，简称WCG）

WCG是创立于2000年的全球性的电竞赛事，由韩国国际电子营销公司（Internation Cyber Marketing，ICM）主办，并获得了三星和微软连续13年的赞助。WCG借鉴奥林匹克运动会模式，也是韩国政府直接干预举办的赛事。2004年开始先后在美国、新加坡、意大利、德国举办比赛，比赛项目和规模逐年提升。中国选手李晓峰在2005年、2006年连续两届夺得WCG魔兽争霸项目冠军，成为卫冕WCG魔兽争霸项目的世界第一人。然而，2009年开始，三星管理层重组，逐渐削减对WCG的投资，最终在2014年WCG组委会宣布将不再举办任何赛事，WCG赛事走向衰落。2019年，WCG复苏，然而其重启并没有获得良好的反响。与之并称为世界三大赛事的王者荣耀职业联赛（KPL）、电子竞技世界杯（ESWC）也在2008年宣告停办。衰落的WCG与KPL、ESWC都属于第三方赛事，与之相反的第一方赛事如英雄联盟甲级职业联赛（LPL）等却稳定发展。因此，电竞赛事衰落原因，包括赛事类型是否影响电竞发展仍值得讨论。（表1-9）

表1-9　WCG主要电竞项目

年份	项目数	主要电竞项目
2001	6	雷神之锤三：竞技场、*FIFA 2001*、星际争霸：母巢之战、帝国时代Ⅱ：征服者、半条命：反恐精英
2002	6	雷神之锤三：竞技场、*FIFA 2001*、星际争霸：母巢之战、帝国时代Ⅱ：征服者、半条命：反恐精英
2003	6	*FIFA 2003*、星际争霸：母巢之战、半条命：反恐精英、虚幻竞技场2003、魔兽争霸Ⅲ：混乱之治、神话时代：泰坦巨人
2004	8	反恐精英：零点、*FIFA 2004*、星际争霸：母巢之战、极品飞车：地下狂飙、虚幻竞技场2004、魔兽争霸Ⅲ：混乱之治、光环、世界街头赛车

续表

年份	项目数	主要电竞项目
2005	8	反恐精英：起源、*FIFA 2005*、星际争霸：母巢之战、极品飞车：地下狂飙2、战锤4000：战争黎明、魔兽争霸Ⅲ：冰封王座、光环2、死或生终极版
2006	8	反恐精英：1.6、*FIFA 2006*、星际争霸：母巢之战、极品飞车：最高通缉、战争黎明：冬季突击、魔兽争霸Ⅲ：冰封王座、死或生4、世界街头赛车3
2007	12	半条命：反恐精英、*FIFA 2007*、星际争霸：母巢之战、极品飞车、命令与征服3：泰伯利亚之战、魔兽争霸Ⅲ：冰封王座、帝国时代3：酋长、3D桌球、死或生4、世界街头赛车3、战争机器、托尼霍克极限滑板8
2008	14	半条命：反恐精英、*FIFA 2008*、星际争霸：母巢之战、极品飞车：职业街道、命令与征服3：凯恩之怒、魔兽争霸Ⅲ：冰封王座、红石、3D桌球、光环3、世界街头赛车4、吉他英雄3：摇滚传奇、VR快打5 OL、都市赛车4：精英赛
2009	11	半条命：反恐精英、*FIFA 2009*、星际争霸：母巢之战、赛道狂飙：国家永恒、魔兽争霸Ⅲ：冰封王座、红石、3D桌球、吉他英雄：世界巡回赛、VR快打5 OL、都市赛车4：精英赛、智多星2
2010	9	半条命：反恐精英、*FIFA 2010*、星际争霸：母巢之战、赛道狂飙：国家永恒、魔兽争霸Ⅲ：冰封王座、吉他英雄5、铁拳6、极限竞速3、都市赛车5
2011	9	反恐精英：1.6、*FIFA 2011*、星际争霸2、魔兽世界：大灾变、魔兽争霸Ⅲ：冰封王座、穿越火线、英雄联盟、铁拳6、特种部队
2012	5	*FIFA 2012*、星际争霸2、魔兽争霸Ⅲ：冰封王座、穿越火线、*DOTA 2*
2013	7	*FIFA 2014*、星际争霸2、魔兽争霸Ⅲ：冰封土座、穿越火线、英雄联盟、坦克世界、街头霸王Ⅳ

（9）电子竞技世界杯（Electronic Sport World Cup，简称 ESWC）

ESWC起源于法国，前身为欧洲传统电竞赛事 Lan Arena，它与KPL和WCG一道，并称为当今世界三大电竞赛事。如今电竞世界杯已经衰落。（表1-10）

表1-10　ESWC赛事简介

创办	1998—2002年组织了7届"Lan Arena"，成为了ESWC的前身，2001—2002年在法国巴黎的 Théatre de l'Empire and La Villette Exhibition Centre 举办了第一届电子游戏展览。
衰落	2008年宣布破产，2009年被 Games Solution 公司收购。
主办方	包括中国在内的11个理事国。
奖金	2005年为300,000美元，采用银行担保手续为选手提供奖金的保障。
赞助商	从2005年1月1日开始到6月15日，有60个各国的国际性公司专职进行电子游戏、赛事组织或电子运动，成为ESWC2005的合作伙伴。

（10）职业电子竞技联盟（Cyberathlete Professional League，简称 CPL）

CPL的比赛在美国、亚洲和欧洲都有出现，不同地区的玩家和战队会在他们擅长的

比赛中进行战斗，与ESMC类似，因财政问题已经衰落。（表1–11）

表1–11　CPL赛事简介

创办	创立于1997年，创始人为安吉尔·穆诺斯（Angel Munoz），其创立是为了报道举办电子竞技职业比赛的消息及组织比赛。
衰落	2008年3月，CPL宣布因财政问题停止运营，所有赛事取消。
奖金	2005年，奖金数额超过100万美元，巡回赛每站比赛奖金5万美元，剩下的50万美元作为决赛奖金。
	2007年，分站赛的总奖金达到5万美元，最后还将在美国纽约进行CPL；2007冬季锦标赛，总奖金达到3万美元。
赞助商	2007年，Sierra Entertainment（首席赞助商）。

4. 全球主要电竞赛事参与国

同样以奖金池和选手数为维度，可以在一定程度上评估和比较全球领先电竞国家的赛事的举办规模等。在电竞赛事领域，主要以美国、中国、俄罗斯、巴西、韩国等电竞国家为首。（表1–12）

表1–12　主要电竞赛事参与国及奖金池

国家	奖金池（美元）
美国	11,594,830.39
中国	9,704,957.36
俄罗斯	4,302,352.16
巴西	3,792,490.74
韩国	3,388,076.56
英国	2,583,117.90
加拿大	2,360,182.94
丹麦	2,329,077.83
法国	2,295,026.24
泰国	2,197,206.07
德国	1,656,047.04
澳大利亚	1,468,028.59
瑞典	1,151,909.16
乌克兰	1,079,667.90
日本	1,040,346.06

5. 电竞赛事主要参与主体：电竞俱乐部

（1）最具价值电竞俱乐部／组织集中于欧美地区

电竞俱乐部作为参与电竞赛事的主体，在中游段起关键性作用。在全球主要电竞俱乐部中，高估值的电竞俱乐部主要集中在欧美市场，这些海外电竞俱乐部发展迅速，排名前十的俱乐部与电竞组织估值均超过1亿美元，还出现了首家上市电竞俱乐部。

根据福布斯发布的2020年最具价值的世界电竞公司，按排名前十分别是TSM、Cloud 9、TL、Faze Clan、100 Thieves、Gen.G、Enthusiast Gaming、G2、NRG和T1（图1-34）。榜单前五名均来自北美地区，排名后五名中Gen.G和T1来自韩国，G2所属欧洲，Enthusiast Gaming是一家电竞媒体公司，总部位于加拿大。

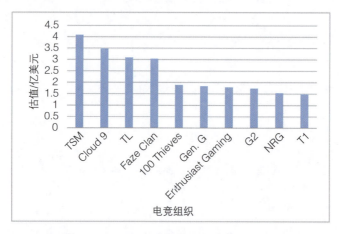

图1-34　2020年全球最具价值的电竞组织

（数据来源：Statista）

（2）电竞俱乐部／公司的商业化延伸

令人惊讶的是，作为全球最大电竞市场的中国并没有在上述榜单中占据一席之地。原因主要在于这些高估值的海外电竞俱乐部的商业化延伸明显。

例1：北美TSM俱乐部。

以排名第一的北美TSM俱乐部（图1-35）为例，在TSM俱乐部商业化发展过程中，TSM英雄联盟的赛事成绩，以英雄联盟分部为例，并不出色，但TSM的商业价值仍位列第一，可见赛事成绩对电竞俱乐部商业化发展虽有影响，但并非决定性因素。主要原因是TSM俱乐部丰富多元的商业化延伸，例如，TSM俱乐部拥有官方应用小程序MAU，这个免费小程序依靠广告收入，总业绩稳定在1000万美元以上；同时，TSM还依靠游戏分析和培养课程等付费内容获取商业收入，这些赛事之外的收入超过俱乐部总收入的50%。

图1-35　TSM俱乐部标识

例2：Faze Clan俱乐部。

排名第四的Faze Clan俱乐部（图1-36）也是如此。Faza Clan是FTS项目的佼佼者，同时也是电竞商业化发展的引领者。Faze Clan以电竞文化产品及与冥想合作的线上视频内容为主要营收业务，据统计，这两个端口为Faze带来的收入占到了俱乐部总收入的80%。

图1-36　Faze　Clan俱乐部宣传图片

最后，这些海外电竞俱乐部通常体量庞大，拥有多个电竞赛事项目分部，涉猎范围超过5个热门电竞项目，主要集中于FPS和MOBA类游戏。TSM、Cloud 9等俱乐部更是拥有两位数的电竞项目，这意味着能覆盖更多受众人群，能创造更多目标市场，也意味着电竞俱乐部的商业价值受某一单个电竞项目赛事成绩影响的风险减小。

综上，这些高估值的海外电竞俱乐部通常具有以下特征：

①俱乐部收入结构丰富；

②多元的商业模式变现渠道；

③体量庞大，分布多个电竞项目。

而中国俱乐部相比这些俱乐部，虽在国内电竞市场规模领跑全球，但在商业化发展上仍显不足。尤其是电竞项目等方面，由于游戏厂商竞争、游戏审核机制等因素的存在，导致国内电竞项目的多样性落后于国外。对于中国俱乐部而言，俱乐部的发展容易受到某一电竞项目成绩、兴衰的影响，其持续经营能力、抗风险能力和营收能力则较为薄弱。

三、产业链下游：电竞内容传播

（一）电视转播：首发性与权威性

在欧盟理事会的相关文件中，对电视转播的定义是"电视转播是指通过有线或无线，包括通过卫星首次播出电视节目，这些节目不管是编码的还是解码的形式，都是以被公众接受为目的。它包括企业之间以向公众转播为目的的节目信息传输，它不包括应个人的要求提供某项信息或其他信息的通信服务，如电子拷贝、电子数据银行和其他类似的服务"[①]。从这个定义可以看出，电视转播无论以什么形式，必须是首次播出，这里指与现场比赛等活动几乎同步的首次播出的电视节目，也就是现场直播，包括现场直播者把自己掌握的信息同时传输给其他机构并在第一时间播出，如电视台每晚7点新闻联播的播出，以公众接受为目的，而不是以特定的个人接受为目的。

1. 韩国

在韩国，电竞从个人消遣发展成大众体育运动，电视转播起到关键作用。1997 年亚洲金融危机后，韩国人更愿意待在家里，因为看电影、下餐馆都要花钱，而看电视不费钱。电视台认为电竞赛事非常适合在电视里转播。首先，这类节目成本不高，设备方面只需几台电脑。其次，赛事不受天气影响，便于节目安排。再次，比赛时间约为10分钟一局，这样赞助商的广告就能在不影响比赛进行的前提下，较频繁地在电视中播出。这样一种特殊的社会经济环境，成为了韩国电竞发展的历史性机遇。

在韩国电竞产业链方面，1999 年，On Media 电视台在首尔举办首届 Programmer Korea Open（简称PKO），16位世界各地的出色选手参加了比赛，于是韩国人开创了先例，第一次通过电视向全球观众直播电竞比赛。2000年7月，OGN电视台开播，之后便经营了大部分的星际争霸联赛，至今在韩国电竞产业中仍是具有独特影响力的媒体。2001年，三星正式发起了一个以电子体育奥运会为概念的 World Cyber Games，经过10年左右的发展，如今已经成为了世界最高权威大会。[②]

2. 中国

从电视到网络，开启电竞转播"新时代"。回溯国内专业化电竞直播的发展历程，

---

① 徐炯宗.电视现场实况转播[M].北京：中国广播电视出版社，2012.
② 杨敬研，李颖卓，李松哲.韩国电竞产业的社会商业经济价值研究[J].中国经贸导刊，2010（18）：65.

辽宁电视台旗下GTV游戏竞技频道和上海游戏风云数字电视频道是不可不提的两个平台。作为中国最早的跨电视和互联网的专业游戏媒体平台，也是切入游戏产业运营最早的电视媒体，"GTV"和"游戏风云"形成了一北一南的两大积聚效应，在网络直播还未风行的20世纪初，便以有线网络、IPTV及互联网为载体，依托高新技术的传播手段，将优秀、高质的游戏资讯、赛事赛况及娱乐视听等内容生动、快速、便捷地呈现给观众。这些频道里有专业的电视播出制作团队和齐全的硬件配备，以及当时中国最专业、最受欢迎的游戏节目主持人，成为了日后专业电竞直播行业的"黄埔军校"。

（二）电竞直播：互动性与商业性

1. 市场规模

作为电竞行业下游段的电竞直播市场日益扩大，电竞直播市场与游戏直播市场的主体、用户、生产内容及收入份额的重合频率也越来越高，既有人气主播进入到职业电竞赛事之中，也有电竞职业选手签约平台成为人气电竞主播，实现流量价值变现。（图1-37）全球游戏直播观看受众（指在过去6个月之内观看过电竞及游戏直播的群体）在2021年达到7.288亿人，相比于2020年同比增长10%，并预计将会在2024年增长至9.2亿人。

图1-37　直播《王者荣耀》界面

2. 平台布局

（1）主要直播平台

全球头部直播平台主要有Twitch、Youtube、Mixer等，这些平台在全球电竞直播时长中具有高占比率。其中Twitch作为最大的游戏直播平台，就拥有1.4亿月活跃用户，每天有1500万电竞观众。在全球，几乎所有国家电竞观众都依赖于Twitch、Youtube及Mixer的直播平台。少数国家拥有自己的头部直播平台，例如韩国的Afreeca TV，中国的虎牙、斗鱼游戏直播平台等。

（2）电竞直播平台社交化

如今，电竞直播平台从一种新型的流媒体内容平台开始向社交媒体平台演变，对于许多平台用户来说，观看直播的主要动机是进行社交互动。在观看直播的过程中，观众围绕电竞主播形成了虚拟社区，观众在这个开放的虚拟社区中可以自由发言，包括发弹幕、与主播互动等等，从而为用户提供了一种新鲜的社交化体验。

3. 产业联结

（1）电竞赛事与电竞用户联结

直播是指主播通过视频直播平台与观众进行互动，主播作为内容创作者进行分享，与观众聊天交流，观众可以通过打赏或者订阅等方式支持主播。电竞观众的消费参与主要有以下三种方式：①直播时间；②频道订阅；③捐赠金额。

下游直播形态的产业链主要是经纪公司、俱乐部等为直播平台提供主播资源，直播平台自身也会进行主播培训，直播平台通过用户打赏分成、会员增值服务、广告投放、游戏营运等方式获得营收。相较于传统体育市场，电竞市场的下游段具有传统体育无可比拟的优势，即电竞直播能够提供电竞赛事和电竞用户联结的渠道，起到一个"启下"的作用，同时，电竞直播也为电竞赛事提供一种重要的流量创造和流量变现的渠道，反哺赛事本身，为赛事引流。

（2）电竞游戏玩家与电竞用户联结

伍英·威廉·张（Jang Wooyoung William）、凯文·K.拜恩（Kevin K. Byon）等学者研究发现电竞内容直播在电竞游戏玩家及电竞粉丝之间起到了一种中介性效应。[①]电竞游戏玩家常被认为是电竞用户的主要来源，而电竞用户市场规模扩大的关键在于如何将电竞游戏玩家转化为电竞粉丝，而电竞的流媒体直播就提供了联结渠道。部分电竞玩家处于获取游戏信息或者游戏社交需求的状态，相较而言，电竞直播内容便于搜索进入、内容丰富生动且具有一定社交性，因此搜索与观看电竞直播就自然而然成为一个主要选择。这种中介性的效应可以运用于市场业务实践之中。例如，伍英·威廉·张就提出，对于电竞经理来说，与其试图让电竞玩家直接看电竞的专业赛事，倒不如通过电竞内容直播与电竞主播来将其转化为电竞粉丝。更具体的实践案例是，《堡垒之夜》的研发公司通过一些电竞主播参与《堡垒之夜》电竞联盟的官方评论区，以此宣传其电竞锦标赛。

4. 中国的电竞直播

我国电竞直播门槛低，主播数量庞大。国内的电竞直播行业从入门到头部主播，已有一套可以借鉴和实施的路径，甚至有专业的主播经纪公司专门打理主播的各项事宜，

---

① Jang Wooyoung William, Kevin K. Byon, et al. Mediating effect of esports content live streaming in the relationship between esports recreational gameplay and esports event broadcast[J]. Mediating Effect of Esports Content Live Streaming. 2020(11): 89-108.

且近些年有几家直播平台公司已经在全球上市，开始开拓国外直播市场。

国家政府部门和直播平台共同打造充满正能量和美好的"直播+泛娱乐"生态。国家文化和旅游部、国家广播电视总局、国家互联网信息办公室等国家政府部门对网络直播的发展迅速做出反应，并制定相关政策法规扶持网络直播产业，帮助其健康成长。我国各大直播平台相继响应，并逐渐发展出"直播+"概念，帮助直播内容创新和跨界，为用户提供丰富的娱乐化内容，逐步打造充满正能量和美好的"直播+泛娱乐"生态。然而，尚未通过主流媒体传播、受到主流媒体批评是我国电竞赛事商业化发展面临的挑战。

（三）VR+电竞

如今，媒体融合正迈向纵深化发展阶段，媒体融合进程加速了媒介格局、传播规律的质变，电竞传播格局也面临着转型与重构。因此，学者庞亮等（2020）提及电竞时，认为其作为互联网与传统体育运动的产物，具有与生俱来的虚拟现实属性。[①]

1. 虚拟现实技术：定义与范围

在产业界，广义的虚拟现实定义为三类技术应用方式：虚拟现实（VR，Virtual Reality）、增强现实（AR，Augmented Reality）和混合现实（MR，Mixed Reality）。其中，虚拟现实技术是指借助计算机系统及传感器技术生成三维环境，创造出一种崭新的人机交互方式，通过调动用户各种感官（视觉、听觉、触觉、嗅觉等）来享受更加真实的、身临其境的体验，涉及视光学、自动化、人工智能、通信、微电子和计算机等学科知识。VR是一种综合性的技术，主要包含以下技术。[②]

（1）动态环境建模技术

虚拟环境的建立是虚拟现实技术的核心内容。动态环境建模技术的目的是获取实际环境的三维数据，并根据应用的需要，利用获取的三维数据建立相应的虚拟环境模型。三维数据的获取可以采用CAD技术（有规则的环境），而更多的环境则需要采用非接触式的视觉建模技术，两者的有机结合可以有效地提高数据获取的效率。

（2）实时三维图形生成技术

三维图形的生成技术已经较为成熟，其关键是如何实现"实时"生成。为了达到实时的目的，至少要保证图形的刷新率不低于15帧/秒，最好高于30帧/秒。在不降低图形的质量和复杂度的前提下，如何提高刷新频率将是该技术的研究内容。

（3）立体显示和传感器技术

虚拟现实的交互能力依赖于立体显示和传感器技术的发展。现有的虚拟现实还远远不能满足系统的需要，例如，数据手套有延迟长、分辨率低、作用范围小、使用不便等

① 庞亮，李雅君.虚拟现实与用户体验：融媒体背景下电子竞技视听传播探究[J].中国新闻传播研究，2020（2）：39-52.
② 刘慧，狄丞，沈凌.数字媒体艺术概论[M].武汉：华中科技大学出版社，2016.

缺点，虚拟现实设备的跟踪精度和跟踪范围也有待提高，因此有必要开发新的三维显示技术。

（4）应用系统开发工具

虚拟现实应用的关键是寻找合适的场合和对象，即如何发挥想象力和创造力。选择适当的应用对象可以大幅度地提高生产效率、减轻劳动强度、提高产品开发质量。为了达到这一目的，必须研究虚拟现实的开发工具，例如，虚拟现实系统开发平台、分布式虚拟现实技术等。

（5）系统集成技术

由于虚拟现实中包括大量的感知信息和模型，因此系统的集成技术起着至关重要的作用。集成技术包括信息的同步技术、模型的标定技术、数据转换技术、数据管理模型、识别和合成技术等。

2. 电竞用户消费行为动机

美国科学家布尔代亚（Burdea G.）提出虚拟现实技术具有三个突出特征，分别是Immersion（沉浸性）、Interactivity（交互性）、Imagination（想象性）。[1]虚拟现实性也是电竞的本体属性，其通过画面、音响交互传递信息的方式，符合视听传播的规律。因此，学者庞亮和李雅君将电竞中的虚拟现实性概括为内容沉浸性、行为交互性和元素想象性。

（1）内容沉浸性

沉浸性是虚拟现实技术的最主要特征。沉浸性也叫浸入性、临场性，指用户在感知层面产生与生理现实一样的感觉知觉，仿佛完全置身虚拟世界并能参与、感受虚拟世界中的各种活动。沉浸性涵盖了人的感官体验和认知体验，是一种情绪过程。电竞利用虚拟现实技术在计算机中营造出一个逼真的虚拟世界，让玩家全情沉浸在这个生意盎然的意象世界中，甚至模糊了现实与虚拟之间的界限。视觉、听觉、触觉的多感官交互，使玩家在电竞的虚拟世界中获得与现实世界高度相似的感受，全身心地投入到"第二自然"中去感悟人生。[2]

另外，技术的创新使感官沉浸无限放大，趋近于真实体验。一方面，显示器尺寸的扩大，曲面显示屏的应用，数字图像技术、计算机图形技术、3D建模技术、立体声等声像技术的发展，为用户创造了日益完善的虚拟环境，实现了逼真的感官仿真效果；另一方面，情感沉浸与感官沉浸之间存在正比增长关系。情感沉浸随感官沉浸产生，感官沉浸是实现情感沉浸的基础，用户在体验感官沉浸的同时也会伴随产生更多的情感沉浸。[3]

---

① Burdea G. Virtual reality system and applications[C]. Electro'93 International Conference, 1993.
② 戴志强，齐卫颖. 电子竞技的原动力：虚拟现实的情感体验与艺术期待[J]. 现代传播（中国传媒大学学报），2019（6）：80-85.
③ 庞亮，李雅君. 虚拟现实与用户体验：融媒体背景下电子竞技视听传播探究[J]. 中国新闻传播研究，2020（2）：39-52.

（2）行为交互性

电竞是互动的艺术。电竞的行为交互性以用户为主体分为四种形态：一是用户（玩家）与设备的交互；二是用户与内容的交互；三是用户与角色的交互；四是观众与屏幕的交互。①

其中，用户与设备的交互也叫人机交互，是人与电子设备（通常为计算机）之间通过一定的交流方式、对话语言，传递信息、指令，形成互动的过程。以游戏《反恐精英》为例，玩家需要用键盘控制人物移动，用鼠标控制瞄准和射击，用麦克风与队友进行实时沟通，用耳机听取枪声或脚步声来确认敌人位置。在玩这款游戏的过程中，玩家其实就已经成为了这个信息传播系统的一部分，成为了计算机系统的一部分。对于用户来说，通过操作游戏，将自身融入游戏的实践过程中，实现了自我存在的延伸，因此游戏也可以算是人的延伸。②

（3）元素想象性

想象性来源于人类审美的自主性，是人类心理活动的放大。电竞，尤其是虚构类电竞项目，通过审美想象创造了一个内心世界与虚拟环境相互交融的意象世界，将人类追求自由、探索未知的思维推向了极致。③

电竞元素的想象性可以从两个层面展开分析，分别是宏观元素的想象性和微观元素的想象性。宏观元素的想象性是指人对虚拟游戏环境的认知与构建。用户通过发挥个体的主观能动性，依靠自己的知觉在仿真多维空间中获取信息；微观元素的想象性则是电竞游戏内部构成元素的设定和拓展，如画面风格、招式技巧、角色设定、音效音乐等层面的设计想象。④

3. 中国VR+电竞的融合

VR内容市场是VR市场中最大的细分市场。因此，未来着手于VR内容市场将是发展VR产业的头号目标。中国VR+电竞的融合成为VR内容市场重要的领域之一。

（1）内容融合："VR+电竞游戏"

消费级VR内容包括电竞游戏、影视、直播、其他四大类型。2021年，消费级内容市场的规模将达到278.9亿元，其中游戏、影视、其他类型、直播的市场规模分别占比35%、32%、18%、15%。在"VR+电竞游戏"行业，坚持"内容为王"的理念才能从本质上吸引更多VR游戏用户消费。从用户的直观感受出发，VR技术与电竞游戏的融合，将帮助用户摆脱物质形式的束缚，进而大大地提高用户与虚拟环境之间的交互感与体验感。放眼电竞游戏的发展，VR技术与电竞游戏的融合，将是电竞游戏技术模式的全新突破。

① 庞亮，李雅君.虚拟现实与用户体验：融媒体背景下电子竞技视听传播探究[J].中国新闻研究，2020（2）：39-52.
② 尚国强.新媒介技术环境下中国电子游戏文化研究[D].硕士学位论文，吉林大学，2020.
③ 戴志强，齐卫颖.电子竞技的原动力：虚拟现实的情感体验与艺术期待[J].现代传播（中国传媒大学学报），2019（6）：80-85.
④ 庞亮，李雅君.虚拟现实与用户体验：融媒体背景下电子竞技视听传播探究[J].中国新闻研究，2020（2）：39-52.

（2）渠道融合："VR+ 电竞赛事营销"

VR 的核心应用之一就是事件直播（如体育、音乐和全球性事件），这将解决现场的座位数量限制问题。过去广播用音频解决了这种问题，电视用 2D 观看体验解决了该问题，而 VR 有潜力用新的方式解决这一问题。而且 VR 观赛能给用户提供一种身临其境的体验，沉浸感倍增。[①]

通过 VR 观看电竞赛事有一系列优势。第一，在观看电竞赛事时，具备较高消费能力的用户往往更倾向于 VR 技术所创造的虚拟环境。VR 技术所带来的高质量的电竞观赛体验能为电竞第三赛事主办方获取大量具备高消费能力的用户群体。从而，为中国电竞赛事产品研发及运营商迅速积攒资本，创造拥有自主超级 IP 的电竞赛事。第二，在电竞直播浪潮的推动下，电竞直播平台、电竞主播、电竞选手、电竞粉丝迅速崛起。"VR+ 电竞赛事"是以电竞赛事为根基，结合"VR+ 广告"等娱乐领域的创新模式。电竞赛事的营销形式将会趋于多样化，重点体现在"VR+ 电竞赛事"直播广告营销。

（3）融合瓶颈：技术局限

首先，主要设备头戴式眼罩只解决了视觉、听觉模拟。真正要让玩家身临其境，还需要对人类其他几种感官进行模拟，包括触觉、嗅觉和味觉。比如你玩一款赛车游戏，只看到眼前有下坡路却没有失重感，终究还是不算模拟成功。

其次，VR 全景视频作为一种新型的视频方式，其震撼效果毋庸置疑，但客户端的用户体验一直欠佳。为实现 iOS 和安卓客户端稳定的连续播放需求，不少学者也提出了优化算法，如学者丁成刚（2020）[②]通过完善算法希冀更合理地利用移动端硬件资源，减少客户端的网络请求，加快 UI 页面加载等，由此实现了全景 VR 视频的连续稳定播放。

除了技术上的不成熟，VR 现在也缺乏相应的生态环境。相关的游戏很少，电竞馆更是寥寥无几，要真正建立起像现在的电竞游戏生态，恐怕还需要不短的时间。[③]

---

① 陈冰.冷：游戏，热：VR& 直播 [J]. 新民周刊，2016（31）：68-72.
② 丁成刚.关于 VR 全景视频连续播放的优化算法 [J]. 广播电视信息，2020（1）：51-53.
③ 夜雨. VR,电竞革命离我们有多远?[J]. 电子竞技，2016（7）：64-65.

课后练习

一、判断题

1. 电竞的萌芽期是 1962 年至 2000 年。（　　）

2. KeSPA（韩国职业电竞协会）的出现是韩国电竞实现快速发展的重要因素之一。（　　）

3. 电竞市场收入结构主要为门票和赞助收入，较为单一。（　　）

4. 全球电竞市场收入分布较为分散，主要收入区域包括中国、美国、欧洲、澳洲、韩国、日本等各大电竞国家。（　　）

5. 电竞用户就是电竞观众。（　　）

6. 受新冠肺炎疫情影响，电竞市场发展势头缓慢。（　　）

7. 电竞用户赛事观看动机和消费行为受游戏和直播类型影响。（　　）

8. 在电竞行业利益相关者的关系网络中，赛事承运方处于核心地位，因此未来商业模式布局需要以赛事运营为核心。（　　）

9. 电竞观众消费行为是由观看动机、游戏类型、直播类型等交互作用的结果。（　　）

10. 电竞赛事位于电竞产业上游段，是整个电竞产业的核心内容和资源。（　　）

11. 北美是全球最大的游戏市场。（　　）

12. 游戏厂商负责游戏研发及发行销售，掌握着游戏版本的更迭与玩法的设计，并给予中游电竞赛事内容授权。（　　）

13. MOBA 类游戏主要是指实时战略游戏。（　　）

14. 电竞市场呈现边际效益递减趋势。（　　）

15. 中国占据游戏研发的主导地位。（　　）

16. 中国自研游戏《王者荣耀》是移动电竞领域的一大突破。（　　）

17. 电竞赛事在整个产业链中起着承上启下的桥梁作用。（　　）

18. LPL、KPL 等都属于第三方赛事。（　　）

19. 最具价值俱乐部集中于欧美地区。（　　）

20. 王者荣耀 KPL 俱乐部实现全面主场地域化是 2021 年。（　　）

二、单选题

1.电竞最早源于（　　　）

    A. 20世纪50年代　B. 20世纪60年代　C. 20世纪70年代　D. 20世纪80年代

2.电竞市场发展阶段的萌芽期中，电竞史上第一场真正意义上的电竞比赛是（　　　）

    A.《星际争霸》第一届职业锦标赛　B. 1990年任天堂世纪锦标赛

    C. 1994年任天堂世纪锦标赛　　　　D.泛银河系太空大战奥运会

3.第一位获得电竞终身成就奖的"大神级"电竞选手（ID）是（　　　）

    A. Faker（李相赫）　B. Sky（李晓峰）　C. Fatallty（Johnathan Wendel）　D. Uzi(简自豪)

4.在全球电竞市场发展期中，影响韩国电竞发展的两大关键要素是（　　　）

    A.政策和资本　B.政策和文化　C.文化和资本　D.政策和组织

5.视频直播平台为获得电竞赛事转播权而向赛事组织方支付款项属于（　　　）

    A.直播收入　B.赞助收入　C.媒体版权收入　D.虚拟商品收入

6.核心的电竞爱好者是指（　　　）

    A.一个月内观看专业电竞内容超过一次

    B.一个月内观看专业电竞内容超过两次

    C.一个星期内观看专业电竞内容超过一次

    D.每天都看专业电竞内容

7.以下哪个选项不被认为是影响电竞用户消费行为的主要因素？（　　　）

    A.知识获取　B.享乐动机　C.替代性成就感　D.情感转移

8.具有信息获取和学习动机的观众，更倾向于选择（　　　）

    A.卡牌类　B.动作类　C.FPS类　D.休闲类

9.对于追求视觉美学的观众，更倾向于选择（　　　）

    A.卡牌类　B.FPS类　C.休闲类　D. MOBA类

10.电竞媒体目前有哪两大驱动模式？（　　　）

    A.传统媒体模式和非传统媒体模式

    B.传统媒体模式和数据驱动媒体模式

    C.消费驱动模式和非传统媒体模式

    D.消费驱动模式和数据驱动媒体模式

11.移动电竞元年是哪一年？（　　　）

    A. 2016年　B. 2017年　C. 2018年　D. 2019年

12.《英雄联盟》属于哪种类型游戏？（　　　）

    A. MOBA类　B.RTS类　C.TGC类　D.体育类

13.《星际争霸》属于哪种类型游戏？（　　　）

　　A. MOBA 类　B. RTS 类　C. TGC 类　D. 体育类

14.《绝地求生》属于哪种类型游戏？（　　　）

　　A. MOBA 类　B. RTS 类　C. TPS 类　D. 体育类

15. 全球主流电竞赛事主要有（　　　）

　　A. *DOTA 2* 国际邀请赛，简称 Ti

　　B. 堡垒之夜世界杯

　　C. 使命召唤冠军联赛

　　D. 以上都是

16. *DOTA 2* 国际邀请赛的举办周期为（　　　）

　　A. 一年一度　B. 三年一度　C. 每季度　D. 每半年一度

17. 英雄联盟全球总决赛（League Of Legends World Championship）的赛制包括入围赛到决赛等几个阶段？（　　　）

　　A. 三　B. 四　C. 五　D. 六

18. 在 2020 年最具价值的世界电竞公司中，排名第一的电竞俱乐部是（　　　）

　　A. TSM　B. SKT T1　C. EDG　D. G2

19. 以下哪个选项是全球最大的游戏直播平台？（　　　）

　　A. Twitch　B. Youtube　C. Afreeca TV　D. 虎牙直播

20. 移动电竞代表职业赛事是（　　　）

　　A. 英雄联盟 –S　B. 王者荣耀 –KCC　C. *DOTA 2* –Ti　D. PUBG–PCL

三、论述题

1. 为何韩国电竞能实现快速发展，并迅速形成世界领先的电竞产业体系？其中有哪些主要因素的影响？

2. 受新冠肺炎疫情防控政策的影响，全球体育市场整体发展呈现下降趋势，为什么电竞市场发展却能逆流而上？

3.洞察电竞用户的消费行为很大程度影响电竞产业商业模式战略选择，那么影响电竞用户的消费行为有哪些具体因素的影响？

4.请对比阐述第一方赛事和第三方赛事的主要特征。

5. WCG作为曾经全球性的含金量较高的全球电竞赛事，而今为何陷入衰落境地？你认为电竞赛事发展与哪些因素有关？

6.中国电竞市场实现快速发展，体量庞大，但为何在俱乐部商业化发展上落后于欧美俱乐部？

7.电竞直播位于电竞产业的下游段，在产业体系中主要发挥什么样的地位和作用？

参考答案

一、判断题

1.错　2.对　3.错　4.错　5.错　6.错　7.对　8.错　9.对　10.错　11.错　12.对
13.错　14.错　15.错　16.对　17.对　18.错　19.对　20.对

二、选择题

1.B　2.D　3.C　4.A　5.C　6.A　7.D　8.A　9.C　10.B　11.B　12.A　13.B　14.C
15.D　16.A　17.C　18.A　19.A　20.B

三、论述题

略。

第二章

中国电竞的文创产业

Chapter 2

第一节 ✈ 文化创意产业

一、概念理解：创意产业与文化创意产业

（一）创意产业

2006年《国家"十一五"时期文化发展规划纲要》中明确提出国家发展文化创意产业的主要任务，各省（区、市）纷纷出台相应政策和措施，鼓励支持当地文化创意产业的发展。在大力推进供给侧结构性改革的背景下，文化创意产业成为真正的朝阳产业之一。随着中国经济增长和人均生活水平的提升及国家政策的大力扶持，文化创意产业迎来了黄金发展时期，成为当前推动我国国民经济发展的重要产业。

作为"文化创意产业"概念的前身，"创意产业"的概念最早来源于1998年英国《创意产业路径文件》，文件对"创意产业"下了定义，即"那些起源于个人的创造力、技能和才华，并有可能通过创造和开发知识产权来创造财富和就业潜力的行业"。文件提出了创意产业的13个类别，包括广告、建筑、艺术和古董市场、手工艺、设计、时尚设计、电影、互动休闲软件、音乐、电视和广播、表演艺术、出版、软件。分析这个定义，可以发现，创意产业主要有三个要素：

①"创造力"是主要投入；

②"知识产权"是主要产出；

③"创造财富和就业潜力"是主要属性。①

其中"知识产权"往往被视为最重要的要素，所谓"创意产业"就是"知识产权产业"，即知识产权生产和营销的产业。

（二）文化创意产业

一方面，"文化创意产业"可以说是对"创意产业"的进一步延伸。文化产业可以分为传统类文化产业和创意类文化产业，有一种观点认为二者的交集构成了文化创意产业。②也有观点认为文化创意产业是二者的总和，是传统文化与现代文化的融合，是文化与科技的融合，把文化创意产业的定义拓宽到了更为广阔的文化经济活动③，有着创新性、文化性、技术性等综合性特征。

另一方面，有学者认为，文化创意产业更侧重于强调"创意"。将其定义为"互联网+"的国家战略催生出的一系列文化新业态，呈现出"高端创意、跨界融合、模式创新、场景体验"的新景观，将内容创新发展作为核心，以新生代作为目标用户主体。④同时，随着"创造意识"的不断强化，文化创意产业被定义为"文化元素的创意和创新，经过高科技和智力的加工产生出高附加值产品，形成的具有规模化生产和市场潜力的产业"，属于"创意经济"（creative economy）的一部分，反映着社会的文化创造力。

总的来说，文化创意产业需要覆盖"创意"和"文化"两个层面的概念，而其中的"创意"层面可以体现为创意经济的发展和创造力的提升。

二、差异与争议：文创产业与电竞产业

电竞具有体育性和文化科技性的双重属性，其体育性主要体现在公平竞技性、大众国际化、体育精神等方面。伴随着电竞人口的增加和商业化的发展，其文化影响力得到了进一步提高。电竞相比传统体育更具有互联网娱乐的特质，更能利用新兴传播方式和多媒体内容吸引、巩固粉丝群体，提高电竞用户的转化率和渗透率。随着电竞产业逐步走入大众视野，不仅是腾讯开始从"新文创"的战略角度定义电竞产业，越来越多的学者也提出电竞产业是方兴未艾的文化创意产业，电竞产业是否属于文创产业成为一大话题。

（一）游戏产业与电竞产业

正如央视纪录片《电子竞技在中国》中所说，"电子竞技，是始于游戏又超越游戏的互联网时代下竞技体育的新形态"。在分析电竞产业是否属于文化创意产业之前，需

---

① 兰建平，傅正.创意产业、文化产业和文化创意产业 [J].浙江经济，2008（4）：40-41.
② 同上。
③ 张洁瑶.产业集聚的知识网络构建路径研究——基于文化创意产业视角 [J].经济问题探索，2015（12）：73-80.
④ 赵亚楠.对新媒体艺术与文化创意产业的和谐互动分析 [J].传媒论坛，2018，1（24）：8，11.

要对"电竞产业"的概念进行明确。首先，电竞不等于电子游戏，二者在专业性、对抗性、团队合作属性、娱乐性等方面都有显著区别；其次，电竞产业不等于游戏产业，二者的产业性质、产业辐射范围、文化内涵都不尽相同。（表2-1）

表2-1　电竞产业与游戏产业区分

项目	电竞产业	游戏产业
产业性质	文化创意产业、体育产业	内容产业
产业辐射范围	带动文化旅游产业、娱乐产业的发展	带动计算机技术、电信服务、VR/AR的发展
文化内涵	代表着体育竞技文化和青年时尚文化	代表着娱乐和消费文化

（二）"创意"和"文化"双视角下的电竞产业

判断一个产业是否属于文化创意产业，需要从"创意"和"文化"两个层面探讨。

1."创意"层面

从"创意"这一层面看，早期的电竞产业依附于游戏、硬件而生，而如今随着以LPL和KPL为代表的赛事完成全民化的成长后，电竞赛事通过媒体版权、衍生品、门票、广告等完成了商业潜力的开发，此时的电竞产业具备了独立的产业价值。从经济特征角度可以被视作注意力经济、协作性经济、垄断性经济和互联网经济。

2."文化"层面

从"文化"这一层面看，电竞产业链中，一个爆款游戏的问世不仅是一个商业IP的开发与创新，同时也是一个承载着文化属性的文化产品。以《王者荣耀》为例，其英雄角色、游戏场景、台词音乐和线下活动等方面都体现着中国传统文化元素的运用。而该游戏的海外版本 *Arena of Valor* 在跨文化传播的过程中也表现出鲜明的文化特性和民族特征，使得电竞产业在具有"创意产业"特性的同时，也具备一定的文化传播能力。

因此，从定义范围看，电竞产业在"创意"和"文化"两个层面已经开始逐步呈现文创属性，但其发展特点和发展阶段需要进一步论证。

第二节　电竞产业的文创成型

电竞提供了一种新型科技＋媒体＋文化形式，为其文创属性的拓展创造了更多的可能性。首先，电竞赛事成为城市文化的塑造方向之一：经过电竞联盟化和主客场制度的完善，杭州、西安、上海、海南等城市都落地了电竞产业项目，电竞逐渐成为城市名片或城市特色。其次，丰富的城市视觉符号和强大的产业联动性使得电竞在内容创造及衍生方面有着丰富多变的优势，具有更多的娱乐可能性，如游戏内角色打造的虚拟偶像、电竞和游戏相关的综艺节目等。另外，游戏内容或战队及选手的周边产品也一直颇受粉丝的欢迎，成为了跨越虚拟与现实的桥梁和符号。

电竞产业的引入与在地化过程，也是文创属性不断深化与丰富的过程。中国的电竞产业从20世纪90年代被动引进作为全球化产品的电子游戏开始，在政府的监管与支持、资本的入驻、电竞职业化发展三重力量下逐步形成了如今相对完整的上游：游戏开发与授权—中游：电竞赛事—下游：赛事传播与增值服务的产业链。我国的电竞产业在过去30年间经历了引进来与本地化，而这个从"电子游戏"发展到"电竞产业"的过程也是一个从"电子产品"发展为"文化创意产业"的过程。本节将重点从政府层面探讨作为文化创意产业的电竞产业在中国的成型过程。

一、规范与引导：文创视角的电竞产业政策发展

（一）电竞产业政策梳理

2003年，电子竞技被列为第99项正式体育竞技项目，因此，我们以2003年为起点，分析作为文化创意产业的电竞产业在中国的成型与发展过程。对国家文化和旅游部、国家广播电视总局的相关政策进行梳理，可以将视角进一步明确到文化创意产业这一领域。（表2-2）

表2-2 2003—2019年电竞产业相关政策梳理

电竞产业相关政策	年份	上游：游戏开发与授权	中游：电竞赛事	下游：赛事传播与增值服务
—	2003	文化部发布《互联网文化管理暂行规定》，明确对"游戏产品"这一互联网文化产品进行监管；需要开办经营性互联网文化产品的单位，则需要申请办理《网络文化经营许可证》。	—	—
—	2004	国家广播电视总局发布《关于禁止播出电脑网络游戏类节目的通知》，要求各级广播电视播出机构不得开设电脑网络游戏类栏目，不得播出电脑网络游戏节目。	—	—

电竞产业相关政策	年份	上游：游戏开发与授权	中游：电竞赛事	下游：赛事传播与增值服务
—	2005	中宣部、文化部等六部门联合下发《关于加强文化产品进口管理的办法》，明确文化部和国家新闻出版署对网络游戏进口管理的监管内容。	—	—
国务院办公厅发布《国家新闻出版总署（国家版权局）主要职责内设机构和人员编制规定》，将动漫、网络游戏管理（不含网络游戏的网上出版前置审批），以及相关产业规划、产业基地、项目建设、会展交易和市场监管的职责划给文化部。	2008	—	—	—
—	2009	文化部印发《关于规范进口网络游戏产品内容审查申报工作的公告》，就文化部对进口网络游戏产品的前置审查进行公告。	—	—
		文化部发布《关于改进和加强网络游戏内容管理工作的通知》，要求建立网络游戏经营单位自我约束机制，完善网络游戏内容监管制度。		
		国家新闻出版总署发布《关于加强对进口网络游戏审批管理的通知》，通知各游戏出版运营企业，国家新闻出版总署是唯一经国务院授权负责境外著作权人授权的进口网络游戏的审批部门。	—	—

续表

电竞产业相关政策	年份	上游：游戏开发与授权	中游：电竞赛事	下游：赛事传播与增值服务
—	2009	国家新闻出版总署等三部门联合发布《关于贯彻落实国务院〈"三定"规定〉和中央编办有关解释，进一步加强网络游戏前置审批和进口网络游戏审批管理的通知》，明确规定将网络游戏内容通过互联网向公众提供在线交互使用或下载等运营服务是网络游戏出版行为，必须严格按照国家法规履行前置审批。新闻出版总署是中央和国务院授权的唯一负责网络游戏前置审批的政府部门。	—	—
—	2010	文化部部务会议审议通过国家第一部专门针对游戏产业的部门规章《网络游戏管理暂行办法》，明确文化部作为游戏产业的主管部门，同时也是首次系统地对网络游戏的娱乐内容、市场主体、经营活动、运营行为和法律责任作出明确规定。	—	—
—	2013	文化部发布《网络文化经营单位内容自审管理办法》，改变了由政府承担游戏内容审查备案流程的规定，转变为游戏企业自行承担内容自审流程，从而进一步缩短审批流程，为游戏企业创造更好的市场环境和政策环境。	—	

电竞产业相关政策	年份	上游：游戏开发与授权	中游：电竞赛事	下游：赛事传播与增值服务
国务院发布《国务院关于推进文化创意和设计服务与相关产业融合发展的若干意见》，提出深入挖掘优秀文化资源，推动动漫游戏等产业优化升级，打造民族品牌；推动动漫游戏与虚拟仿真技术在设计、制造等产业领域中的集成应用。	2014	—	—	—
国务院办公厅发布《关于加快发展健身休闲产业的指导意见》，提出推动电子竞技等时尚运动项目健康发展，培育相关专业培训市场。	2016	文化部发布《关于规范网络游戏运营加强事中事后监管工作的通知》，明确网络游戏运营范围与网络游戏虚拟道具发行服务规范，并规定网络游戏运营企业应当要求网络游戏用户使用有效身份证件进行实名注册。	文化部发布《关于推动文化娱乐行业转型升级的意见》，提出鼓励游戏游艺场所增设电子竞技等服务项目，鼓励在大型商业综合设施设立涵盖电子竞技等多种经营业务的城市文化娱乐综合体。	—
—		国家新闻出版广电总局发布《关于移动游戏出版服务管理的通知》，对移动游戏的出版服务管理和受理审批流程进行了规范。	国家发展改革委等24部委联合引发《关于促进消费带动转型升级的行动方案》，提出加强组织协调和监督管理，在做好知识产权保护和对青少年引导的前提下，以企业为主体，举办全国性或国际性电子竞技活动。	—
文化部印发《文化部"十三五"时期文化产业发展规划》，明确提出鼓励发展电子竞技新业态，标志着电竞受到我国政策层面最高维度的认可。	2017	中共中央宣传部、中央网信办、工业和信息化部、教育部、公安部、文化部、国家工商总局、国家新闻出版广电总局等八部委联合印发《关于严格规范网络游戏市场管理的意见》，对网络游戏违法违规行为和不良内容的集中整治作出部署。	文化部印发《网络表演经营活动管理办法》，规定网络表演不得含有"使用未取得文化行政部门内容审查批准文号或备案编号的网络游戏产品，进行网络游戏技法展示或解说"的内容。	—

续表

电竞产业相关政策	年份	上游：游戏开发与授权	中游：电竞赛事	下游：赛事传播与增值服务
—	2018	在中宣部指导下，网络游戏道德委员会在京成立。这是由有关部门单位、高校、专业机构、新闻媒体、行业协会等研究网络游戏和青少年问题的专家、学者组成的组织，负责对可能或已经存在道德争议的网络游戏开展评议。	—	—
国家文化和旅游部发布《文化和旅游部关于废止〈网络游戏管理暂行办法〉和〈旅游发展规划管理办法〉的决定》，正式废止《网络游戏管理暂行办法》（文化部令第49号），文化和旅游部不再承担网络游戏行业管理职责。	2019	国家新闻出版署发布《关于防止未成年人沉迷网络游戏的通知》，要求实行网络游戏用户账号实名注册制度，严格控制未成年人使用网络游戏时段、时长，规范向未成年人提供付费服务。	—	—
国家文化和旅游部印发《游戏游艺设备管理办法》，从文化装备设备的角度，对游戏线下消费场景和可能出现的家庭游戏娱乐场景划定了新的监管红线。		—	—	—

（二）电竞产业扶持政策的现存问题：产业概念使用泛化

随着"互联网+"的概念逐渐与文化创意产业相结合，国家和地方纷纷出台政策支持相关产业的发展，但数字文化产业、文化创意产业和进一步延伸出的数字经济产业，以及具体到电竞领域的电竞产业、游戏产业等概念在不同行政层级的政策中普遍存在着以数字作为切入点带动全领域发展的概念泛化的特点或者说问题。

2017年，文化部出台《关于推动数字文化产业创新发展的指导意见》，深入推进文化领域供给侧结构性改革，培育文化产业发展新动能，推动数字文化产业创新发展。而具体到地方对相关产业的支持政策，则使用了不同的产业名称。2019年，杭州市余杭区文化创意产业办公室发布《余杭区支持文化创意产业发展财政政策实施细则》，政策围绕加快余杭特色的文创产业体系建设，推动文化创意与数字经济融合发展，提出了涵盖支持重点文创企业发展、支持现代传媒业数字内容产业发展等内容；同年，杭州市下城区人民政府发布《关于促进数字经济产业发展的实施意见》，大力发展以数字经济为核心的新经济，推动构建现代化经济体系。

"数字文化产业""文化创意产业"和"数字经济产业"，这三个产业概念出现在不同的条例名称中，扶持对象却大体相同，余杭区、下城区作为同一城市的行政区，也使用了不同的产业概念来推动"文化与数字的融合"。以上几个概念的使用在地方层级和国家层级都没有清晰界定并做出统一、规范的使用要求。

除了在地区级别的政策使用中存在上述问题，市级政策的使用也有着以数字作为切入点带动全领域发展的概念泛化的特点或问题。例如在2019年重庆颁布的《关于增强我市数字文化产业发展动力的建议》将数字文化产业定义为技术密集型产业，是融合高新技术、信息技术和文化产业的新兴产业。[1]针对数字文化产业的政策与资金扶持也主要从数字文化融合型人才教育培养、加强行业共性关键技术研发与应用两方面入手，紧扣"数字"这一信息化的概念。而2020年3月，广州市花都区发布《花都区加快数字文化产业发展扶持办法（试行）》，提出扶持VR/AR、电竞产业发展，与广州市打造"直播电商之都""科技创新强市""文化强市""现代服务业强市"的发展战略相配合。[2]在强调推动信息化发展的同时，更强调电竞产业与商业、科技、旅游等诸多领域的深度融合，共同构成电竞产业联动的生态圈。类似地，从2020年8月举办的"电竞北京2020"北京国际电竞创新发展大会上颁布的《关于支持数字文化产业发展的若干措施（电竞产业篇）》（海淀）、《石景山区促进游戏产业发展实施办法》、《北京经济技术开发区游戏产业政策》来看，即使政策施行的目的都在于鼓励电竞产业的发展，促进产业联动和电竞生态圈的构建，但对数字文化产业、电竞产业、游戏产业的概念都有着界定不清晰的情况。

二、"引进来"与"在地化"：电竞文创属性的监管历程

（一）对网络游戏的监管：从交叉监管到监管思路清晰

同样是亚洲国家，中国与韩国的电竞产业有着不同的发展路径。韩国在20世纪90年代主动推行《文化产业振兴法》，将游戏产业明确定义为文化产业，并且在2002年设立了韩国职业电子竞技协会，对电竞产业进行管理与支持。而中国对电竞产业的监管与

① 重庆政协.关于增强我市数字文化产业发展动力的建议. http://www.cqzx.gov.cn/cqzx_content/2019-02/18/content_504090.html.
② 广州市花都区人民政府办公室关于印发花都区加快数字文化产业发展扶持办法（试行）的通知. http://www.gz.gov.cn/gfxwj/qjgfxwj/hdq/qfb/content/post_5741484.html.

支持则更为复杂，是一个从监管为主到简政放权、提高行政效率，从交叉监管到权责清晰的过程。2020年艾瑞咨询发布的《中国电竞行业研究报告》也将电竞产业的监管部门划分为公安部门、文化部门、体育部门、广电新闻总局四个部分。

电竞产业的监管历程涉及多个国家部委机构，相关的法规条例也较为繁多，加之数次针对部委机构的改革，都增加了对电竞产业进行监管规制和引导支持的复杂性，而这源于游戏产品自身属性的多样。游戏产品作为电竞产业的核心内容，同时具备了文化产品、电子出版物、音像制品的三重属性，同时也在互联网监管的范畴内。作为文化产品的网络游戏，与之相关的文化市场和文化场所应当归属于文化部监管；作为出版物的网络游戏，中宣部、文化部、国家新闻出版署都拥有监管权；作为音像制品的网络游戏，文化部、广电总局、新闻出版署交叉监管；而从互联网属性上，还需要再加上工信部。因此在电竞引入和在地化的过程中，对电竞产业的监管与支持面临着多头管理和职能重复的挑战。

行政管辖权的交叉与重叠对于网络游戏而言并非一件新鲜事，早在1998年以前，网络游戏就已经作为全球化产品进入中国市场，当时尚被定义为"电子游戏软件"，处于电子工业部和新闻出版署管辖交叉范围内。

2002年，新闻出版总署和信息产业部联合发布了《互联网出版管理暂行规定》，强调"申请从事互联网出版业务，应当由主办者向所在地省、自治区、直辖市新闻出版行政部门提出申请，经省、自治区、直辖市新闻出版行政部门审核同意后，报新闻出版总署审批"。

与20世纪初《星际争霸》在韩国掀起一阵游戏热潮类似，2003年的游戏《传奇》推动网络游戏迅速走向时代风口，网吧在全国各地迅速兴起，玩家数量迅猛增长。文化部也开始尝试对网络游戏进行管理，《互联网文化管理暂行规定》的出台，将"通过互联网生产、传播和流通的音像制品、游戏产品、演出剧（节）目、艺术品、动画等"都纳入互联网文化产品的范围内，明确规定"进口互联网文化产品应当报文化部进行内容审查"。

2002年和2003年先后出台的两个条例多有重叠之处，而游戏监管中多头管理和职能重复的困境也初步形成。2003年，新华网刊发了一篇名为《行政法规重复交叉，互联网出版企业困惑尴尬》的文章，指出新闻出版总署与文化部分别出台的规定存在大量重复交叉，多头审批会增加企业获批的运营成本，给企业发展带来了很大的困扰，也会造成市场混乱，盗版不健康作品横行，不利于行业健康发展。

直到2010年，《网络游戏管理暂行办法》的出台，明确了文化部作为游戏产业的主管部门地位，而新闻出版总署负责"网络游戏的网上出版前置审批"，游戏产业的监管才形成了权责相对清晰的管理体系。

但以上所描述的多头监管和职能重复的困境并非在整个电竞产业中都有所体现，电竞产业在中国的成型从网络游戏的被动引进开始。但随着社交媒体、网络直播和相关产业的崛起，电竞产业以网络游戏为基础延伸出了中游与下游的产业链条，而完整的电竞产业链条是在2010年《网络游戏管理暂行办法》出台后形成的，因此游戏直播、游戏赛事等环节均被定义为"文化活动"，并且在诞生之初就归属于文化部管辖，未出现网络游戏曾经历的多头监管与职能重复的困境。

2019年，文化和旅游部不再承担网络游戏行业的监管职责，在新的网络游戏主管部门及相关条例出台之前，网络游戏的出版仍须符合新闻出版行政部门关于游戏出版的前置审批要求，前置审批要求包括游戏内容、随机抽取、实名制防沉迷的规定等；《广告法》《网络安全法》《网络文化管理暂行规定》等法规也仍对网络游戏具有监管效力。

但未来将由哪个部门负责网络游戏的监管？网络游戏的监管思路将会走向何方？电竞产业的监管思路又会有何变化？主管部门的变更是否会影响电竞产业作为文化创意产业的发展趋势？由于电竞产业的跨学科和跨领域性，众多问题目前还没有答案，不过在全面深化改革的大旗下，简政放权、提高行政效率等有效措施正在逐步推动着电竞产业的行政管理向着激发产业活力、促进产业发展的方向前进。

三、中国电竞衍生市场的文创特征

文化创意产业具有高附加值、高融合性和低能耗、低污染的特点，是促进城市经济高质量发展的重要助力，同时，它不仅能促进城市形象推广，更是塑造国家品牌、维护意识形态安全的重要阵地。作为一种资源节约型、环境友好型、知识密集型的新兴产业，文化创意产业以创新为核心，当某一区域达到一定的"创新浓度"，就可以形成强大的溢出效应，带动周边区域发展。因此集聚性是文化创意产业发展的一大特点，是产业竞争力的体现。

电竞产业以其自身强大的文化属性和产业延展性，以"文化创意产业"的身份进入公众视野。自2016年起，中国首次将数字创意产业纳入国家新兴产业发展规划，明确鼓励包括电竞在内的数字文化产业发展，这标志着电竞产业逐渐步入正轨。一方面，电竞产业的发展辐射当前城市发展的需求，例如线下电竞比赛的举办能够激发商圈、网吧等商业体的活力，甚至拉动地方旅游和夜经济等多种业态；另一方面，电竞产业能够为城市发展带来城市文化的赋能，以体育竞技文化和青年时尚文化为主，以其独有的文化特征和充满活力的业态形式为城市文化和城市场景的营造添砖加瓦。电竞的发展同样呈现出了文化创意产业集聚性发展的特征，可以分为地域集聚性和产业集聚性两方面。

（一）电竞产业的地域集聚性：电竞与城市

1. 电竞与城市产业生态

地理空间影响着文化创意产业的空间集聚特征与规模，使文化创意产业出现空间分异。创意产业集聚形成之初，一般是由创意企业因本地丰富的文化资源而选择入驻，或是政府基于转变经济发展方式的需求而提供优惠政策以吸引创意企业入驻。具体到电竞产业，电竞与城市形成了相当牢固的依附关系，城市的高校资源、政策支持、财政补助、地理优势都能够为电竞赛事和电竞俱乐部的生存与发展提供巨大便利；而电竞产业为城市带来的产业整合效益也使得上海、武汉、成都、西安等城市纷纷出台政策支持电竞产业的发展。电竞依赖城市的同时也反哺城市，其集聚性发展的特点与产业融合的功能同样构成了电竞产业发展的一体两面。

2020年2月，由体坛电竞发起制作，虎牙直播提供数据支持的《2019中国电竞城市发展指数》正式发布（图2-1）。上海位列"超一线电竞城市"，北京、广州、成都、深圳、杭州、南京、重庆、西安、苏州被评为"一线电竞城市"。即使不同的城市在基础环境、电竞人才资源、电竞产业格局等方面均有不同，但推动电竞与城市建设的融合已经成为大势所趋。

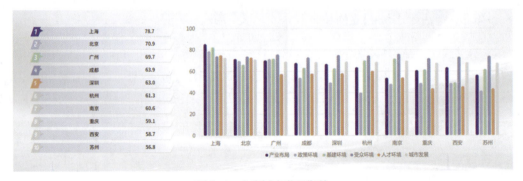

图2-1　电竞城市发展指数

电竞周边市场发展体现了地域化趋势，电竞开始与城市文化相联结，成为城市的独有标签，打造城市品牌新名片，产生了新的文化业态。电竞产业落地城市能带来线下消费市场，促进相关城市及周边产业的经济繁荣，而城市区域资源也反哺电竞产业。尤其是电竞赛事主场化发展有助于发展更为丰富的电竞IP业态。电竞主场落地一、二线城市，可以打造承载流量的现实载体，满足电竞爱好者消费意愿和丰富线下体验场景。对电竞城市而言，电竞赛事的举办可以带来场馆门票、衍生周边售卖产生的直观经济效益，以及线下观赛对旅游业的客观经济效益。其次，一个俱乐部主场的落地还意味着背后一体化的产业链完善，包括赛事制作、电竞直播、数据应用、电竞教育等多个环节，能够丰富城市产业业态，创造更多就业岗位，实现产业资源多元化。

例1：上海——电竞之都。

上海被称为"电竞之都"（图2-2）。在《2020年度全国电竞城市发展指数评估报告》中，结合产业布局、政策环境、基建环境、受众环境、人才环境、城市发展等因素，上海综合排名仍为第一。上海是国内电竞产业起步最早的城市，电竞发展位于全国前列。

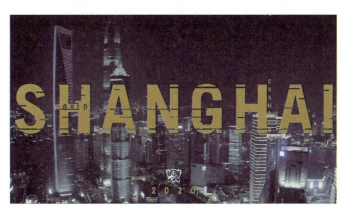

图2-2   上海：打造"电竞之都"

凭借经济发达、电竞氛围浓厚、交通便利、设施完备等的城市条件，上海拥有发展电竞产业的得天优势。头部游戏厂商、顶级电竞俱乐部等企业及职业电竞赛事均在上海落地，形成产业集群，打造电竞空间载体。例如，拳头游戏、阿里巴巴、趣加互娱、盛大网络、三七互娱、巨人网络等知名游戏电竞企业官宣落沪；各大头部直播平台、赛事运营机构如VSPN、量子体育、电竞经纪公司"香蕉计划"总部也均位于上海；上海拥有多个电竞产业园区，如南虹桥电竞产业园、杨浦电竞主题园区、浦东森兰综合电竞园区等及上海虹桥天地、上海竞界电子竞技体验中心等专业化电竞场馆。上海电竞产业资源聚集及产业链布局完善程度在全国遥遥领先，产业集群效应显著。

上海为何成为众多头部企业的选择？将首个全球研发中心落地上海（除总部洛杉矶之外）的拳头游戏CEO尼科洛·洛朗（Nicolo Laurent）给出答案：上海拥有活跃的游戏研发氛围及深厚的文化底蕴，电竞受众认同感最为强烈。上海开放、创新、包容的城市文化与电竞新潮、年轻化的文化属性不谋而合。

上海的电竞发展势头还离不开上海政府的全力支持。2018年8月，游戏企业维尔福（Valve Corporation）宣布第九届*DOTA 2*国际邀请赛Ti9落地中国，时任上海市副市长翁铁慧女士亲自出镜，代表上海市政府和2400万上海市民感谢维尔福选择，并承诺上海将会对举办此次赛事给予全力支持。2019年11月，上海副市长宗明女士代表上海市政府出镜，热烈欢迎第十届英雄联盟全球总决赛正式落户上海。上海市政府对电竞文化始终保持开放包容的态度，将电竞文化纳入上海城市文化名片，将"全球电竞之都"作为产业蓝图，将电竞产业纳入区域规划和经济提升板块。上海是国内发布电竞政策文件最多的城市，其政策覆盖资金扶持、人才引进、赛事举办等多层面，有效助力上海电竞产业发展。

2017年12月，上海市政府发布《关于加快上海市文化创意产业创新发展的若干意见》（简称"上海文创50条"）。"上海文创50条"明确提出要加快全球电竞之都建设，鼓励投资建设电竞赛事场馆，发展电竞产业集聚区，做强本土电竞赛事品牌，支持国际顶级电竞赛事落户，为把上海建设成为"全球电竞之都"提供政策保障，可以发现，"集聚性"这一发展特点也在政策制定中被不断强调。（表2-3）

表2-3　上海"全球电竞之都"相关政策

年份	文化创意产业扶持政策	电竞产业扶持政策
2015	上海市人民政府出台关于贯彻《国务院关于推进文化创意和设计服务与相关产业融合发展的若干意见》的实施意见。	努力打造以赛事策划、体育出版、体育影视、体育传播、电子竞技和体育文化演出为主要内容的体育产业集群。
	上海市财政局与上海市文化创意产业推进领导小组办公室联合印发《关于促进创意设计产业发展财政专项资金实施办法》。	—
2017	中共上海市委与上海市人民政府联合印发《关于加快本市文化创意产业创新发展的若干意见》（简称"上海文创50条"）。	提出"将上海建设成为全球电竞之都"。
2018	中共上海市委办公厅与市政府办公厅正式印发《全力打响"上海文化"品牌 加快建成国际文化大都市三年行动计划（2018—2020年）》。	提出以灵石路等为主要区域，推动更多以电竞为重点的游戏产业资源集聚，形成"中国电竞看上海，上海电竞在静安"的产业集群和产业链优势。
	上海市闵行区委办公室与闵行区人民政府办公室印发《闵行区文化创意产业发展三年行动计划（2018—2020年）》，提出打造"超竞电竞园"，推动广东超竞与腾讯互娱合作，建立电竞产业园，打造设计、研发、比赛、培训、交易、直播等电竞产业链，适时建设可承办全球顶级电竞赛事的场馆。	上海市文化和旅游局发布"全球电竞之都"建设相关相关工作规划，率先出台《上海市电子竞技运动员注册管理办法》，重要赛事落户浦东。《电竞运动员注册管理及赛事发展计划》等政策管理文件相应出台。
		上海市体育局发布《建设国际体育赛事之都三年行动计划（2018—2020年）》，提出打造全球电竞之都赛事平台，借鉴传统体育项目的行业管理模式，试行电竞运动员注册管理等政策，促进电竞运动规范有序发展，支持打造电竞产业集聚区，构建完整的电竞生态圈。
		上海市委宣传部、市文化广播影视管理局等13部门联合印发《关于促进上海动漫游戏产业发展的实施办法》，提出加强电竞场馆和集聚区建设，鼓励投资建设电竞赛事场馆，重点支持建设或改建可承办国际顶级电竞赛事的专业场馆1~2个，规划建设若干个特色体验馆。

年份	文化创意产业扶持政策	电竞产业扶持政策
2019	—	上海市委宣传部等3部门出台《促进电子竞技产业健康发展20条意见》，以推动上海电子竞技产业有序健康发展，加快"全球电竞之都"建设。
		2019全球电竞大会上，《电竞场馆建设规范》和《电竞场馆运营服务规范》正式发布。这两项标准由上海市电子竞技运动协会、上海市网络游戏行业协会与上海市互联网公共上网服务行业协会共同编制完成。这两项电子竞技团体标准不仅是国内首创，同时也是世界首创。
		上海市静安区发展和改革委员会、商务委员会联合发布《上海市静安区促进电竞产业发展的扶持政策（试行）》，进一步提升静安区电竞产业发展能级和集聚度。
2020	—	上海市人民政府新闻办公室举办上海市新冠肺炎疫情防控系列新闻发布会，上海市市委宣传部副部长王亚元提出会对演艺、文旅、电竞、文化会展等受疫情影响较大、主动创新转型、信用良好、符合条件的中小微文创企业，优先予以支持。
		上海市政府正式印发《上海市促进在线新经济发展行动方案（2020—2022年）》，方案指出将进一步推动网游手游、网络文学、动漫电竞等互动娱乐产业发展。
		上海市静安区正式印发《静安区关于促进电竞产业发展的实施方案》，进一步推进电竞产业集约化、专业化和规模化发展，提升电竞产业发展能级和集聚度，着力构建业态完善、充满活力的电竞产业生态圈，营造良好的电竞产业发展环境。
2021	中共上海市委办公厅、市政府办公厅正式印发《上海市社会主义国际文化大都市建设"十四五"规划》，推进上海"电竞之都"建设。	—

例2：西安——政策扶持。

纵然北、上、广、深等电竞大城拥有一定城市规模、经济实力及人口基数等优势，然而，电竞也开始朝向"新一线城市"甚至是二、三线城市布局发展，西安就在其中。2021年，第二届"电竞·中国"年度盛典在武汉落下帷幕，西安与上海、武汉共同获评"年度电竞城市"。西安作为传统人文古都，与电竞的双向选择展现了其城市文化的包容性，彰显了年轻化与专业化形象。

对电竞行业来说，政策上的利好及文化层面的宣传引导，为电竞在当地的发展提供了良好的产业环境，西安的电竞发展与西安政府对电竞产业的政策和战略布局息息相关。2021年，西安市人民政府分别在4月、9月、11月印发《推进国家体育消费试点城市建设实施方案》《创建国家文化和旅游消费试点城市实施方案》《"十四五"文化和旅游发展规划》，明确表明要创新发展文化创意产业，其中便以"电子竞技"作为重点发展对象。作为新一线发展城市，西安市政府对体育与文娱产业尤为重视。

在2020年"人民电竞·电竞中国"年度颁奖盛典上，西安荣获电竞城市奖，其获奖理由为："作为第一个在政策上大力支持电竞的城市，西安尤其是曲江新区在2019年还是走在全国城市前列。"

西安国际电子竞技大会暨首届国际数字娱乐产业活动于2020年1月8日—9日举行，展现了新文创下电竞发展思路和数字文娱的产业融合，以及西安地区数字电竞文化产业发展新思路、新方向、新布局。也是在2020年，西安发布《关于支持电竞游戏产业发展的若干政策》。政策中，西安将在曲江二期建设约600亩的西安曲江体育电竞产业园，形成辐射半径达1.5千米的产业集群。西安曲江新区与量子电竞产业城分别签署合作协议，与英雄互娱（西安）签署战队引进战略合作协议，此外还与索尼"中国之星计划"基金、曲江369互联网创新创业基地签署合作备忘录，表明了西安大力支持电竞产业发展的态度和信心。

在政策及资金的大力支持下，西安政府正逐步地、有规模地布局电竞产业，引进组织各类电竞赛事、头部企业，加快场馆建设，加速地域化发展，成为继上海之后，国内电竞产业最为集中的城市。

2018年5月，在LPL职业联赛实行主场化之后，国内老牌顶级电竞俱乐部WE落地西安（图2-4），西安市政府举行大型欢迎仪式迎接WE俱乐部，西安市政府领导亲临现场，表明了西安政府以崭新开放的姿态迎接电竞。老牌电竞俱乐部WE回归、PEL赛事团队入驻VSPN西安分部、未央大明宫举办王者荣耀KPL春季赛、曲江会议中心举办WCG世界电竞大赛、以曲江新区为主场的WE战队主场赛事也先后落地西安。以2019年KPL春季赛总决赛为例，总决赛比赛场地设在西安的大明宫，比赛期间大量观众从全球各地飞往西安，当地酒店爆满，政府也为所有购票粉丝赠送了大明宫的景区门票，及时将比赛与当地旅游产业结合，西安当年共接待海内外游客30110.43万人次，同比增长21.71%，旅游业总收入3146.05亿元，同比增长23.14%。

总之，西安作为拥有悠久历史及深厚文化底蕴的城市，持续布局电竞产业发展及完善电竞生态体系，电竞产业蓬勃发展，走在全国前列。如今西安仍在不断探索电竞产业化、生态化路径，让电竞产业成为城市经济发展增长点。

图2-4　WE俱乐部入驻西安主场

例3：北京——电竞北京2021。

北京是首都，影响力高和曝光度高。北京是奥运会等世界顶级国际比赛举办城市，其体育氛围也更为浓厚。同时北京拥有近百所高校资源、近百万大学生群体及丰富的人才资源，在电竞城市发展指数的人才环境层面中，北京的人才供需丰富度与教育成熟度仅次于上海，位居第二；其薪酬竞争力位居第一，意味着北京在电竞核心用户——年轻群体方面及电竞人才资源方面更具城市辐射力和影响力。（图2-5）

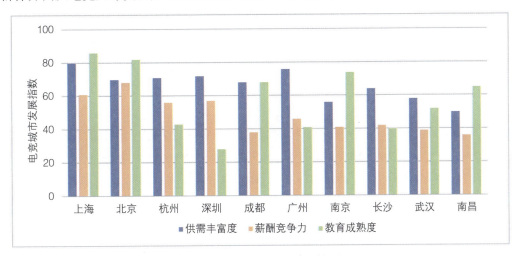

图2-5　北京电竞人才资源情况

众多高知名度电竞赛事纷纷落地北京。2017年在鸟巢举办的英雄联盟S7全球总决赛即为火热的电竞赛事之一，当年的比赛热潮依然被许多电竞爱好者铭记；2020年王者荣耀世界冠军杯总决赛也在北京凯迪拉克中心正式打响。2021年5月—12月，北京构建了以2021全年为周期的赛事体系，有超过50项电竞赛事和电竞相关活动，囊括了职业赛事和非职业赛事，在北京陆续举办。其中就包括王者荣耀2021世界冠军杯总决赛、使命召唤大师赛 S2 总决赛及第九届英雄联盟高校联赛全国总决赛等头部IP赛事。而在校园品牌赛事中，包括北京（国际）大学生电竞节、中国大学生电竞联赛、动感地带5G校园先锋赛等品牌校园赛事，以及京津冀电竞大众赛、"亦竞杯"千企电子竞技大赛、中关村电竞嘉年华等行业性赛事也陆续在京举办。

北京市电竞政策后来居上。2018年始，北京市相继出台一系列规划政策支持电竞产业发展。多种政策利好及产业发展使得北京也成为"电竞之都"竞争城市之一。例如，北京市政府发布《关于推进文化创意产业创新发展的意见》并指出，要大力发展包括动漫游戏在内的九大文化领域，支持举办高品质、国际性的电竞大赛，促进电竞直播等网络游戏产业健康发展；北京市人才工作局印发的《关于"两区"建设推进工作措施》，将扶持重心着力于"人才引进"方面，落实关于加强人才服务，促进新业态、新模式培育壮大发展的若干政策措施，对从事电竞等新业态的特殊人才，实施分层分类的人才吸引政策；在《北京市推进全国文化中心建设中长期规划（2019年—2035年）》政策文件中，北京市政府强调"建设网络游戏之都"的重要性，在未来的电竞产业建设中，将坚持以网络游戏精品研发中心、新技术应用中心、游戏社会化推进中心、游戏理论研究中心、电竞产业品牌中心为支撑，加快建成产业体系健全、要素市场完善、营商环境一流、产业链条完备的网络游戏之都；北京市《文化旅游领域"两区"建设工作方案》也提出将优化证照资源配置，积极推动网络视听、网络游戏、数字音乐、电子竞技等相关产业健康发展。

2021年5月20日，"电竞北京2021"启动盛典于北京经济技术开发区成功举办（图2-6），北京市委宣传部副部长王野霏、北京市国有文化资产管理中心主任刘绍坚、北京经济技术开发区党工委书记王少峰等领导代表出席。在启动盛典中，北京将陆续启动"电竞北京"合作伙伴等计划，同时在2021年5月—12月以"电竞北京2021"为中心，围绕平台搭建、赛事举办、生态营造、消费引领四大主题开展电竞活动。"电竞北京2021"是后疫情时代的电竞新模式，通过深入布局以实现产业链整体有效发展，同时打造北京首都城市品牌与城市文化名片。依托一大批头部电竞企业、产业园等资源，北京还将打造电竞产业创新发展服务平台，并持续推动全球电竞产业优质资源在北京落地转化。在北京国际电竞创新发展大会上，腾讯与北京签订《关于电竞产业发展的战略合作框架协议》，帮助北京打造"电竞产业品牌中心"，头部电竞企业则以完美世界为代表，完美世界作为中国头部游戏研发企业，拥有热门电竞游戏 *DOTA 2* 和 *CS:GO* 的独家代理权及对应的电竞赛事体系，完美世界将北京设为总部，对北京的电竞产业发展有着显著影响。除此之外，网易游戏、英雄互娱360游戏、盖娅互娱、当红齐天等知名电竞企业也成为北京合作伙伴，创建在京电竞生态产业园、电竞小镇等项目，共同致力于北京电竞产业发展。

图2-6 电竞北京2021

例4：成都——移动电竞。

成都的电竞产业发展较早，被誉为"中国手游第一城""中国游戏产业第四城"等，电竞已成为成都这座"网红城市"的新名片。大量顶级职业俱乐部主场落地成都，如老牌电竞俱乐部OMG及AG超玩会等。在2019年中国电竞城市发展指数中，成都发展指数、办赛数量、电竞产业相关企业均位列前五。

成都的电竞产业特色在于其深入布局移动电竞细分赛道。成都是电竞重要研发之地，自2011年起，成都就开始推动手游和移动互联网产业，凭借端游游戏制作和人才资源，成都手游行业位居全国前列，最为典型的即火热全网的现象级手游《王者荣耀》，这款手游迄今为止占据手游市场前列。2017年，成都政府与腾讯签署协议，布局游戏电竞产业，并围绕《王者荣耀》打造"电竞之都"。（图2-7）

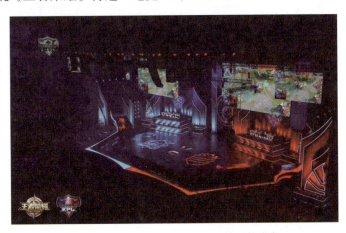

图2-7 2018年成都举办KPL秋季总决赛

2020年，成都市政府办公厅发布《关于推进"电竞+"产业发展的实施意见》，提出要结合"三城三都"建设目标任务，以聚集电竞产业要素资源、完善电竞产业生态布局、推动"电竞+"融合发展、营造电竞特色文化为重点，深入挖掘电竞市场价值，促进"电竞+"产业品牌化、国际化、规范化、融合化发展。所谓"三城三都"分别指世界文创名城、赛事名城、旅游名城和国际音乐之都、美食之都、会展之都。

"电竞+文创"成为成都将电竞产业与城市功能相融合的新思路——依托成都电竞游戏软件研发优势，支持企业将成都地标、特色场景、历史人物等融进电竞内容创作，融入中华优秀传统文化、巴蜀文化、天府文化、三国文化、大熊猫文化等文化元素，开发与城市形象契合度高的游戏产品。

随着移动市场规模日益扩张，移动游戏营销收入也占据市场绝对份额，2020年国内最热门的游戏直播内容Top5中就有《王者荣耀》和《和平精英》两款移动电竞游戏，预示着未来主战场或转向移动电竞，而成都作为移动电竞之城，也或将迎来城市发展产业新机会。

2. 推动电竞城市差异化发展

上海、成都、海口等城市适合举办大型电竞赛事。这些城市不仅场馆资源比较丰富，而且城市的配套服务设施相对齐全，能够满足举办标准化赛事的需要。

武汉、西安等城市年轻化趋势明显。庞大的年轻群体为发展电竞提供了充足的用户基础，是地方大力发展电竞产业的动因之一。

北京、长沙等城市内容制作能力强大。电竞可以较容易地融入当地的文娱产业发展链条，本地媒体、影视等内容制作团队可以灵活、低成本地参与电竞产业发展。

充足的用户群（年轻群体）、产业基础（如政策条件、人力成本、产业聚集）、配套设施（如体育场馆等）等因素是城市发展电竞的基础条件。然而，拥有这些基础条件并不意味着一定会成功打造"电竞之都"。当前，在国内众多电竞城市中，真正打响电竞品牌并形成浓厚电竞文化的城市并不多。电竞城市需要形成差异化标签和本地特色。总体而言，电竞城市中心建设离不开产业上中下游完整产业链及生态体系，总体发展模式为：电竞传播内容融合城市特色；资本支持促进产业集聚；完善电竞管理体系，促进基础设施建设；产业布局融合线上线下；建设电竞产业孵化平台，促进电竞原创内容创新；完善电竞人才引进与培养体系。

电竞城市的发展应该遵循因地制宜的逻辑，在差异化"电竞之都"的打造上，需要：①利用电竞带动本地产业发展；②发掘城市资源与电竞元素的契合点；③将电竞的精神元素、形象元素等融入城市文化。

3. 电竞助力打造城市品牌

电竞是一个相对新潮的文化元素，可以推动城市现有产业发展，助力产品升级、成本降低。电竞城市品牌塑造的关键在于将电竞新潮、年轻化的文化与当地特色文化相融合。电竞对城市品牌的塑造更多落在文创层面，电竞是一个全新的媒介，它能够联结城市固有的文化禀赋，承载城市底蕴的同时不失人文化及年轻化。因此，电竞主场并非仅仅是比赛场馆，而是要融合地区，打造一个具有本土特色、沉浸式的线下商业矩阵。对于城市而言，需要通过引进明星、俱乐部主场化，或承办重要职业赛事，从而吸引电竞爱好者，创造电竞氛围，培养本土情怀。要充分发挥电竞对城市品牌的赋能，主要从两大方面入手：①利用电竞的线上传播力提升城市的影响力；②将电竞文化转化为重要的文旅资源，比如引入电竞俱乐部，发展电竞相关服饰、餐饮、主题酒店等周边消费。

（二）电竞产业的集聚性生态：电竞小镇与产业园

电竞与周边产业联动的一大发展方向在于联动区域优势资源的联动，加速文创、体育、旅游客商融合，创造新的地标并丰富城市生活。电竞小镇和电竞产业园的出现是多数本土政府为推动电竞品牌与区域资源联动，打造经济增长的着力点。

众多小县城也借助发展契机，着力打造电竞小镇，布局电竞之梦。在2016年后，国家三部委联合发布了《关于开展特色小镇培育工作的通知》。此后，重庆忠县、安徽芜湖、江苏太仓、浙江杭州、河南孟州、辽宁葫芦岛等地宣布将着手建设电竞小镇。重庆忠县人口可过百万，拥有可观的人口数量，2017年，重庆忠县出台了《忠县促进电竞产业发展的若干政策意见》，被称为"黄金19条"，明确表示了对电竞企业发展的支持，包括资金扶持、专项奖励等激励机制。同年的忠县政府工作报告提出："积极打造集电竞文化乐园、产业孵化中心及其他商业配套为一体的电竞综合体。"并在之后获得电竞赛事CMEG总决赛5年承办权，忠县在2017年便投资14亿元，快速建成专业化、规模化的三峡港湾电竞馆，承办了第一届CMEG全球总决赛。

2017年，忠县政府使用40亿元，相当于全县六分之一的年度GDP收入以支持建设电竞小镇，忠县县长表示："电竞作为一项辐射带动广泛的新兴产业，既是新动能和新业态，也是新风口。"

然而，忠县的蓝图仍有待加强，由于其主办第三方赛事CMEL缺乏知名度，无法带来预期客流量，除此之外，在全国多个地方兴起的电竞小镇大多数也因远离电竞主场，目前面临生存危机。也有多个例子表明，曾经受热捧的电竞小镇已经开始沉寂。电竞小镇受地域影响巨大。通常地处偏远的电竞小镇，其区位和交通问题是硬伤，顾客由于交通等问题并不会特意前往，缺乏客流量导致投资无法有效转换是主要问题；电竞小镇的衍生场景和盈利模式尚未完善，其问题根源在于电竞小镇生态产业链的不完善，类似腾讯等平台拥有完善的产业上下游，电竞赛事知名度可以辐射上下游，同时电竞赛事的亏损也可以由其他环节弥补。仅仅依赖电竞赛事等门票收入，没有形成产业集群的忠县电竞小镇显然无法做到这一点。

此外，也有许多电竞小镇发展不佳的类似案例。受限于赛事、俱乐部资源稀缺及地理位置不佳等因素，一些地方已逐步放弃打造电竞小镇。2017年5月，芜湖市政府与腾讯签订框架协议，宣布共同打造腾讯电竞小镇，而如今芜湖政府已经转变了发展方向；同为2017年5月，河南孟州计划投资20亿元，推出"保税＋电竞"的特色电竞小镇项目，最终因建设资金及投资风险与合作投资方的思路不符，导致夭折。

建设电竞小镇是否为时过早，或者是否最终变成新一轮招商引资的噱头仍在讨论。但可以肯定的是，仅仅试图依赖引进赛事，而缺少完善的产业基础设施配套和可落地的产业体系规划的电竞小镇，拉动地方经济转型并不能取得成效。"电竞＋经济"的电竞小镇需要一个发展成熟的、能提供足够支撑的协同性的场景生态和产业链，形成小镇内场景消费内循环。目前，电竞小镇这一新业态仍然处于探索之中。

四、中国电竞文创市场的产业集聚性

（一）电竞产业的高融合性

文化创意产业具有高融合性，是经济、文化、技术相融合的产物，在带动相关产业发展的同时，还可以辐射到社会的各个方面。文化创意产业与第一产业的融合是现代农业的特征，也是农业产业化的方向；与第二产业的融合在提高制造业文化附加值的同时，也能够提升制造业企业技术水平和竞争力；与第三产业的融合主要体现在与住宿和餐饮业、金融业、房地产业、信息产业、体育、广告、旅游业及商务服务业等的融合。

电竞产业作为文化创意产业，也呈现出了产业融合的功能。电竞产业中，文创、赛事、旅游、会展、新经济等领域高度跨界融合。有数据显示，2019年中国电竞整体市场规模已经突破1000亿元，主要来自于电竞生态市场的快速扩张。得益于电竞市场的稳步扩张，电竞行业也越来越受到主流品牌的认可，电竞商业化已成必然趋势。尽管2020年初的新冠肺炎疫情对电竞行业的线下环节有一定的影响，但由于行业的稳定发展及成熟的线上直播市场等带来的收益，整体仍呈稳步上涨趋势。随着电竞影响力的显著提升，电竞的IP正在被越来越深入地挖掘，以泛娱乐化为主要的发展方向。同时，"电竞＋"的跨界合作也在增多。电竞不仅可以推动当地游戏动漫、人才培训、赛事运营、媒体服务等产业发展，也可以辐射带动旅游、餐饮、酒店、广告、房地产等周边产业发展，形成电竞与文创、科技、旅游、娱乐等多产业融合发展的新格局。

（二）"电竞＋地产"：线下消费场景打造

1. 电竞商圈综合体

"电竞＋地产"的模式是一种数字场景的创新，让电竞爱好者与潜在受众拥有新颖的、沉浸式线下体验，是电竞文化与周边市场的双向赋能，有利于延伸电竞线下领域，完善电竞生态，也是电竞产业融合性的呈现。

电竞商圈综合体的打造即为"电竞+地产"线下消费场景的表现。电竞商圈是一种新型娱乐综合体，依附于线下场馆建立移动电竞线下娱乐商圈。电竞与商圈结合的关键在于电竞庞大的粉丝基础及用户黏度。毫无疑问，电竞能为商圈带来显著的客流增长和消费促进。尤其是在疫情期间，线下实体店消费遭遇冲击，陷入低迷，客流减少及固定业态是线下商圈的主要困境；此外，多数商圈存在经营模式固定、业态缺乏创新的问题，无法满足用户需求和社会发展，对于当代年轻消费群体而言更是缺乏核心竞争力。当下，线下门店越来越注重线下体验式消费，通过打造差异化形成核心竞争力。电竞赛事的互动性能快速形成UGC（用户原创内容）传播，引发高热度、高流量话题，对于商圈综合体来说是一种自我宣传的良好措施。

电竞商圈通过以主办赛事的主场馆为中心，开设电竞主题餐厅、互动娱乐区等多区块，类似于迪士尼等流行的大商圈Garden的概念。电竞综合体将线上线下相结合，打造丰富的线下电竞娱乐生态，实现线上线下流量资源互补，满足不同用户的消费需求，以享受线下沉浸式多元化娱乐体验，从而留住客人消费，增加粉丝黏性的同时获得更多潜在用户。

目前已有众多老牌百货商场正在积极转型升级，部分选择将方向转向与电竞赛事的融合。例如，拥有80多年历史的上海第一百货商业中心举办《炉石传说》云巅挑战赛，进行老牌商场的转型升级尝试。（图2-8）2020年7月，作为"中华商业第一街"，历经百年的南京路步行街向年轻化奔跑，开展大规模电竞赛事，联动世纪广场、新世界城、世茂广场、悦荟广场，将整条步行街作为电竞赛场，呈现一场"盛夏电竞狂欢"，也是其业态转型调整、积极结合年轻潮流的体现。

图2-8 上海第一百货商业中心举办《炉石传说》云巅挑战赛

B5电竞馆（图2-9）与扬州五悦商场的结合是电竞商圈的一大代表。B5电竞馆已经成功承办了LOL城市对抗赛、OW城市对抗赛、吃鸡城市对抗赛及极限之地PUBG中日韩对抗赛总决赛，吸引了来自全国各地的粉丝。同时，在PUBG中日韩对抗赛总决赛结束后，扬州三盛广场里部分商铺营业额较之前提升了近20%。

B5电竞馆总监冯德建表示："B5电竞馆目前的主要阵地是江苏，而江苏的第一大连锁商场是吾悦广场，自然而然就会走到一起。以前商场在乎人流量的增加，但是现在慢慢在乎人流的逗留时间有多久。"扬州吾悦商场总经理刘继红也说道，"今天从早上开始，周边商家的茶座饮吧全部坐满，餐饮的消费明显提高。在目前阶段，商圈的人气相比疫情前已经恢复了90%"（澎湃新闻）。

图2-9　B5电竞馆

2."电竞+社交"新场景

电竞还拥有线下社交的天然基因，近几年，"电竞小镇""电竞酒店""电竞餐饮"的火热是对电竞社交属性的新商业模式的探索，为电竞粉丝打造线下沉浸式社交体验的同时，促进电竞生活化、全民化。

（1）电竞酒店

近年来，电竞酒店（图2-10）的发展呈现井喷式增长。电竞酒店是一种结合电竞游戏的新型酒店设计，除了提供传统酒店服务之外，房间内还设置媲美网吧的高配置电脑、机械键盘、专用耳机、舒适的电竞椅等专业电竞设备，为顾客提供高品质、"住+玩"的电竞体验。电竞酒店的热门来源于电竞自带属性——"组队开黑"，电竞酒店通常配备多台设备，方便玩家组队竞技，满足玩家的社交需求。同时，相较于网吧而言，电竞酒店的优势在于：隐私性更强，拥有私人空间；环境安静舒适；满足住宿需求；拥有较高自由度。而如今疫情也使得电竞酒店行业大受打击，其野蛮、无脑增长的背后也暴露电竞酒店行业的几大问题：受众有限；性价比不足，价格偏高；定位不明确；设施不完善等。

图 2-10　电竞酒店

（2）电竞餐饮

电竞餐饮的消费则带有文化属性，餐厅设计上通常带有强烈的圈层文化标识。于2020年底开业的济南某电竞主题餐厅就是电竞餐饮的一个优秀案例（图2-11），其设计具备科技感及未来感，灯光呈现动态变化，打造电竞氛围。同时，场馆内部还设置多个LED电视屏幕，实时播放最新电竞赛事。在营销宣传上，还邀请英雄联盟S9全球总决赛冠军FPX战队作为代言人。

图 2-11　电竞餐厅

"电竞＋餐饮"作为电竞的细分"第三空间"，绝不仅仅是简单融入电竞元素，而是需要与电竞文化基因深度融合，通过社交互动整合电竞爱好者兴趣，打造体验式场景以培养客户忠诚度。在上海市普陀区，腾讯电竞开设全国首家电竞主题咖啡馆Tims。电竞咖啡馆店面的策划设计别出心裁，结合腾讯电竞标识及深金色调，店外采用金属立体雕刻，外立面玻璃幕墙植入LED超大透明显示屏，播放电竞赛事相关画面，展现强烈的科技感及视觉冲击。在内部空间设计上，设有电竞赛事观赛区；电竞赛事文化区：展现各大赛事奖杯及职业选手队服、手模等，为电竞爱好者提供回忆场所；Tims x eSports照片墙，展现夺冠捧杯时刻；5V5、3V3对抗区等个性化空间。在饮品设计上也独具匠心，推出有电竞专属红蓝 Buff（游戏中可以增强自身能力的"魔法"或"效果"）饮品及各大战队标识的拉花图案。此外，店铺也邀请电竞大咖到店担任短期店长及举办赛事应援活动，如建立支持书，将粉丝的愿望传达给战队和选手，Tims 成为电竞餐饮尝试的典型。

（三）"电竞＋文娱"：跨界新业态

2020 年 1 月举行的中国电子竞技行业年会中提出了"电竞＋融媒体创新""电竞＋产业落地"两大主题方向，强调以电竞为核心，链接和联动优势媒体形成集聚效应。主办方中国文化娱乐行业协会也强调，应极力推进具备头部优势的地方与电竞产业的融合与合作。业态融合、场景营造、历史文化融入、消费升级是电竞行业未来的发展趋势。

电竞作为源于科技的新兴体育产业，具有极大成长空间及延展空间。电竞本身作为高流量的知名 IP，拥有电竞用户基础，其话题也具有相对高的知名度和影响力。除了传统品牌之外，电竞凭借其独特互联网属性，对接泛娱乐市场，跨界多个领域，深耕文娱文创新业态。

1．"电竞＋影视"

电竞 IP 跨界泛娱乐市场，其中最为出圈的是电竞影视剧发展，影视剧改编的方式能显著帮助电竞提升讨论度和关注度，并直接展示电竞精神及电竞文化，而电竞 IP 也能使影视创作内容更丰富，更具戏剧性。同时电竞用户基础及话题度也能反哺影视剧热度。（表 2-4）

表 2-4　电竞影视剧

剧名	播放量（截至 2021 年 8 月）
《穿越火线》	腾讯视频：19.3 亿次
《亲爱的、热爱的》	腾讯视频：82.8 亿次
《全职高手》	腾讯视频：39.7 亿次

在这些影视改编剧中，都展现了电竞 IP 的去游戏化及电竞内核的保留。在传统的游戏 IP 影视化中，多以游戏世界观展开，受众主要面向游戏用户。而如今电竞 IP 的影视化别有不同。以《穿越火线》为例，其作为以电竞为题材的青春励志剧，以双线叙事手法展现 2008 年及 2019 年两位主角的故事，讲述两个时代年轻电竞选手的意外联结并在发展过程中互相支持、鼓励，展现了电竞人物真实细腻的情感，青春热血无畏的精神也收获了年轻群体的共鸣，从宏观层面展现了中国电竞行业曾经面临的艰难坎坷，以及如今的时代变迁与行业发展。来自 2008 年的主角肖枫的一句话："不服输的，才是青春"，道出了电竞故事的真正含义，保留了游戏 IP、用户情感及电竞精神内核，更容易引起观众共鸣，在上线之后获得极高热度并同时获得大众包括电竞爱好者的认可，成为联结不同受众群体的文化节点。

2."电竞+文旅"

（1）《穿越火线》文旅项目

《穿越火线》是一款FPS枪战游戏，同时还拥有其专属电竞赛事体系与IP符号。在2019年，《穿越火线》与驴妈妈旅游网合作，联合格林酒店集团旗下电竞酒店品牌格林电竞，推出首款电竞文化旅游产品并落地上海，主要形式为穿越火线主题电竞套房，涵盖《穿越火线》粉丝见面会、俱乐部参观、总决赛观赛等定制旅游产品。（图2-12）

图2-12 《穿越火线》文旅项目

（2）《英雄联盟》云南校园电竞文创村

腾讯新文创联合旗下电竞IP《英雄联盟》在云南大理沙栗木庄村打造"自在云南，遇见峡谷"《英雄联盟》校园电竞文创村，该文创村将电竞与云南具当地特色的传统文化相结合，基于校园及电竞IP，应用AR等数字化技术，通过平面壁画的形式展现电竞时刻等内容，将电竞年轻化文化与传统云南民族文化融合。（图2-13）

图2-13 英雄联盟云南校园电竞文创村宣传海报

（3）《王者荣耀》：冰雪王者世界

《王者荣耀》与哈尔滨冰雪大世界合作，展示了"冰雪王者世界"，该冰雪雕塑景观一比一还原完美复刻《王者荣耀》游戏内部场景——王者峡谷，并创新增加含元殿冰雪大滑梯、大型创世冰雪英雄雪雕群像、冰雪圆舞曲英雄冰雕、冰雪梦奇雪雕等内容，实现传统冰雕艺术与现代游戏符号的融合，为玩家提供一场新奇的电竞冰雪之旅。（图2-14）

图2-14　位于哈尔滨的"冰雪王者世界"

3."电竞+新文创"

（1）赛事文创营销

2020年，手游《和平精英》PEL联赛S3赛季与西安成功打造了一场将电竞赛事与城市文化深度融合联动的文创营销，展示了电竞赛事与城市文化深度联结的可能性。在这场赛事文创营销中，充分展现了电竞作为文创产业的融合功能。西安地标建筑与《和平精英》宣传片内容共创进行合作预热：赛季之初，PEL赛事官方宣传片采用蒙太奇的叙事手法，以西安各地标建筑如永宁门城墙、箭楼、城楼及内部宫殿等作为故事节点，将《和平精英》世界放置于古代战场，并加入秦俑、护肤雕纹等西安文化元素，强化了赛事与城市文化关联性。

以古城墙为载体，电竞赛事落地完成联动：20支PEL电竞队伍伴随鼓声登上西安古城墙，共聚永宁门城楼。在象征传统文化的古城墙之上，战队选手、战队旗帜、冠军三级头逐一呈现，历史悠久的文化古都与电竞年轻潮流的热血相辅相成。（图2-15）

图2-15 《和平精英》游戏场景中的西安地标建筑

（2）品牌周边联名

①《英雄联盟》路易威登（LV）合作服饰

知名奢侈品牌 Louis Vuitton 与 Riot Games 达成跨界合作，LV 为 S9 全球英雄联盟总决赛召唤师奖杯定制 S9 奖杯旅行硬箱，在展现 LV 传统工艺设计的同时，也加入英雄联盟世界观元素。此外，LV 艺术总监也参与设计 S9 决赛冠军皮肤，并发布联盟胶囊等产品，成为电竞跨界时尚行业的新起点。对于品牌而言，百年奢侈品巨头与互联网巨头的融合，不仅获得了年轻流量入口，更以价值观营销方式完成了一次品牌渗透，也是奢侈品行业追求品牌年轻化、顺应消费群体更迭的一大转型创新的代表。对于电竞而言，也是电竞新文创跨界多领域的商业模式创新。（图2-16）

图2-16 LV 与《英雄联盟》联名款游戏人物皮肤

②《王者荣耀》M·A·C 口红

2019年1月，美妆品牌 M·A·C 联合《王者荣耀》，推出限量版口红，成为美妆品牌与电竞 IP 的一次成功联动营销。联名从《王者荣耀》世界观宇宙出发，结合手游中人物角色形象，以花木兰、公孙离、貂蝉、大乔和露娜5位女英雄形象为主题，对应M·A·C口红5款色号，共同推出了五款联名定制包装口红（图2-17）。联名口红一经推出便迅速引起话题热潮，引起众多消费者抢购，甚至出现高价转卖的溢价现象。事实上，《王者荣耀》IP与美妆品牌联动并非毫无依据，两者在品牌目标受众具有一定重合性，M·A·C作为深耕女性市场的美妆品牌成功对接了《王者荣耀》手游受众中不断增长的女性用户，收获女性消费者的支持；同时该联动也打破性别壁垒，吸引了大量男性消费者，完成潜在用户的转化培养。

图2-17 《王者荣耀》与美妆品牌M·A·C联名款口红

无论是赛事文创还是品牌联动，都代表着电竞IP正在成为兼具文化价值与商业价值的新符号。新文创视角下的电竞IP需要实现品牌与产业的内容共创、相互赋能，丰富多种内容业态。

（四）电竞赛事衍生产业

近年来，随着电竞产业迅速发展，一系列衍生服务也蓬勃发展起来。这些衍生服务既包括电竞影视、综艺等（如《超越吧！英雄》《全职高手》《穿越火线》等节目），也包括品牌合作的各种电竞周边产品、附带电竞权益的联名信用卡或手机卡等电竞权益产品。同时，兴起的电竞教育为电竞行业培养了大量人才。

1. 小沃科技

小沃科技有限公司（图2-18）是中国联通的在线旗下子公司，成立于2014年10月。依托电信运营商的资源优势，聚焦移动互联网新文娱领域，主要业务包括应用分发、计费融合、流量经营、游戏运营、知识店铺、线上广告等。

图2-18 小沃科技有限公司标识

（1）赛事 IP

小沃科技于2018年在全国高校开展小沃电竞大篷车嘉年华活动，在20多所城市举办30多场电竞赛事；2019年，小沃电竞大篷车升级为小沃电竞联盟WGA，赛事覆盖全国200多所高校，建立了线下赛、城市赛和全国总决赛结合的赛事体系，赛事项目囊括王者荣耀、和平精英等多款热门手游和守望先锋、*DOTA 2*等经典端游，赛事专业化程度和内容丰富度上也不断提升。

（2）衍生服务

小沃科技电竞衍生服务主要包括三个方面，分别是电竞教育、电竞综艺及电竞号卡。

在电竞教育方面，2020年8月，小沃科技与虎牙直播、上海体育学院签约电竞教育战略合作发布会，产学研三方结合，共同建设5G电竞课题与相关专业课程，同时建设电子竞技与数字文创产教研融合基地，发展电竞教育新模式。

在电竞衍生内容方面，在2019年WGA小沃电竞联盟启动仪式上，小沃科技与东方明珠达成电竞内容合作协议。东方明珠曾制作英雄联盟赛事官方授权的爆款电竞体育真人秀节目《超越吧！英雄》。小沃科技与东方明珠的合作，将打造腾讯旗下另一款重磅电竞游戏《和平精英》的综艺节目。

此外，小沃科技依托联通运营商优势，与腾讯、暴雪等游戏厂商共同开发电竞权益号卡，小沃科技已携手网易暴雪推出首张垂直电竞领域的《守望先锋》联名卡，联名号卡将用户生活服务需求与游戏体验结合起来，向用户提供《守望先锋》畅玩版客户端、标准补给箱等游戏权益，实现通信与游戏行业的双赢合作。

2. 英雄体育

英雄体育（VSPN）（图2-19）成立于2016年，企业业务以电竞赛事和泛娱乐内容制作运营为核心，提供赛事运营、艺人孵化及管理、电竞商业化等综合服务。

（1）赛事 IP

英雄体育以电竞赛事为核心业务，深耕赛事运营，积极推动赛事出海。其赛事业务覆盖亚洲、欧洲、美洲，制作播出共计13000场顶级赛事；核心团队主导并成功承办或举办了王者荣耀、和平精英、穿越火线、PUBG、英雄联盟、QQ飞车手游、PUBG MOBILE、炉石传说、皇室战争、球球大作战、FIFA Online 3、DNF等知名竞技游戏的一系列官方、顶级、职业赛事，包括KPL、PEL、PCL、LPL、CFPL、CFML、QQ飞车手游S联赛、CRL、BPL、FSL等。

（2）衍生服务

在传播服务方面，英雄体育深耕电竞大屏生态，推动赛事在电视大屏端的传播服务，拥有王者荣耀赛事（独家版权运营商）、和平精英系列赛事（独家版权运营商）、绝地求生系列赛事、穿越火线职业赛事、皇室战争职业联赛等赛事版权。

在内容衍生服务方面，英雄体育与游戏厂商合作，制作多档游戏综艺，比如与战旗合作的狼人杀竞技综艺*Lying man*，与腾讯游戏合作的围绕王者荣耀KPL的电竞综艺《谁是国服第一》，以及与暴雪和网易合作制作的一档《魔兽世界》真人挑战节目《奔跑吧，脚男！》。

此外，英雄体育积极推动电竞商业化，提供一站式整合营销服务，以全案营销策略整合KPL、PEL、CFPL、Ti9、LPL、PCPI、QQ飞车手游S联赛等头部电竞项目资源，服务了麦当劳、vivo、OPPO、浦发银行信用卡、宝马、黑鲸等多个品牌。

图2-19　英雄体育（VSPN）标识

3. 华体电竞

华体电竞（北京）体育文化有限公司（图2-20）是中国奥委会控股企业——华体集团旗下唯一从事电竞相关业务的公司，经营范围涵盖产业投资、电竞场馆建设、行业标准制定、国际交流、会展服务、赛事活动推广、从业人员认证、中小微企业孵化等领域。

华体电竞的主要业务并非赛事IP运营和衍生内容产品制作，而是深耕电竞场馆等实体电竞空间的建设与布局，华体电竞以《电子竞技场馆建设标准》为指导，完成全国电竞场馆建设与运营的布局，推进10个电竞专业馆、100个电竞标准馆、1000个电竞基础馆建设计划。除此之外，华体电竞筹建深耕二次元IP的"元气蛋蛋"数字娱乐馆及以"电竞+"为主题的"竞说非常沙龙"，实体空间结合电竞IP，引领全国电竞产业布局。

图2-20　华体电竞（北京）体育文化有限公司标识

第三节 作为文创的电竞"走出去"

一、电竞内容的"走出去"

在中国电竞逐流向前的大发展时代中，中国电竞不仅需要"引进来"，更需要"走出去"——成为一个具有世界影响力的中国文化符号不仅是中国电竞发展的需要，更是一种国家文化对外传播的重要内容。随着Steam、暴雪等全球性的游戏平台迅速崛起，游戏不再是某一单一国家独享的产物，而是全球游戏玩家的狂欢，而"游戏全球化"也成为全球化大潮中的重要组成部分。近些年来，《河洛群侠传》《隐龙传》《紫塞秋风》《尼山萨满传》等中国传统文化风格浓郁的作品开始走进海外玩家视野，游戏中对丝绸之路、敦煌莫高窟壁画、中国传统武术、少数民族民俗风情的融合与呈现成为推动中国传统文化"走出去"的桥梁，而国产精品游戏通过知名游戏平台的推广，逐渐获得了海外市场认可。2018年，中国游戏类应用在海外市场的总下载量约32亿次，同比增长39%；总用户支出约61亿美元（约合人民币408亿），同比增长49%，整体增速高于全球移动游戏产业的增长速度。在出口地域方面，中国游戏在亚洲、欧美、中东等地区都有较好的发展。

因为审美类似、风俗相近，一直以来，东南亚都是中国游戏出海的首选，中国游戏出口东南亚已是常事。中国游戏在东南亚游戏市场上收获不小，凭借《三剑豪》《秦美人》《城堡争霸》《疾风猎人》《弹弹堂S》《仙剑奇缘》《雄霸天下》《帝国战争》及Clash of Kings等游戏产品，智明星通、Gameview、Vstargame、Efun、昆仑万维、Funplus、IGG、Game Hollywood、腾讯、百度、飞流等厂商在东南亚地区都初步实现了游戏的"走出去"。但中国游戏的"走出去"，目的并不止步于下载量的猛增或是"年度游戏"的评比，而是借助游戏，让中国传统文化走进海外受众的视野，以此讲好中国故事，塑造国家形象。

《王者荣耀》制作人李旻曾说道："《王者荣耀》有传承和弘扬中国文化的责任。"其英雄多为中国历史人物，英雄的皮肤也借鉴了中国神话传说中的概念与灵感，比如东海龙王、敦煌飞天等。2016年下半年开始，腾讯天美工作室群自研MOBA手游Arena of Valor（《王者荣耀》海外版，以下简称AOV）正式向海外市场发起冲击，针对各个国家推出了海外版本，在东南亚地区积累了大量的人气。这种特有的本土文化属性是《王者荣耀》与其他电竞游戏拉开身位的先天优势。同时，日趋成熟与不断升级的赛事体系不但让《王者荣耀》具有持久的生命力，还发挥了弘扬中国文化的作用。

但游戏的"走出去"并非止步于对游戏内容的语言翻译，更有与他国文化的融合，

《王者荣耀》在面向欧美地区开发海外版的时候增加了神奇女侠、蝙蝠侠等漫威人物，也按照欧美的审美习惯对游戏英雄的体型进行改变。

二、电竞赛事的"走出去"

移动电竞《王者荣耀》的火爆也使得赛事的人气不断走高，2019年官方职业赛事观看量达到240亿人次，职业赛事观看量同比增长41%，其中KPL职业联赛早已成为国内移动电竞领域的龙头。

而《王者荣耀》世界冠军杯也随着游戏海外版的推广走进海外受众的视野。2019年，年世界冠军杯以高达3200万人民币的总奖金创下了移动电竞职业赛事史上的最高奖金纪录。赛事覆盖了中国之外的亚洲多国乃至欧美地区，不仅对亚洲周边地区的电竞产业起到了支撑作用，对于海外战队、选手乃至观众而言，通过赛事他们也在接受中华文化的洗礼。曾有来自马来西亚、韩国等国家和地区的选手在接受采访时说道："参加了这个比赛，我们更想去了解中国传统文化，比如遇到一个出自《三国演义》中的英雄，我们就想着去了解他的故事，以及他和其他英雄的关系。"电竞赛事成为电竞产业中与游戏比肩而立的，发挥文化输出和交流的桥梁作用的重要一环。

随着"一带一路"倡议的落地，中国游戏出海的路线也开始与"一带一路"不谋而合，这也为中国电竞赛事出海指明了方向。"一带一路"电竞赛事逐步吸引了沿线国家电竞选手的目光，在带动赛事举办城市旅游业迅猛发展的同时，也为国际性电竞赛事机制的完善、电竞战队的交流合作提供了契机。移动电竞项目的兴起是时代发展的需要，而中国原创电竞能够在国门内外都具有如此大的影响力，其中中国文化的沉淀和电竞赛事的"出海"缺一不可——一是对中华优秀传统文化的传承，二则踏上了电竞赛事发展全球化的步伐。

三、电竞资本的"走出去"

随着Steam、暴雪等全球性的游戏平台迅速崛起，国际性游戏平台的搭建成为电竞产业中资本走出去的关键一步。通过代理《英雄联盟》《穿越火线》等热门网游，发行《饥荒》《天际线》等国际知名单机游戏，腾讯游戏平台（WeGame）在国际上积累了知名度。

腾讯互动娱乐PC游戏平台部产品总监王伟光曾表示，希望通过提供整合性的国际化游戏平台，助力中国优秀文创作品"出海"。以前虽然有很多中国游戏在国际上成为"爆款"，但持续运营很难，归根结底是因缺乏平台支撑。

电竞产业中资本的走出去同时面临着机遇与挑战。随着中国游戏市场壮大、中外游戏产业合作限制放宽，国际游戏厂商对华关注度提升，拥有更强烈的与中国游戏厂商合作的愿望。然而，中国游戏企业尚未形成整体竞争优势，多数企业单打独斗、多而不强。而对于文化创意产业来说，集团化、集约化是在全球化竞争中最大限度发挥竞争力的必要保障。此外，部分游戏研发者对海外玩家习惯、文化习俗、海外法律制度的不熟悉，对海外运营工作经验和能力的缺乏，对游戏、游戏平台"走出去"形成了制约。也就是说，电竞产业的"走出去"除了需要在游戏一环中强调中国传统文化的呈现，还需要探索适应不同国家和地区用户习惯、文化和法律环境的宣传发行渠道，找到适合海外各地用户的落地方式。

课后练习

一、判断题

1. 所谓创意产业就是知识产权产业，即知识产权生产和营销的产业。（　　）

2. 目前，大多数观点认为电竞产业属于文化创意产业。（　　）

3. 从文化创意产业的视角来看，电竞产业辐射范围可以囊括计算机技术、电信服务、VR、AR，代表娱乐和消费文化内涵。（　　）

4. 目前电竞产业扶持政策存在的问题主要是产业概念使用泛化。（　　）

5. "游戏全球化"也被认为是全球化大潮中的重要组成部分，"游戏出海"的"走出去"更有推动文化融合的作用。（　　）

6. 老牌电竞战队WE所在主场西安是电竞起步最早的城市。（　　）

7. 作为电竞产业地域化的一种形态，电竞小镇发展势头迅猛，并在多地包括重庆忠县等地区取得成功。（　　）

8. 电竞产业中，文创、赛事、旅游、会展、新经济等领域高度跨界融合。（　　）

二、选择题

1. 创意产业主要有三个要素，以_____为主要投入，以_____为主要产出，以_____为主要属性。（　　）

    A.创造力　创造财富和就业潜力　知识产权

    B.创造财富和就业潜力　知识产权　创造力

    C.创造财富和就业潜力　创造力　知识产权

    D.创造力　知识产权　创造财富和就业潜力

2. 以下哪个选项不属于电竞产业体系成型的三大关键要素之一？（　　）

    A.政府的监管与支持　B.资本的入驻　C.社会文化认可　D.电竞职业化发展

3. 2003年，电竞被列为第_____项正式体育竞技项目。（　　）

    A. 79　　　B. 89　　　C. 99　　　D. 102

4. 文化创意产业发展有_____和_____两大主要特征。（　　）

    A.地域集聚性和产业集聚性

    B.地域集聚性和资源集聚性

    C.文化集聚性和产业集聚性

    D.文化集聚性和地域集聚性

5.作为资源节约型、环境友好型、知识密集型的新兴产业，文化创意产业以创新为核心，当某一区域达到一定的集聚度，具有足够的_____才能形成强大的溢出效应，进而辐射带动周边区域发展。(　　)

　　A.产权浓度　　　　B.创新浓度　　　　C.资源浓度　　　　D.文化浓度

6.在《2019中国电竞城市发展指数》中，_____为"超一线电竞城市"。(　　)

　　A.上海　　　B.北京　　　C.成都　　　D.西安

三、论述题

1.请从文化创意产业的视角来论述电竞产业和游戏产业的区分。

2.电竞小镇的出现受到政府大力支持，也顺应了电竞地域化布局与产业融合的潮流，然而电竞小镇如今发展情况不容乐观，你认为主要有哪些原因？

3.电竞作为文化创意产业具有产业集聚性，在市场发展过程中也呈现出了产业融合功能，"电竞+"有哪些新业态的衍生，请举例说明。

参考答案

一、判断题

1.对 2.对 3.错 4.对 5.对 6.错 7.错 8.对

二、选择题

1.D 2.C 3.C 4.A 5.B 6.A

三、论述题

略。

第三章

上游链：中国电竞的游戏产业

Chapter 3

中国电竞市场结构包括电竞产业上游链（电竞游戏产业）、中游链（电竞赛事产业）以及下游链（电竞媒介产业）。本章重点介绍上游链：中国电竞的游戏产业。

第一节 战略性与趋势性：中国电竞游戏市场与战略

一、"游戏出海"战略

从1947年世界上第一款电子游戏《阴极射线管娱乐装置》诞生到现在，电子游戏的发展不过70多年，这个新兴的行业丰富着现代人的休闲娱乐生活和情感体验。随着世界范围内电子游戏的日渐风靡，我国游戏行业也蓬勃发展。据《2020年中国游戏产业报告》[①]，2020年，我国游戏用户规模已经超过6.6亿人，中国游戏市场实际销售收入达到2786.87亿元，销售收入同比增长20.71%，增速同比提高13.05%。由此可见，中国"游戏出海"的规模进一步扩大，由中国自主研发的游戏在海外市场的实际销售收入达到154.50亿美元，同比增长33.25%，增速同比提高12.3%，彰显着国际化水平进一步提升。

---

① 中国音数协游戏工委（GPC）、中国游戏产业研究院.2020年中国游戏产业报告[R]. 2020.

二、手游市场崛起

自2012年起，腾讯游戏便深耕手游市场，开始布局移动电竞。《王者荣耀》手游（图3-1）就是移动电竞的一款现象级游戏产品，一直保持着"高日活、高流水、高渗透率"的状态，产生的游戏收益、游戏用户基础及电竞赛事规模体系在短时间迅速超过了众多PC端电竞游戏和赛事。《王者荣耀》改变了传统的游戏体验方式，将竞技与社交相结合，适应了新型的游戏社交需求。手游端相较于PC端也具有诸多优势，比如更为便捷、更好地利用了碎片化时间，以及对设备的需求门槛更低等优势，因此在短时间内得到大量女性用户及低龄用户的喜爱，积累了大规模的用户基础。《王者荣耀》也极大推动了中国移动电竞产业的发展，各种手游电竞游戏也相继研发问世，如《QQ飞车手游》《和平精英》等手游产品，中国电竞也因此引领了全球移动电竞研发与运营市场。

图3-1 《王者荣耀》游戏页面

第二节 🎧 整体性与差异性：中国游戏业态与平台竞争

一、游戏研发与内容授权

游戏厂商是电竞产业上游段的主体，起到游戏研发、游戏运营及内容授权的重要作用。在电竞产业链上游段，中国各大头部游戏厂商保持着领先地位，整体收入上升趋势明显，游戏行业集中度高，但在游戏研发方面仍略逊色于暴雪等国外游戏厂商，对于热门电竞游戏更多地会选择以代理为主。目前，中国国内游戏市场以腾讯游戏、网易游戏

及完美世界三家企业为头部游戏厂商，此外巨人网络、小米互娱、英雄互娱等游戏厂商也逐渐涌现。（表3-1）

表3-1　国内游戏内容研发商

年份	游戏内容研发商	融资轮次	融资数额	主要产品
2012	爱乐游 5game（北京）	A 轮	数百万元	《雷霆战机》
	苏摩科技（北京）	A 轮	数千万元	《非仙勿扰》
	游戏谷（北京）	B 轮	1.35 亿元	《七雄争霸》《魔幻大陆》《功夫西游》
	猎豹移动（北京，CMCM.N）	B 轮	数千万元	《砖块消消消》
	华清飞扬（北京）	天使轮	1000 万元	《红警大战》
	热酷 Rekoo（北京）	B 轮	数千万元	《阳光牧场》
	谷得游戏（广州）	A+ 轮	数千万元	《世界 OL》
	Yile 易乐网（上海）	A 轮	数千万元	《楚河汉界》
2013	乐逗游戏（深圳）	B 轮	1500 万美元	母公司为创梦天地（DSKY.O），作品包括《水果忍者》《神庙逃亡系列》《地铁跑酷》《纪念碑谷》
	长远互动（北京）	A 轮	1000 万元	《欢乐城市》
2014	华清飞扬（北京）	A 轮	不详	《红警大战》
	星创互联（北京）	B 轮	数千万元	《刀塔英雄》
	魔格科技（北京）	A 轮	数千万元	《仙变》
	像素软件（北京）	A 轮	数千万元	《刀剑封魔录》
	乐我网络 OOHHOO（上海）	A 轮	数千万元	《天天超神》
	黑鲸网络（深圳）	天使轮	数百万元	《斗战神将》
	零禾谷网络（北京）	A 轮	数千万元	《超神之路》
	晶合思动 BlingStorm（北京）	B+ 轮	数千万元	《猎鱼高手》
	竞乐游戏（上海）	A 轮	数千万元	《超神英雄》
	擎天柱（广州）	B 轮	1.5 亿元	《封神》
2015	天锋网络（北京）	A 轮	数千万元	《天天幻灵》
	余香（成都）	A 轮	数千万元	《魂武者》
	战法牧（广州）	B 轮	数千万元	—
	哔哩哔哩 Bilibili（上海，BILI.O）	D 轮	不详	FGO、《梦 100》
	胡莱游戏（北京）	C 轮	不详	《胡莱三国》

续表

年份	游戏内容研发商	融资轮次	融资数额	主要产品
2015	赛亚人网络（北京）	A轮	1000万元	—
	华夏乐游（北京）	A轮	数千万元	《欢乐消消消》
	华益天信（北京）	A轮	数千万美元	《楚汉》
2016	队友游戏（天津）	A轮	不详	《鲤》
	乐元素（北京）	C轮	不详	《开心消消乐》
	雅讯天地（天津）	不详	数千万元	《琅琊天下》
2017	西山居（珠海）	战略融资	1.43亿美元	《剑网》《剑侠世界》
	掌趣科技（北京）	战略融资	4.9亿元	《奇迹觉醒》《街头篮球》
	金楚信息（广州）	A轮	数千万元	—
2018	盛趣游戏（上海）	不详	30亿元	已被世纪华通收购，代表作为《传奇》
	哔哩哔哩Bilibili（上海，BILI.O）	不详	3.2亿美元	FGO、《梦100》
	织梦者（北京）	天使轮	不详	《梦浮灯》
	91ACT（成都）	B轮	不详	《电击文库：零镜交错》
	颂歌网络（南京）	A轮	不详	《哆啦A梦：大雄奇幻大冒险》
	游光网络（上海）	A轮	不详	《微游时代》
	木七七网络（上海）	不详	不详	《冒险与挖矿》
	VSPN（上海）	战略投资	不详	《电竞赛事运营》

二、游戏企业发展与优势分析

国内主要头部游戏厂商见表3-2。

表3-2　国内主要头部游戏厂商

头部游戏厂商	自研游戏	代理游戏
腾讯游戏	《王者荣耀》《QQ飞车》《QQ飞车手游》《和平精英》等	《英雄联盟》《地下城与勇士》《穿越火线》《堡垒之夜》《使命召唤on-line》等
网易游戏	《大话西游》《梦幻西游》《倩女幽魂》《无限对决》等	《魔兽世界》《炉石传说》《风暴英雄》《星际争霸II》《夺宝联盟》等
完美世界	《完美世界》《诛仙》《神雕侠侣》等	DOTA 2、CS:GO等

（一）腾讯

1. 企业简介与发展历程

腾讯起家于一款由其自主研发的基于Internet的即时通信网络工具——QQ，QQ于1999年2月正式发行。一经推出，便迅速通过独特的运营与创新风靡全国：QQ秀，让无数中学生为之疯狂；QQ群，让腾讯的单点社交开始变成群体社交，受众沟通的活跃度大幅提升。QQ以网吧作为重要的推广渠道，积累了最原始的用户群体。盛况之下，QQ取得了迅猛的发展，在2002年3月，QQ注册用户便突破了1亿大关；而到2010年3月，QQ最高同时在线人数更是超过1亿。然而，随着移动端的普及，QQ的缺点也暴露出来，腾讯发现PC端上培养的用户习惯无法简单移植进移动端，因此便萌发出研制一款专注移动端的IM软件——微信于2011年1月诞生，并以腾讯巨大的用户基数及有力的宣传推广措施为依托。截至2016年第二季度，微信就已经覆盖中国94%以上的智能手机，月活跃用户达到8.06亿，用户覆盖200多个国家、支持超过20种语言。在此过程中，腾讯便借助QQ与微信的庞大占有率，打开游戏市场：通过QQ账号或微信账号直接替代游戏登录ID的方式，给用户带来便捷的同时，也吸引大量女性玩家。

目前，腾讯游戏（图3-2）作为国内最大的游戏研发公司及游戏运营平台，拥有《英雄联盟》《穿越火线》等知名电竞游戏的独家代理权，并举办了许多重要的赛事：KPL（王者荣耀职业联赛）、KCC（王者荣耀世界冠军杯）、KOC（王者城市赛）、LSPL（英雄联盟甲级职业联赛）和LPL（英雄联盟职业联赛）。腾讯基本上使数字市场达到饱和，电子体育专业人士几乎不可能选择退出腾讯电子体育。

图3-2 腾讯游戏标识

2017年，仅是腾讯旗下《英雄联盟》游戏收入就达到了21亿美元，《英雄联盟》作为一款常青树级别的游戏，帮助腾讯游戏获得了大量收入，积累了庞大的用户基础，奠定了其国内游戏公司的头部地位。同时，腾讯游戏逐渐覆盖多种游戏类型。在中国电竞市场中，主流游戏类型以RPG游戏、MOBA游戏及FPS游戏为主，根据2019年中国电竞游戏市场收入，三者分别占据整个游戏市场28%、25.2%和16.8%的份额（图3-3），而腾讯游戏在其中均有涉猎。

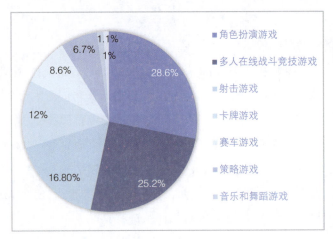

图3-3　2019年中国不同游戏类型收入占比

　　同时，腾讯游戏是我国游戏开发和游戏代理行业的领跑企业。2003年，腾讯正式进军游戏业务，其第一款代理游戏《凯旋》正式上线，《QQ游戏》同年发布；2008年，腾讯签约MOBA类网游《英雄联盟》，并收购了这款游戏的开发者——美国拳头公司，确立了其在游戏领域的地位；2009年，腾讯游戏跃居国内游戏市场收入第一，此后一直独占鳌头，在中国游戏市场上占据最高的市场份额；2015年11月，《王者荣耀》在Android、iOS平台上正式公测；到2016年，《王者荣耀》的日活跃用户数量超过4000万；同年，腾讯游戏进一步拓展国外业务，成功收购Supercell，并将《全民突击》引进国内市场；2017年，海外版《王者荣耀》日活跃用户突破1000万；2018年，《王者荣耀》注册用户突破2亿，并获得PUBG的中国独家代理运营权；2019年，腾讯游戏开发的移动手游《和平精英》正式上线。

2. 国内外发展策略

　　2003年，腾讯公司推出《QQ游戏》，标志着腾讯迈出了进军游戏行业的第一步，但当时游戏市场已经被更早起步的盛大网络、网易游戏等公司占据，"半路出家"的腾讯必须与之争夺市场份额。然而，起步时期的腾讯并没有独立开发游戏的能力，因此只能从代理游戏开始。腾讯第一款代理游戏《凯旋》并没有受到玩家的欢迎，于是腾讯着手改变发展策略，开启了自主研发之路。从2003年开始，腾讯依靠QQ的用户基数优势，自主研发棋牌类游戏，推出"QQ游戏平台"，并逐渐将其发展成为国内第一大休闲游戏门户平台。

　　腾讯游戏的第二波发展热潮开启于2008年。在占据国内休闲游戏市场后，腾讯通过代理国外游戏拓展旗下游戏类型以促进业务发展。在这种代理合作模式中，腾讯作为游戏运营商需要向游戏开发商支付代理费用，以获得一定时期内的游戏运营权，这种模式的优势在于前期投入经费较少、投资周期短、投资回报率高、投资风险相对较低。同年，腾讯代理了《地下城与勇士》《穿越火线》《英雄联盟》等游戏，并获得了巨大成功。

在21世纪第一个10年，随着智能手机的普及和应用，移动端游戏成为新的蓝海。腾讯从2013年开始，陆续推出了《全民飞机大战》《天天酷跑》《天天飞车》《天天爱消除》等手游产品，并在之后的一两年内占据App Store游戏畅销榜的前列，获得了不俗的业绩。2015年，《王者荣耀》上线，这款游戏突破了MOBA游戏在PC端的技术壁垒，实现了可以在移动端进行实时对战的目标，成为广受欢迎的爆款手游。

综上，可以看到，腾讯的国内外经营战略相互配合，在国内游戏市场一片蓝海之际，一方面，选择自主研发休闲棋牌类游戏，并代理国外其他类型的游戏，积极进行全球投资，收购美国拳头公司（Riot Games），相继投资入股动视暴雪、韩国Redduck和Next Play、瑞士Pocket Game等游戏公司，并以86亿美元收购了芬兰移动游戏开发商Supercell 84.3%的股权，由此创下了中国互联网公司最大规模的收购案；另一方面，腾讯还通过用户基数庞大的QQ等社交媒体吸引玩家，扬资金、渠道之长，避技术创新和自主研发能力之短，迅速挤占国内市场。目前，腾讯游戏产品数量已达到500款以上，覆盖端游、页游和移动端游戏三大渠道，也几乎涵盖了所有游戏类型，并成就了《英雄联盟》《王者荣耀》《穿越火线》等王牌游戏。不仅如此，腾讯还积极进行产业链渗透的纵向扩张，2010年，腾讯打造了腾讯游戏竞技平台（简称TGA），正式开启在电竞领域的布局；2016年，腾讯公布新的电竞品牌；2017年，腾讯开启电竞的"五年计划"，从"升级赛事、打造联盟、拓展产业和培养人才"四个方面推进电竞业务。腾讯作为中国电子游戏内容的主要生产者，极大促进了中国业务基础设施建设。

腾讯也积极推动自研游戏出口海外。据中国音数协游戏工委（GPC）发布的《2020中国游戏产业报告》[①]，近年来我国自主研发游戏的海外市场销售额不断增长。在国内游戏市场接近饱和的情况下，腾讯选择加大自研游戏的海外销售力度，《王者荣耀》《绝地求生：刺激战场》等游戏均表现不俗。（图3-4）

腾讯游戏运用授权代理、并购投资、入股投资、推动自主研发产品出口海外等方式进入国际市场，既寻求海外用户红利，也推动了自身在国内市场的发展和布局。

---

① 中国音数协游戏工委（GPC）、中国游戏产业研究院. 2020年中国游戏产业报告 [R]. 2020.

图3-4　中国自主研发网络游戏海外市场销售收入及增长率

[数据来源：中国音数协游戏工委（GPC）]

3. SWOT分析

SWOT分析，是常用的进行系统评价，从而选择最佳经营战略的方法，它最早由美国旧金山大学的管理学教授提出，是指综合考虑企业内部条件和外部环境的各种因素以进行评估的方式。其中，S指企业内部的优势（strengths），W指企业内部的劣势（weaknesses），O指企业外部环境的机会（opportunities），T指企业外部环境的威胁（threats），要素考量具有全面性。基于上文对腾讯游戏国内外发展战略的阐释，通过SWOT分析梳理并呈现腾讯游戏发展过程中的环境条件与自身资源，如表3-3所示。

表3-3　腾讯游戏SWOT分析

优　　势	劣　　势
1. 发挥 QQ、微信等社交媒体的渠道优势，用户基数大。 2. 资产丰厚，便于并购、投资。 3. 产业链全面覆盖，产品布局完善。	1. 自主研发能力不足，创新能力有限。 2. 不具备良好的企业声誉。
机　　会	威　　胁
1. 市场需求大，用户消费能力强。 2. 政策扶持。 3.VR、AR 技术发展，游戏市场后续发展潜力大。	1. 游戏市场竞争激烈。 2. 反抄袭、反垄断风险。

4. 社会责任与社会事业

2019年，腾讯发布以"Spark More（去发现，无限可能）"为品牌主张的全新品牌体系，腾讯新的品牌主张不仅体现了游戏的休闲本性与快乐创造，更是代表着其汇集社会力量、发现游戏的更多可能性的期待。这一全新体系以"快乐驱动可能"为品牌信念，以"发现游戏的力量"作为品牌使命，以"快乐天性的启迪者，游戏价值的探索者"为品牌定位，在充分肯定游戏休闲娱乐价值的基础之上，增加了对创新创造、自主探索观念的强调，并重视游戏在价值引领方面的作用，体现其对社会责任的主动担当。

在文化传承方面，腾讯游戏与故宫博物院、敦煌研究院、昆曲越剧艺术家等进行深度跨界合作，在游戏表现中增加传统文化的演绎。如腾讯陆续推出《长空暗影》《故宫：口袋宫匠》《家国梦》等在内的19款功能性游戏，题材涵盖文化、科技、教育、公益等众多领域，将游戏中的价值体现向社会主流价值观靠拢，关心公益事业，传递主流观念，由此进行社会价值探索。

此外，腾讯游戏也一直注重未成年人保护问题，2017年，腾讯成长守护平台上线，成为国内互联网游戏行业首个面向"未成年人健康上网"的系统解决方案；随后，腾讯游戏推出"少年灯塔主动服务工程""健康系统"等一系列针对未成年人的保护举措，许多尝试都开创了中国乃至世界游戏行业未有之先例。

（二）网易

1. 企业简介与发展历程

网易游戏（图3-5）是目前国内仅次于腾讯的第二大游戏开发与游戏运营商，也是我国最早涉足游戏领域的公司之一。2001年，网易成立了在线游戏事业部，并成功推出《大话西游》——中国第一款大型多人在线游戏，之后又自主研发西游系列游戏——《大话西游2》《梦幻西游》，以及国风仙侠玄幻类游戏《倩女幽魂》、国风武侠《逆水寒》等，这些自研IP产品成为网易游戏营收的强力支撑。在移动端游戏方面，2017年下半年，网易推出了战术竞技类游戏《荒野行动》和《终结者2：审判日》，2018年推出非对称性对抗竞技类游戏《第五人格》。由此可见，作为中国领先的游戏开发公司，网易一直注重网络游戏的自主研发。

图3-5 网易游戏标识

在公司理念价值方面，网易游戏的形象诠释是"游戏热爱者"，不仅定位于游戏平台及服务提供商，而且将公司形象进行人格化打造，强调兴趣与热爱的价值，呼唤和吸引作为同好的"游戏发烧友"共享游戏的快乐。

在游戏营销布局策略上，网易游戏主要采取拉式策略，即采取间接方式，通过广告和公共宣传等措施吸引消费者。例如在公交、地铁等线下平台与微博、B站、抖音等流媒体平台进行广告促销来扩大游戏知名度，或是在一些节假日或游戏纪念日等推出特价礼包或道具给玩家。网易游戏还会经常开展漫展活动，使玩家对游戏有更深的体验，加强用户对游戏的兴趣和忠诚度。另外，网易游戏在跨界营销方面也是和多个不同行业的品牌进行过合作，比如游戏《倩女幽魂》与电视剧《微微一笑很倾城》的跨界营销：在电视剧中贯穿全剧的游戏是倩女幽魂，剧中多次为该游戏宣传，并且网易后期还聘请电视剧男主角为《倩女幽魂》手游代言；还有《大话西游》和招商银行网银联合举办的充值活动等。跨界营销的策略也为网易游戏知名度的扩大和游戏收益带来了强力的支持。

2. 国内外发展策略

网易游戏最早依靠自研IP发展起来，在中国网络游戏行业内，网易的自主研发水平领先于其他竞争者。目前，网易正在运营中的游戏产品有100余款，如《梦幻西游》《大话西游》等西游系列，《新倩女幽魂》《逆水寒》等玄幻或武侠类MMORPG游戏，以及《阴阳师》《荒野行动》《第五人格》《明日之后》等热门手游，更独家代理了《魔兽世界》《炉石传说》《守望先锋》《我的世界》《光·遇》等多款风靡全球的游戏。相比于腾讯，网易的差异化战略主要在于自研游戏的深耕。但由于游戏市场追逐热度和同质化的特性，网易不可避免地在一些同类型游戏上与腾讯针锋相对，比如2018年的"吃鸡大战"——在生存射击类游戏《PUBG绝地求生》火爆之后，网易抢占先机，率先推出同类型的移动端手游《终结者》和《荒野行动》，迅速在国内引发一轮热潮，"大吉大利，今晚吃鸡"一度成为网络流行语；同时，网易也积极将这款游戏推广到海外，抢占海外市场。

网易较早地布局海外游戏市场，但与腾讯侧重利用投资型方式进入国际市场不同，其主要通过游戏产品授权与目标市场游戏公司合作发行运营实现"出海"；这与网易游戏的精品化、本地化出海战略相关，它注重研发，通过研运一体打造长线自研产品，虽然近几年开始伴随出现对国外的投资举措，但其主要目的仍是服务于自研游戏产品在海外市场的落地。因此，网易游戏产品"出海"的方式归结起来主要有两种：一是授权代理发行；二是海外新设投资，建立当地团队负责游戏研运。凭借一系列精品，网易游戏近年来在海外市场取得了重大突破，在App Annie发布的"2020年度全球发行商52强"榜单中位列第二。

3. SWOT分析

基于上文对网易游戏国内外发展战略的阐释，通过SWOT分析梳理并呈现网易游戏发展过程中的环境条件与自身资源，如表3-4所示。

表3-4 网易游戏SWOT分析

优 势	劣 势
1. 自主研发能力强，拥有强大的游戏开发团队。 2. 较早进军游戏，运营经验丰富。 3. 产业涉及广，利用网易其他平台。	企业声誉恶化。
机 会	威 胁
1. 市场需求大，用户消费能力强。 2. 政策扶持。 3.VR、AR 技术发展，游戏市场后续发展潜力大。	1. 游戏市场竞争激烈。 2. 反抄袭、反垄断风险。

4. 社会责任与社会事业

网易积极探索"游戏+公益"模式。2020年11月，网易游戏为甘肃省50所小学捐助公益艺术启蒙课程，玩家只要登录"网易游戏会员俱乐部"，就能把网易游戏会员积分捐赠到网易公益教育项目中，这种方式在不会增加玩家负担的情况下，打造一种游戏式公益，收获玩家参与的积极性和良好口碑。此外，网易游戏积极与科研机构和各大高校合作，在新冠肺炎疫情期间，利用自身互动叙事技术优势，与广州医科大学附属第一医院国家呼吸系统疾病临床医学研究、暨南大学等单位合作防疫科普动画、互动叙事游戏等，创新疫情防控科普宣传方式，达到了良好的传播效果。

(三)完美世界

1. 企业简介与发展历程

2004年，完美世界（图3-6）游戏业务正式成立。完美世界是中国最早自主研发3D游戏引擎的游戏企业。2005年，自研3D画面大型多人网络角色扮演游戏（MMORPG）《完美世界》公测正式启动；2006年，《完美世界》正式进入商业化运营阶段，并出口越南、日本、韩国、菲律宾，授予当地公司代理运营权。2007年，《诛仙》正式公测，之后的几年里，《赤壁》《口袋西游》《神魔大陆》陆续上市，同网易一样，完美世界也更加偏重于自研IP游戏的发展。在手游市场火爆发展之际，2016年，移动端游戏《倚天屠龙记》和《诛仙》上线；2020年，《梦间集》公测上线。

图3-6 完美世界标识

在电竞领域，完美世界成为*DOTA 2*、*CS:GO*在中国的独家运营商并多次举办这两款游戏的国际大型电竞赛事。

2.国内外发展策略

从完美世界所偏重的游戏类型上不难发现，完美世界注重自研游戏的发展，偏向于国风武侠、传统神话、古风玄幻等"中国风"IP题材。较早进入游戏市场使完美世界抢占先机，完成了对游戏市场的布局和资本的积累，此外，完美世界还积极发展其他文娱产业，形成"全产业链"发展模式，并逐步形成以影游联动、漫游协同等方式实现旗下影视、游戏、动画、电竞、教育等业务相互协调促进的局面。

在进入国际市场方式的选择上，完美世界与腾讯侧重并购投资、网易注重产品海外落地有所不同，其"出海"方式选择显得更加平衡和全面。完美世界既以授权的方式推动自研游戏产品出口海外，亦投资新建海外子公司以负责海外游戏产品研运工作，双管齐下促进自研游戏产品成功"出海"。

3.SWOT分析

基于上文对完美世界国内外发展战略的阐释，通过SWOT分析梳理并呈现完美世界发展过程中的环境条件与自身资源，如表3-5所示。

表3-5　完美世界SWOT分析

优　势	劣　势
1.进入游戏市场早，自主研发能力强。 2.游戏联动战略效果显著。	1.市场份额低于竞争对手腾讯、网易，知名度较小。 2.旗下同质化产品较多，面临国内市场红海的不利局面。
机　会	威　胁
1.市场需求大，用户消费能力强。 2.政策扶持。 3.VR、AR技术发展，游戏市场后续发展潜力大。	游戏市场竞争激烈，同类游戏产品的挤压。

4.社会事业

完美世界于2013年正式建立完美世界员工公益基金，涵盖赈灾济困等社会公益活动、社会教育发展项目、员工及家属公益项目和用户公益项目。另外，完美世界的原创网游具有浓厚的中国传统文化色彩，其游戏出口也成为一种"文化输出"方式。完美世界在全球范围内与包括联合国教科文组织（UNESCO）在内的各种文化机构进行充分的合作，促进中外文化交流合作。

（四）米哈游

1.企业简介与发展历程

米哈游（上海米哈游网络科技股份有限公司，简称miHoYo，如图3-7所示）成立于2012年2月13日。起初米哈游整个团队的初期开发人员是由三位热爱技术和动漫文化的上海交通大学学生刘伟、蔡浩宇和罗宇皓组成。他们在大学生涯里推出了第一款手游——*Fly Me 2 the Moon*，并以买断制形式登录IOS平台，崩坏系列的主角"琪亚娜"自此诞生。在2012年，刘伟团队正式成立并注册米哈游，上线了移动游戏《崩坏学园》，当时市场反响一般。2014年，米哈游推出《崩坏学园2》。同年，《崩坏学园3》开始立项研发。至2017年6月30日，《崩坏学园2》充值金额累计超过10亿元。2014年至2016年，米哈游营收分别为1.03亿元、1.75亿元、4.24亿元，净利润分别为6563万元、1.27亿元、2.73亿元。2017年上半年，米哈游的营收飙升至5.88亿元，净利润也迅速增长至4.47亿元，三年间净利润增幅高达577%。2020年9月28日，《原神》全球开始公测，一举入选App Store年度精选应用和游戏榜单、全球移动游戏收入榜第2名。

受益于《原神》数据向好，截至2020年11月底，米哈游已晋升为中国手游发行商收入榜第3名，仅次于腾讯、网易。

图3-7　米哈游标识

2. 国内外发展策略

米哈游始终坚持深耕二次元文化行业，通过"崩坏"系列爆款游戏、原创知名IP"崩坏"积累大量核心粉丝用户，同时围绕"崩坏"IP，积极布局漫画、动画、轻小说等互联网文化产品，搭建集内容创作、品牌推广、线上线下交互为一体的二次元文化产业链。

公司主业为基于"崩坏"IP研发并运营游戏、漫画、动画、轻小说及动漫周边产品等二次元文化产品，为IP受众提供全方位产品体验。公司通过互联网进行二次元文化传播，各类产品对"崩坏"IP属性相互渗透并不断深化，人物角色、世界观体系、故事主线等相互统一，逐步形成优质IP产品生态圈，实现各产品相互推动、相互促进的良性发展态势，同时有效扩大IP受众规模，提升IP在用户群体中的影响力并有效增强用户黏性。同理，由于目前"原神"IP的爆火，其在相关IP研发及周边产品的运营上，也毫不示弱。

3. SWOT分析

基于上文对米哈游国内外发展战略的阐释，通过SWOT分析梳理并呈现米哈游发展过程中的环境条件与自身资源，如表3-6所示。

表3-6　米哈游SWOT分析

优　势	劣　势
1. 深耕二次元文化，用户指向性明确。 2. 全球化布局，多款产品在海外依旧有广阔的市场。 3. 重视游戏研发投入，产品质量普遍高于同类作品。	1. 市场份额较腾讯、网易低，知名度较小，只在特定人群中传播。 2. 旗下代表性产品较少，目前仅有"崩坏"系列与《原神》较为知名。
机　会	威　胁
1. 用户黏性较大，且二次元群体普遍消费能力强。 2. 政策扶持。 3.VR、AR 技术发展，游戏市场后续发展潜力大。	1. 游戏市场竞争激烈。 2.《原神》受抄袭风波影响，饱受争议。

4. 社会事业

由于成立时间尚短，米哈游在公益的道路上仍处于起步阶段，更多的是落实在对中国文化的传承与发扬。比如其旗下产品《原神》加入大量的中国传统文化元素，用一种新鲜的方式向全球用户展现传统文化的魅力：璃月地区的音乐极具东方神韵，在创作中采用了"化用"的理念，在交响乐团配置的基础上，添加了传统的民族乐器，将中国传统乐器的旋律巧妙地融入了游戏的背景乐中；和张家界、黄龙、桂林5A级景区合作联动，基于真实的中国自然景观而创造出数字美景；在原创角色"钟离"的宣传片中，用中国传统的"说书"作为开头"上回书说到，彼时的璃月"，并且搭配了大量中国的传统音乐来烘托气氛，该宣传片目前在海外的总播放数已经突破了2000万次，每天都有新玩家过来打卡观看。

（五）国内其他公司

据易观分析发布的《中国20强游戏公司2020年报分析》[①]，2020年营业收入最高的5家游戏公司分别是腾讯、网易、世纪华通、三七互娱、哔哩哔哩，而老牌游戏公司完美世界排名第六。（如图3-8所示）2019年，世纪华通全资收购盛趣游戏，后者曾先后成功推出和运营《热血传奇》《泡泡堂》《传奇世界》等70多款精品游戏。三七互娱则成功发行《斗罗大陆：武魂觉醒》《云端问仙》《精灵盛典：黎明》《永恒纪元》《拳魂觉醒》《鬼语迷城》《大天使之剑H5》《云上城之歌》等不同游戏产品，占据中国移动游戏发行市场10%以上的市场份额。而哔哩哔哩则借助本身视频平台的用户资源，吸引众多年轻的亚文化爱好者，与中小游戏发行商合作，构建游戏平台，深耕二次元游戏，旗下FGO和《神代梦华谭》等游戏广受欢迎。此外，《原神》发行商米哈游及《刀塔传奇》《万国觉醒》制作发行商莉莉丝，皆凭借自身优秀的游戏作品获得不菲收益。

---

① 易观分析. 中国20强游戏公司2020年报分析：头部公司业绩增速向好. https://www.thepaper.cn/newsDetail_forward_12767161.

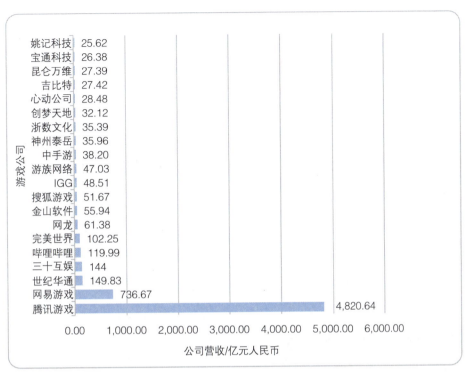

图3-8　2020年中国20强游戏公司营收规模
（图源：易观分析）

　　整体来看，我国游戏行业依然是腾讯、网易两家公司独占鳌头，占据大半市场份额。除此之外，其他游戏公司也有不俗表现，世纪华通国内、海外业务双向发展，三七互娱精于买量，完美世界全平台游戏研发，以及后起之秀米哈游和莉莉丝构成了我国游戏行业的第二梯队。

课后练习

一、判断题

1.我国电竞"游戏出海"规模缩减。（　　）

2.《王者荣耀》手游作为移动电竞的一款现象级游戏，保持着"高日活、高流水、高渗透率"的状态。（　　）

3. *DOTA 2*是由腾讯代理的一款游戏。（　　）

4.《诛仙》是完美世界旗下的主要游戏之一。（　　）

5.整体来看，我国游戏行业依然是腾讯、网易两家公司独占鳌头。（　　）

二、选择题

1.我国三大主要游戏企业是（　　）

　　A.腾讯游戏、网易游戏、完美世界

　　B.腾讯游戏、网易游戏、西山居

　　C.腾讯游戏、西山居、完美世界

　　D.网易游戏、完美世界、西山居

2.以下哪个选项不是腾讯主要游戏（　　）

　　A.《英雄联盟》　B.《王者荣耀》　C.《和平精英》　D.《守望先锋》

3.以下哪个选项是腾讯游戏的品牌主张（　　）

　　A.游戏热爱者

　　B. Spark More（去发现，无限可能）

　　C.做一颗永不止步的"逗号"

　　D.有梦·有趣·有你

4.哪家企业上线了国内互联网游戏行业首个面向"未成年人健康上网"的成长守护平台？（　　）

　　A.网易游戏　B.完美世界　C.腾讯游戏　D.世纪华通

5.在自研游戏的发展上，哪家游戏企业偏向于传统中国风IP题材？（　　）

　　A.网易游戏　B.完美世界　C.腾讯游戏　D.三七互娱

三、论述题

1.请你用SWOT战略推导工具对腾讯游戏、网易游戏、完美世界三家游戏企业进行对比分析。

2.在企业发展过程中，应当如何承担企业社会责任？请你根据三家主要游戏企业发展历程及社会责任承担情况提出建议。

参考答案

一、判断题

1.错　2.对　3.错　4.错　5.对

二、选择题

1.A　2.D　3.B　4.C　5.B

三、论述题

略。

第四章

中游链：中国电竞的赛事产业

Chapter 4

第一节 🔍 类别与模式：主要电竞赛事品牌

　　电竞赛事作为电竞文化传播的重要载体，正朝着赛事品牌化、赛事组织规范化、竞赛规则标准化、俱乐部运作商业化的方向发展，以赛事为核心的电竞产业已创造了巨额产值。本章关注国内主要电竞赛事的举办和运营，着眼于其赛事体系、盈利模式、传播矩阵，关注新赛事的定位和新颖模式，最后概括总结电竞赛事相关研究，以探讨中国电竞赛事未来发展新途径。

一、《英雄联盟》职业联赛（LPL）

（一）赛事体系与发展历程

　　《英雄联盟》职业联赛，简称LPL（League of Legends Pro League），是中国最高级别的英雄联盟职业比赛。每年的LPL都由春季赛和夏季赛组成，每一季度又分为常规赛与季后赛两部分。夏季赛将选出3支队伍，进入英雄联盟全球总决赛。赛事标识如图4-1所示。

图4-1　LPL赛事标识

2013年1月29日，通过城市英雄争霸赛，IG、OMG、WE、PE、皇族、TL、WOA、Spider 8支队伍获得第一届《英雄联盟》职业联赛（简称LPL）的参赛资格。在接下来的几年里，LPL参赛队伍不断扩充。2017年4月30日，在"《英雄联盟》电竞战略发布会"上，为了推进改革，拳头游戏中国团队与《英雄联盟》中国团队共同公布了"LPL联盟化"与"主客场制"的全新计划，采取取消降级、战队扩充等联盟化措施，并计划将集中在上海的各大俱乐部迁移至全国多个城市，建立自己的城市主场阵地。

（二）赛事合作与盈利模式

LPL赛事收益包括版权收益、俱乐部收益、赛事赞助、选手收入、内容制作五部分，合作运营是LPL的主要运营模式。在LPL的前两个赛季，一直是由腾讯和美国拳头公司运营；在第三赛季时，第一次引入合作伙伴香蕉电竞公司单独负责联赛赛事的运营，此后合作伙伴不断拓展，形成以开发商、发行商、运营商、直播平台、频道提供商、俱乐部等多方主体共同参与的合作模式，既分摊成本、共享利润，也降低了参与者风险、提高了产业化效率和营收水平。

赛事赞助商品牌也向多元化发展，除了传统的外设、直播类企业对LPL战队进行赞助外，奔驰、奥迪这样的汽车企业，上好佳、美年达这样的餐饮企业，GM、森马这样的服饰企业，等等也加入到赛事和战队赞助商的行列，为赛事及其产业链注入更多资本和发展活力，也体现了LPL赛事日趋增长的商业价值。（图4-2）

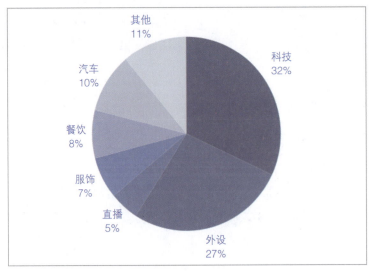

图4-2　2021春季赛LPL各战队赞助商占比
（图源：玩加盘点vpgame.com）

（三）传播服务与媒体矩阵

LPL赛事直播合作平台主要有斗鱼、虎牙、哔哩哔哩等。LPL赛事授权主要包括赛事版权和内容权益两个部分，赛事版权主要是指电竞比赛的直播和点播权，而内容权益则是指丰富的赛事衍生节目。2021年，斗鱼获得《英雄联盟》LPL联赛等赛事直播权，并得到了腾竞体育授权的二路直播、主播OB、第一视角、英文流、复盘节目等内容权益，构成了传播服务与媒体矩阵，这也成为斗鱼差异化、多元化、精细化运营的关键。

电竞作为直播平台的支柱产业，电竞赛事与直播平台的合作也格外紧密。各大直播平台通过赞助战队，与战队选手达成直播签约，积极培养明星选手，吸引观众、积累流量，比如斗鱼赞助了V5、OMG、JDG等战队，虎牙赞助了RNG、FPX、WE、IG等战队，企鹅直播和哔哩哔哩分别赞助了EDG战队和BLG战队。

二、《王者荣耀》职业联赛（KPL）

（一）赛事体系与发展历程

《王者荣耀》职业联赛，简称KPL，是《王者荣耀》赛事体系中最高级别的全国性专业赛事，也是全球头部移动电竞赛事。与英格兰足球超级联赛（简称英超）和美国职业篮球联赛（National Basketball Association，简称NBA）曾受新冠肺炎疫情影响长期停摆不同，疫情期间，KPL并未停摆，而是稳定排播持续进行。KPL联赛标识如图4-3。

图4-3 KPL联赛标识

作为腾讯的爆款手游，《王者荣耀》的赛事体系建设充分吸收了《英雄联盟》职业联赛（LPL）的运营经验。KPL原由春季赛和秋季赛两个赛季组成，每个赛季分为常规赛、季后赛及总决赛三部分。而自2022年起，KPL秋季赛将调整为夏季赛，平移至当年王者荣耀世界冠军杯前举行。春季赛在2月至5月举办，夏季赛在6月至8月举办，世界冠军杯于10月至11月举办。《王者荣耀》世界冠军杯是王者荣耀最高级别的世界性专业赛事，只有在KPL中表现出色的队伍才有资格参赛。

2017年3月，腾讯电竞正式成立了由腾讯和12家KPL战队共同组成的王者荣耀职业电竞联盟（简称KPL联盟），将联赛利益与俱乐部利益捆绑起来，联赛的收益越高，俱乐部的收益就越多,KPL联盟为全权负责运营的俱乐部提供更多的接口和资源。由此,KPL参赛选手的职业化、赛事的商业化发展趋势更加地明显。

(二)赛事合作与盈利模式

分析KPL职业联赛的收入构成,电竞游戏销售收入、品牌赞助、赛事转播权、虚拟门票、IP授权等是KPL职业联赛的主要收入来源,其中电竞游戏销售收入是赛事的主要收入。在品牌赞助方面,KPL赛事也吸引了多样化的品牌投资,比如雪碧、vivo Xplay、宝马、六福珠宝等。KPL也会与品牌进行内容共建,如推出联名产品,根据营销活动开展表演赛,等等。此外,赛事运营方可以利用赛事,签约专业主播、解说和明星选手,打造明星经纪,获得更高关注度及代言费和电商的收益分成。借助腾讯的赛事平台资源和用户资源,KPL赛事迅速吸引大量关注和资金支持,发展成为高热度的电竞赛事。

(三)传播服务与媒体矩阵

KPL赛事有着极高的观看量与讨论度。全年赛事内容观看量达730亿人次,拥有超过1亿的独立观赛用户,在2021年春季总决赛当日有22个赛事相关热搜。[①]腾讯将KPL职业联赛的赛事转播权授权给斗鱼、虎牙、龙珠直播、映客直播等平台进行规模化传播,ESPTV电竞世界则为其唯一的电视端赛事直播平台。此外,传播与内容衍生产业的发展也给游戏与电竞赛事带来了更多的活力。2021年7月,《王者荣耀》官方授权的电竞题材电视剧《你是我的荣耀》上映,实现了影游联动的良好传播效果。

三、《第五人格》职业联赛(IVL)

(一)赛事体系与发展历程

《第五人格》是网易于2018年发行的一款3D视角非对称对抗竞技游戏。在每局游戏中,玩家可以选择扮演监管者或者求生者;标准局中,每局一位监管者、四位求生者。《第五人格》职业联赛是国内首个非对称竞技职业联赛,整个赛事体系包括COA全球赛、IVL职业联赛,以及城市赛、精英赛(IVC)。其中,IVL是国内最高级别的《第五人格》职业比赛,也是每年中国赛区通往COA全球赛的重要通道之一;IVL由《第五人格》官方与10支俱乐部共同组建,分为夏季赛与秋季赛,每个分赛季又包含常规赛与季后赛,总赛程长达7个月。

(二)赛事合作与盈利模式

同其他电竞赛事一样,IVL赛事收益也主要来源于游戏销售、品牌商赞助、赛事转

---

① 来自内部报告。

播权和内容权益出售。IVL赛事的赞助商既有虎牙、斗鱼这些直播平台，也有王老吉、光明乳业、三金西瓜霜这些传统餐饮与医药品牌，另外还包括实体游乐产业欢乐谷，《第五人格》电竞城市赛的举办地点就是在全国各地的欢乐谷。凭借着与欢乐谷的长期战略合作，《第五人格》已然搭建了一张遍布全国的线下电竞网络。

　　与传统主流电竞的选手全部来源于俱乐部或者青训团队不一样的是，《第五人格》职业电竞赛的大部分职业选手都是从高分段排位赛玩家中选拔出来的，比如MRC战队的XingH就是从"路人王"成长为赛场新秀，从"头号粉丝"成长为"明星队友"。这种选手的选拔机制加之官方引入的专业运营与管理团队，以及已成名选手的引导，形成一套"路人高手—游戏主播—职业选手"电竞人才造血系统。这种模式在一定程度上提高了玩家游戏竞技的热情，同时打破了电竞游戏门槛，降低了战队的运营成本，有利于职业战队前期的迅速发展。

（三）传播服务与媒体矩阵

　　IVL赛事的主要直播平台有斗鱼、虎牙、网易CC、哔哩哔哩等；除此之外，IVL赛事的赞助商还有抖音、快手等短视频平台，这些短视频平台同样嵌入了IVL职业联赛的宣传与活动页面。

　　《第五人格》运营方将直播及自媒体两方面作为推广发力点，官方主动参与引导、培育自己的主播与KOL（关键意见领袖）。除了头部主播外，《第五人格》官方加大投入和资源去挖掘及扶持中小型有潜力的主播和KOL，将直播事业纳入自身的运营体系中。IVL赛事媒体矩阵的搭建，特别是其与短视频平台的合作，进一步拉近了游戏赛事与玩家的距离，刺激玩家内容生产的热情，为游戏和赛事吸引更多热度。

四、《和平精英》职业联赛（PEL）

（一）赛事体系与发展历程

　　《和平精英》是一款移动端FPS游戏。2019年8月31日，腾讯电竞业务部负责人侯淼宣布了《和平精英》全新的城市发展计划、职业电竞联盟发展模式、全新赛制建立与商业突破计划。《和平精英》的赛事体系共分为三层，分别是《和平精英》发展联赛或次级联赛（简称PEN）、《和平精英》职业联赛（简称PEL）和《和平精英》国际冠军杯（简称PEC）；其中，PEL是整个职业赛事的主体，保障了联赛有充足的新鲜血液。在PEL中名列前茅的队伍，就可以和海外其他队伍一同参与PEC，也就是国际赛。

　　《和平精英》的游戏模式与传统的MOBA、FPS手游有所差异，每一场的参与人数远远高于传统电竞赛事，电竞比赛机制没有直接的参考对象，因此在赛制规则方面需要自主探索。PEL职业联赛在突围赛、晋级赛和决赛阶段设定的参赛队伍并不相同，分别是

25队、20队和15队。在联赛直播方式与视角切换上，由于队伍众多、视角较分散，观众们在观看某一处赛事进程的时候，很容易错过同时间其他区域发生的精彩画面。

2021年7月，《和平精英》超级杯赛事启动，超级杯采用"大众玩家+职业玩家"的配置，大众赛道决出获胜的10位选手成为"路人王"，与职业选手同台竞技。这种"大众玩家+职业玩家"的配置，一方面，通过专业选手、主播等的参战，超级单排赛保证了比赛的专业度、精彩度和可看性；另一方面，它又提供了一个大众玩家与职业玩家的对话空间，释放出"全民皆可参与电竞"的强烈信号。

（二）赛事合作与盈利模式

在赞助体系方面，《和平精英》职业联赛的赞助商档位分为首席档、战略档和行业档。同时，联赛还设有游戏品牌向及赛事内容向的叠加包。赛事合作伙伴有虎牙、斗鱼、快手、OPPO、高通等。《和平精英》也在尝试拓展定制内容收益，比如明星战队的第一视角版权内容，游戏内的战队定制道具等，开放给广大生态伙伴共享分成。

（三）传播服务与媒体矩阵

同其他电竞赛事一样，《和平精英》赛事也与多平台合作直播，并与短视频平台快手达成合作。在媒体宣传路径上，《和平精英》非常注重明星效应，几乎每个赛季都会有明星表演赛，邀请人气较高的娱乐明星现场参与游戏。《和平精英》还进军电竞综艺，制作了和平精英首档男女双排电竞真人秀节目《落地成双》，在腾讯视频、Hello语音、快手、虎牙、哔哩哔哩等多个平台同步播出。

五、《QQ飞车》职业联赛

（一）赛事体系与发展历程

《QQ飞车》是腾讯公司旗下的第一款3D卡丁车竞速网络游戏，其端游版本于2008年1月公测，手游版本在2017年12月发行。自2008年端游上线以来，QQ飞车端手游产品IP注册用户已达7亿人，占据中国竞速游戏97%的市场份额。其不仅在中国成为了玩家认知度和喜爱度最高的赛车游戏，也在全球赛车题材游戏中保持领先。

当前，《QQ飞车》手游赛事体系包括以S联赛、亚洲杯为核心的职业联赛体系，汇聚了全国乃至亚洲最顶尖的电竞俱乐部及个人车手；以全国车队公开赛为核心的大众型赛事，则面向全国各地的玩家群体，号召大众参与，是玩家"家门口"的电竞赛事。而《QQ飞车》端游赛事体系则包括SSC超级联赛官方授权赛事、TGA全国公开赛及"谁是车王"顶级专业赛事。2020年，《QQ飞车》电竞赛事共举办800场比赛，收视人次突破8亿，赛事内容阅读播放量突破了60亿次，是腾讯电竞旗下最顶尖的赛车电竞品牌。

（二）赛事合作与盈利模式

由于《QQ飞车》职业联赛规模与热度无法和英雄联盟职业联赛等头部赛事相媲美，因此除品牌商赞助之外，其主要盈利来源为电竞反哺游戏内购，即通过赛事的引流，吸引受众关注联赛的系列车型，从而为这些车型打上"爆款"标签，提升玩家充值与购买欲望。例如，一款名为"白玉神驹"的车型在某次联赛中大放异彩，而后在"白玉神驹"获取活动开启的几个月中，《QQ飞车》手游的月流水一直保持在腾讯游戏产品的前两位，仅次于《王者荣耀》。这类以电竞赛事为付费道具广告的模式更容易让玩家接受，也能让玩家更清晰地获取自己想要的信息，同时还没有被强迫感，提高了玩家的付费欲望。

（三）传播服务与媒体矩阵

《QQ飞车》赛事与哔哩哔哩、斗鱼、虎牙等平台合作进行授权直播。同时，为丰富观赛体验，赛事接入选手实时心率系统并革新赛制（1V1个人竞速赛替换为2V2竞速抢七），增加联赛对抗性与竞技观赏性。

此外，为提振赛事声量，在每届联赛上，主办方会邀请明星助阵。《QQ飞车》还进行跨界联动，与劳斯莱斯、迈凯伦等知名跑车合作，成功引发汽车圈层、游戏圈层用户关注；与脉动、361°等潮牌、潮服合作助力品牌实现线上+线下收入双丰收；与Sony、ROG、Realme等3C数码品牌合作，探寻深度多元的合作模式。

《QQ飞车》同时推出"飞跃华夏"计划，与敦煌研究院、国家京剧院、新华社融媒体中心及贵州省文化与旅游厅等机构、政府部门深度合作，以年轻人喜闻乐见的数字娱乐方式，致力于挖掘中华大地上的文化瑰宝并赋予传统文化以新时代的内涵，助力地方产业经济的发展。以2020年"飞跃华夏，一路向黔"贵州新文创项目为例，《QQ飞车》与贵州文旅合作，打造人气IP形象"小橘子"，在当地推出首条游戏电竞IP主题旅游路线，同时举办相应赛事，通过IP、游戏、电竞等资源整合，持续挖掘文化价值与产业价值。

六、《使命召唤》手游职业联赛

（一）赛事体系与发展历程

《使命召唤》手游是一款大型多人在线第一人称射击类游戏，于2020年12月发行。目前，《使命召唤》手游职业赛事体系包括《使命召唤》手游世界锦标赛、CDM《使命召唤》大师赛、《使命召唤》大师赛升降级赛、CDA《使命召唤》手游挑战者杯、《使命启程》邀请赛及《使命召唤》手游城市巡回赛。

其中，《使命召唤》手游世界锦标赛是《使命召唤》手游最高级别赛事，来自全球七大赛区最顶尖的战队，将有资格争夺《使命召唤》手游最高荣誉；《使命召唤》大师赛（简称CDM）是《使命召唤》手游国服最高规格的专业竞技赛事；《使命召唤》大师赛升降级赛是承接《使命召唤》大师赛和《使命召唤》手游挑战者杯的官方赛事，旨在激发CDM俱乐部活力，促进《使命召唤》手游职业电竞生态稳定健康发展；《使命召唤》手游挑战者杯，是《使命召唤》大师赛的次级联赛，旨在发掘潜在俱乐部和优秀选手，维持《使命召唤》手游职业电竞生态稳定；使命启程邀请赛（简称启程杯）是官方举办的、直接邀请俱乐部参加的职业赛事；《使命召唤》手游城市巡回赛是官方举办的《使命召唤》手游大众赛事。首届城市巡回赛落地全国八大城市，参赛选手来自全国百余所高校，表现出色的队伍将有机会进入腾讯电竞运动会（TGA），与职业战队同台竞技。

（二）赛事合作与盈利模式

目前《使命召唤》手游职业联赛仅举办两届，并未形成成熟稳定的赛事体系，因此其盈利模式主要依靠游戏销售、品牌商赞助、赛事转播权和内容权益出售。

（三）传播服务与媒体矩阵

《使命召唤》手游赛事官方授权直播平台包括虎牙直播、斗鱼直播等。

七、《炉石传说》职业联赛

（一）赛事体系与发展历程

《炉石传说：魔兽英雄传》（以下简称《炉石传说》）是一款由暴雪娱乐公司出品的策略类卡牌游戏，于2014年3月正式发行，中国的独家运营由网易公司代理。《炉石传说》游戏背景设定来自于暴雪的魔兽系列，以9位魔兽中的角色作为9种不同的职业，玩家需要根据己方现有的卡牌组建合适的卡组，指挥英雄，驱动随从，施展法术，与游戏好友或素不相识的对手一决高下。

《炉石传说》全球电竞赛事体系于2019年进行改革，形成以《炉石传说》大师预选赛、《炉石传说》大师巡回赛和《炉石传说》特级大师赛为核心的三层综合赛事体系，其中中国玩家还可以参与国服特有的全新黄金系列赛。

（二）赛事合作与盈利模式

与《英雄联盟》职业联赛相比，《炉石传说》职业联赛虽拥有相同资历，但是碍于国内集换式卡牌游戏（TCG）生态及卡牌游戏本身的偶然与娱乐特性，在国内并没有形成完整的联赛体系。在当下的中国，《炉石传说》通过战队联赛载体联结炉石电竞圈的上下游，包括战队俱乐部、直播平台、媒体、赞助商、选手、玩家等等，其盈利方式除游戏内卡包销售收入、品牌赞助、赛事转播权外，还通过在官网售卖服装饰品、图书文具、数码外设等周边盈利。

（三）传播服务与媒体矩阵

《炉石传说》职业联赛目前主要在暴雪TV—网易CC官方直播平台直播，同时授权在虎牙、斗鱼、哔哩哔哩、优酷、look等平台转播。《炉石传说》将"打炉石结交好友"的思路作为游戏生态核心，于是其举办的赛事便会向此靠拢。例如《炉石传说》黄金公开赛主题与相关视频的宣传片坚持秉承趣味性与娱乐性这一主题。远则广州站、佛山站的宣传片，近数今年的长隆站，前者由于经常会拍摄风土人情和当地美食，一直被玩家调侃为"舌尖上的炉石"，后者则以与欢乐世界的联动为核心，以rap游园的形式让玩家感受到了长隆特色的趣味。这些逐渐偏向日常的趣味短片，也渐渐成为了黄金公开赛在玩家群体中的口碑与品牌形象。这也是黄金公开赛作为一个传统赛事与《舌尖上的中国》、"rap"等新鲜炽烈的年轻流行元素的交织产物。而对于一个长期的赛事而言，个性丰富而又充满温情的互动与鲜活涌动的文化更迭是其生命所在。

八、DOTA 2职业联赛

（一）赛事体系与发展历程

DOTA 2是一款由Valve开发的免费的多人在线战斗竞技类游戏，它的前身DOTA是《魔兽争霸III》及扩展版本冰封王座中的一张自定义游戏地图，于2011年在Windows平台上进行测试。

DOTA 2有遍及世界的专业比赛，来自世界范围内的队伍在各种地区联盟举办的比赛及锦标赛中进行对抗。在所有专业级的锦标赛中，规模最大的锦标赛被称为国际邀请赛。国际邀请赛由维尔福（Valve）举办，每年一度的赛事在西雅图的钥匙球馆举行（其中2011年第一届TI邀请赛在德国科隆举办，2018年在加拿大温哥华举办，2019年在中国上海举办）。国际邀请赛的总奖金额目前保持着电竞历史上奖金额最高的纪录，2018年第八届国际邀请赛总奖金超过2500万美元。从2015年开始，维尔福开始举办季节性的锦标赛，被称为特锦赛，第一届特锦赛在德国的法兰克福举办。2017年下半年开始，改为实行DOTA职业巡回赛系统（Dota Pro Circuit，简称DPC），每年举办多个乙级锦标赛（Minor）和甲级锦标赛（Major）赛事，根据赛季末排名确定当年国际邀请赛直邀队伍名单。

（二）赛事合作与盈利模式

作为与《英雄联盟》职业联赛拥有相同体量的头部赛事，DOTA 2职业联赛全部收入来源于比赛门票收入、广告赞助、转播权及官方商城周边，同时在steam平台进行游戏内英雄饰品交易也成为DOTA 2的主要收入来源之一。这里的"英雄饰品交易"指玩

117

家购买游戏内的附属商品如服饰、语音包、读取界面装扮、战队战旗、信使及守卫皮肤，以此增加游戏体验。

但值得注意，由于*DOTA 2*的发行商维尔福过于重视用户体验，无法权衡观众和主办方的利益平衡，因此很多时候*DOTA 2*职业联赛难以保证盈利。例如，2018年ESL One赛事，其中主办方与Facebook签订独家直播授权，但Facebook平台糟糕的直播条件让观众怨声载道，此外他们还发律师函禁止主播在游戏内直播比赛，由此引来了发行商维尔福的警告，最后ESL不得不向维尔福妥协，与Facebook平台中止在*DOTA 2*直播方面的合作。

（三）传播服务与媒体矩阵

*DOTA 2*赛事直播平台包括斗鱼直播、战旗直播、火猫直播、熊猫直播、虎牙直播等五大平台。经过6年的改进尝试，*DOTA 2*已经从产品层面上形成了完善的观战系统、平衡的游戏机制、复杂的虚拟门票及赛事专属道具贩卖流程，其中也少不了道具抽奖、结果预测等传统体育中的经典变现模式。而在运营层面上，也是围绕赛事形成了校园赛—网吧赛—职业赛的完整金字塔梯级。目前市场也是完全配合年度官方赛事节点进行宣传。例如在2018年MDL、Super Major、Ti8预选赛、Ti8正赛等*DOTA 2*职业赛事纷至沓来之际，*DOTA 2*赛事合作平台斗鱼直播就发布相关海报、宣传视频等进行多平台呈现。

九、*FIFA Online 4 STAR LEAGUE*职业联赛

（一）赛事体系与发展历程

*FIFA Online 4*是艺电（EA）公司开发，腾讯代理的3D足球网游，是经典游戏*FIFA*游戏系列的第四代网络版。该游戏系列拥有FIFA国际足联组织的官方授权，游戏覆盖了全球37个主要联赛，47支国家队，以及1.5万名以上的在册职业球员。与此同时，*FIFA Online 4*还取得了中国足球超级联赛授权，将植入包含中超球员头部建模及球场建模等在内的内容。[①]

*FIFA*电竞赛事体系完善。在世界范围内，有*FIFA*电竞洲际杯（FIFAe Continental Cup）与*FIFA*电竞冠军杯（FIFAe Champions Cup），2021年新增了面向个人的*FIFA*电竞世俱杯（FIFAe Club World Cup）、面向俱乐部的*FIFA*电竞国家杯（FIFAe Nations Cup），以及面向国家的*FIFA*电竞世界杯（FIFAe World Cup）；在国内，有FSL职业联赛（全称是FIFA Online 4 STAR LEAGUE）、FCC职业冠军杯（全称是FIFA Online 4 Champion Cup）和CEFL（全称是中国足球电子竞技联赛，Chinese E-sports Football League）。

---

① 内容来自FIFA Online 4网站。

FIFA Online 4 Star League 职业联赛，简称FSL职业联赛，是中国*FIFA Online 4*顶尖的比赛项目。2015年，腾讯*FIFA*品类尝试将体育类游戏电竞化，推出FSL联赛（*FIFA Online 3 Star League*）。自*FIFA Online 3*时代起，截至2021年，FSL职业联赛已进行了10个赛季。在*FIFA Online 4*时代，FSL职业联赛始于S6赛季。FSL职业联赛分为常规赛、季后赛、半决赛、三四名决赛与最后的决赛。

作为体育类电竞赛事之一，*FIFA*赛事的职业化程度并不深入，参赛选手很多处于半职业状态，年龄跨度也非常大，目前的赛事体系中，最小的选手16岁，最年长的40多岁。圈内人认为，体育类电竞通常采取1V1对抗的模式，不需要像MOBA类这样追求极致协作的电竞项目采用全员集结赛训的形式；此外，体育类电竞在观赛侧还没有达到诸如《英雄联盟》《王者荣耀》等赛事的体量，一定程度上也会影响到职业化的进程。

（二）赛事合作与盈利模式

FSL职业联赛收入来源包括比赛门票收入、广告赞助、转播权及官方商城周边等。*FIFA*品类电竞俱乐部包括了里昂EDG、曼城、巴黎圣日耳曼LGD（PSG.LGD）、狼队等海外足球豪门旗下电竞战队，以及WE、Newbee、NOVA等国内一线电竞俱乐部。其中，里昂EDG是电竞豪门EDG与法国里昂足球俱乐部携手成立的里昂（中国）EDG电子竞技俱乐部，曾获2017年FSL职业联赛第五赛季总冠军。

（三）传播服务与媒体矩阵

FSL职业联赛与多平台合作直播，包括斗鱼、虎牙、PP体育、腾讯体育、哔哩哔哩等平台。对于*FIFA*品类赛事的主播培养，腾讯互娱*FIFA*负责人许倬尔表示："不同于任何一项赛事，主播是由我们自己培养。除此之外，也与很多传统体育圈的主持人、解说员及游戏主播保持良好的合作关系，优秀的主播可以带动更多的粉丝关注我们的赛事。"

*FIFA*品类电竞注重跨界合作。一方面，*FIFA*品类与城市跨界合作，例如在腾讯电竞"电竞运动城市发展计划"的推动下，FSL职业联赛S6赛季总决赛地点设为长沙音乐厅，填补城市职业足球空白。另一方面，*FIFA*品类与音乐跨界合作，2019年6月10日，歌曲*Show the World*上线，这是*FIFA Online 4*的主题曲，歌曲上线不到24小时销量突破10万。与音乐的跨界合作，拓宽了*FIFA Online 4*的受众。

十、《梦三国2》职业联赛

（一）赛事体系与发展历程

《梦三国》是由杭州电魂网络科技股份有限公司自主研发的一款MOBA类游戏。游戏中，玩家会搜集不同类型的英雄卡来参与各种竞技场的挑战，击败对手，取得胜利。

作为第一批国产MOBA类游戏,《梦三国》于2009年上线,《梦三国2》于2015年3月26日正式运营。2021年9月8日,《梦三国2》正式入选亚运会电子竞技项目。《梦三国2》职业联赛（M3guo2 Professional League，简称MPL）是囊括《梦三国2》游戏内顶尖的8支职业战队而进行的赛事，每年共有夏季赛和秋季赛两个赛季，每赛季下设常规赛、季后赛与升降级赛。常规赛结束时排名前四的战队将进入季后赛共同争夺赛季冠军，排名第五、第六名的战队将与MSPL夏/秋季赛的第三、第四名进行升降级赛。除了职业联赛，《梦三国》还设有大众赛事如"无双杯"和"SOLO精英挑战赛"、次级联赛如MSPL次级联赛及娱乐星赛季邀请赛，实现了大众赛事、次级联赛、职业联赛与娱乐星赛季邀请赛的多层级连通。不同层级的选手都能在这个赛事体系中找到向上突破的道路。

（二）赛事合作与运营模式

《梦三国2》职业联赛的收入来自比赛门票收入、广告赞助、IP授权、转播权及官方商城周边。此外，《梦三国2》也会与文旅企业和媒体合作。2021年7月3日，电魂与老君山文旅集团、洛阳日报报业集团确定了战略合作。通过依托老君山景点的现有场景，将《梦三国2》的游戏、赛事IP元素融入线下实景，构建线下沉浸式体验场景。同时，电魂在游戏中对老君山景区的景色进行了还原，将文旅景区的著名地标建筑植入游戏场景，推动城市文旅产业与传统文化的发展。

（三）传播服务与媒体矩阵

《梦三国2》职业联赛的播出渠道包括虎牙等直播平台，以及哔哩哔哩、腾讯视频等视频媒体。《梦三国2》还与17173、叶子猪等游戏网站合作，开辟《梦三国2》专区，曾推出MPL专题报道。

第二节 🔊 诠释与预见：电竞赛事体系与价值

目前相关研究着重于商业化发展，上海大学管理学院副教授刘寅斌介绍了职业电竞赛事不同于传统体育赛事的特征：项目版权、赛事生命周期、赛事主办方等方面。针对LPL的发展历程探讨，刘寅斌将演进历程划分为了2011—2016年的萌芽期、2017—2018年的发展期、2019年至今的成熟期，同时指出当前电竞生态体系是围绕核心赛事展开的，生态体系主要包括赛事主办方（游戏厂商）、赛事承办公司、电竞俱乐部、直播公司、用户观众及衍生行业等成员。[1]学者杨海燕与杨阳以LPL为例剖析了国内电竞赛事商业化的发展方向及商业化运作机制。与传统体育赛事相比，电竞赛事商业化方向更为多元，主要包括赛事直播、转播权出售、赞助及门票收入等，同时大量的流量提升了赛事知名度及相关周边产品的收益，吸引众多赞助商和知名品牌的青睐。[2]此外，学者丁婷婷依据国内外商业模式理论，从产品模式、合作模式、执行模式、盈利模式等重点要素分析了KPL的商业模式。[3]KPL将为大众提升技术水平，把将移动电竞变为真正意义上的大众电竞作为自己的赛事定位，同时KPL联盟将联赛利益与俱乐部利益捆绑，并与各大赞助商、直播平台进行合作。基于庞大的用户规模，通过整合腾讯的赛事平台资源和用户资源进行大力宣传，参考《英雄联盟》职业联赛的运营经验，搭建起了一个KPL特有的执行模式。KPL的主要收入来源为电竞游戏销售、赞助收益、赛事转播权转让、虚拟门票，以及主播、解说和选手相关粉丝经济。这些模式有机结合促成了KPL成功的商业模式。

一、电竞赛事生态的四大特性

（一）主场化：构建以城市为单位的赛事生态系统

各个俱乐部共同组成赛事联盟，分别在各大城市、东部西部建立各自场馆，分主客场开展比赛。这种主场制优势在于能够更好地构建基于城市的赛事生态系统。中国电竞赛事主场化最早由腾讯电竞在2018年迈出第一步，此后其余赛事也纷纷向地域化及主场化迈进。以《英雄联盟》LPL联赛为例，2018年以前，举办电竞赛事集中于上海电竞场馆，各大俱乐部也以上海为主要赛事训练基地，自2018年主场化之后，各大俱乐部相继在北京（JDG俱乐部）、杭州（LGD俱乐部）、西安（WE俱乐部）及成都（OMG俱乐部）等建立各自场馆。

①主场化能够有效拉动电竞产业发展，促进电竞产业地域化；

②主场化有利于发掘更多运营模式，更好地实现电竞产业商业转化；

③主场化还能够结合落地城市地域及文化内涵，打造城市文化品牌名片，为城市品牌形象塑造和经济发展结构优化带来更多可能性。

（二）联盟化：重塑电竞生态

2017年4月30日召开的2017年《英雄联盟》电竞战略发布会，正式宣布自2018年起逐步推进LPL联盟化。LPL联盟是效仿传统体育赛事的特许经营赛制，一方面是特许

①　刘寅斌，芦萌萌，肖智戈，张潇月.中国职业电竞赛事体系的演进及发展路径研究——以英雄联盟职业联赛为例[J].山东体育学院学报，2019，35（6）：43-47.
②　杨海燕，杨阳.我国电子竞技赛事的商业化发展研究——以英雄联盟为例[J].当代体育科技，2020，10（4）：222-225.
③　丁婷婷.我国移动电竞赛事的商业模式研究[D].硕士学位论文，北京体育大学，2018.

经营模式，即联赛席位需要通过招标并实行永久化；另一方面是取消升降级制度。

联盟化促进赛事制度改革，加强了电竞俱乐部的稳定性，从而更好地呈现俱乐部运营商业化价值，以达到吸引资本入场的目的。其中升降制度的改革和增设赛事席位名额等方式能够有效减少俱乐部运营及投资方的风险，保障电竞俱乐部的价值。具体来说，在升降级制度下，俱乐部可能因为赛事成绩不理想而造成降级，从而导致商业价值出现损失。升降级制度的取消能让俱乐部拥有更多试错机会，专注于打造青训体系，为选手提供更好的成长环境，大胆起用新人选手。

联盟化的另一大显著成效在于促进俱乐部与各大品牌投资方开展合作，共同探索更多商业发展模式，有效加速了资本涌入。例如滔博运动、趣加游戏等资本通过席位招标，先后创立滔博电竞俱乐部、FPX电竞俱乐部等，同时也吸引了品牌投资方如苏宁、京东、李宁、哔哩哔哩等知名企业的投资。

联盟化是电竞发展过程中大胆和创新的尝试，有效重塑了电竞赛事生态，促进电竞商业化发展，联盟化也将成为中国电竞赛事发展的一大趋势。

（三）商业化：电竞产业体系的完善

中国电竞整体朝着商业化发展迈进，电竞领域被主流投资方认可，受到各大类型品牌的关注与青睐。此外，中国电竞商业化发展，也同时受到外部与内部两大因素的影响，外部因素是国家及地方政策支持，如西安曲江区2020年3月修订《西安曲江新区关于支持电竞游戏产业发展的若干政策（修订版）》，为电竞赛事落地及电竞人才培养等方面提供指导；内部因素则是电竞产业发展已迈入爆发期的机遇，用户规模巨大，电竞赛事向专业化发展。

电竞赛事商业化拥有两大优势：

①电竞用户规模。电竞的受众较为明确且精准，主要由年轻化、有活力、接受度高、具消费能力的Z世代人群组成，忠实电竞用户基数及电竞粉丝流量价值创造能力非常符合当下广告投资方的需求，是品牌投资方的潜在用户。

②电竞赛事专业化及赛事体系的成熟也促进了电竞多元业态发展。这有利于形成完善的商业模式及营收模式，并在赛事产业体系中实现业务联动。

（四）移动化：移动电竞未来可期

移动电竞主要指以移动通信和互联网为载体，在统一的竞赛规则下进行对抗的电子游戏运动。[①]较于传统电竞游戏，移动电竞契合当代人时间碎片化的特点，设备准入门槛更低，同时可将游戏时长控制得更短。不过，移动设备也具有一定缺陷，其操控性较差、变化较少，操作感弱于键盘和手柄。因此，在很长一段时间里，移动电竞都被看作

---

① 张璇，刘媛媛.传播学理论视域下的移动电子竞技研究——以《王者荣耀》为个案研究[J].传媒观察，2018（8）：51-59.

低水平、边缘化的电竞形式。直到今天，这种印象还未彻底改变。

随着移动电竞进入发展的快车道，移动电竞赛事在中国电竞赛事中的地位稳步提升，例如《王者荣耀》职业联赛（KPL）、《和平精英》职业联赛、《第五人格》职业联赛（IVL）等移动电竞赛事成为高热度的电竞赛事。例如KPL全年赛事内容的观看人次已达730亿，拥有超过1亿的独立观赛用户。[①]但移动电竞产品周期不稳定，且PC端赛事本身已经占据一定的市场，移动电竞赛事需要着力打造KPL的赛事IP，培养相关联赛的忠实观众群体，有效将移动电竞游戏玩家转化为赛事观众，并进一步拉动赛事消费。[②]

二、电竞赛事产业的商业价值

电竞赛事的竞技性带来高观赏价值，一场惊心动魄、悬念丛生的电竞赛事不仅是一场竞技对决，更是触达观众的重要媒介。构成电竞赛事商业价值的主要有三大因素：赛事流量高、受众年轻化、IP价值潜力大。

（一）高赛事流量

电竞赛事的商业价值来自于庞大的电竞赛事流量，可以比肩传统体育如篮球、足球的电竞联赛的高热度和高流量代表了庞大的用户基数。以《王者荣耀》职业联赛为例，2020年KPL"开云大赛"的观看量在第一周就打破了历史纪录，仅在哔哩哔哩、斗鱼、虎牙等赛事的官方直播室观看比赛的最高热度就已超过3亿人次；比赛首日，网上直播观众就超过10万人次；截至目前，已经成为了全球观看人数最多的电竞赛事之一。

（二）受众年轻化

电竞用户受众年轻化，集中于19—25岁的年轻群体，属于消费主力军的Z时代人群，与品牌投资方的潜在受众高度重合。根据CBNData的《Z世代圈层消费大报告》显示，电竞作为典型的一大圈层文化有着频频的出圈现象，并且拥有强大的粉丝经济潜质。他们接受度高、有活力，是基数庞大且深度垂直的用户群体。在Z世代与千禧一代人口中，接触、喜爱电竞的群体比重高达80%，对追求消费者年轻化的品牌来说，与电竞进行合作，无疑是一个充分沟通目标客户群体的绝佳渠道。

在中国电竞行业，赛事与品牌联动成为常态，巨大的电竞人口红利吸引众多国内外企业开始尝试品牌跨界投资，赞助通常是以中插广告的形式投放流媒体。中国电竞用户对赛事品牌赞助的认可度较高，超过93.1%的用户对赛事赞助行为表示认可，认为其利于赛事的持续发展，并认可其是一种各取所需的商业行为。

2020年中国电竞用户及俱乐部赛事赞助态度情况如图4-5、图4-6所示。

---

① 内部资料。
② 樊珍. KPL观众赛事体验、赛事认同及购买意愿的关系研究[D]. 硕士学位论文，上海体育学院，2020.

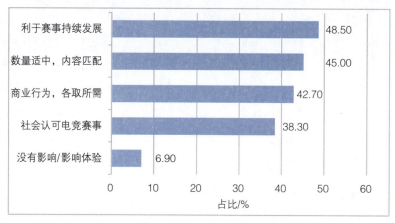

图4-4 2020年中国电竞用户赛事赞助态度情况
（数据来源：艾瑞咨询）

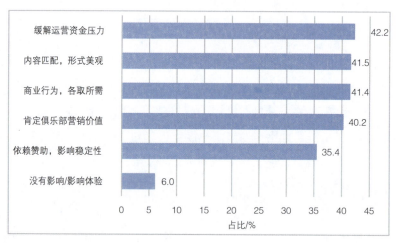

图4-5 2020年中国电竞俱乐部赛事赞助态度情况
（数据来源：艾瑞咨询）

（三）IP价值潜力大

以《王者荣耀》职业联赛（KPL）为例，KPL职业联赛的高热度使其收获了雪碧冠名、宝马提供指定用车、vivo作为官方赛事用机的知名品牌赞助。雪碧代表张轶（译名）指出："在KPL的投入，不仅仅是在商业维度的投入，更向年轻人传达了一个讯息，雪碧是与时俱进的，是懂年轻人的。"（图4-6）

图4-6　雪碧与《王者荣耀》联名

电竞赛事作为新颖IP，其IP价值不仅源于其游戏本身自带完整的故事和世界观，包括自成体系的人物角色、人物故事、审美风格及价值观构建，还源于以青春、信念、热血、拼搏为代名词的电竞精神。电竞IP感染力高、号召性强，吸引了一大批追求独立、潮流与刺激的年轻群体，电竞成为部分年轻群体价值观的体现，通过电竞赛事媒介实现价值观营销，更容易体现合作品牌年轻化等品牌DNA诉求。与电竞的商业化合作在曝光周期与互动频率等维度也具有更强的优势。通常以季度为单位举办的电竞职业联赛能够为品牌广告提供一个长线且稳定的广告投放渠道。电竞赛事还提供一种社交方式，用户可围绕电竞赛事展开讨论，进行话题参与，因此，电竞赛事用户往往具备高用户黏性。

未来，电竞将继续以竞赛运营为核心，依托团队经济和明星运营，提高商业化价值，扩大电竞产业影响力。同时，借助丰富的IP衍生内容，能更好地提升电竞用户的综合体验和情感投入，达到更好的品牌营销运营效果。电竞商业化的发展将对电竞产业起到回馈作用，促进其稳步发展。

三、电竞赛事的资本实践

（一）赞助资本入局

毫无疑问，凭借亿级用户基数、年轻化属性、固定赛事媒介触达及价值观营销方式，电竞市场吸引越来越多品牌资本入局，不断高歌猛进，广告品牌商赞助多元广泛，包括数码、快消、车企等多种品牌。

首先对标的是与电竞行业相关性最强的计算机硬件、显卡、显示器及外设厂商，该类型广告主最贴近电竞消费场景，也是电竞赛事的赞助主力军，例如惠普、雷蛇、赛睿、罗技等品牌与电竞赛事或电竞战队达成合作（图4-7）。数码品牌vivo则成为KPL官方赞助伙伴，其花费超过5000万元，vivo作为手机品牌对接市场火热的移动手游《王者荣耀》，成功占领了移动电竞手机的消费市场。

图4-7　惠普品牌赞助电竞赛事

对于车企而言，电竞用户与汽车用户极高重合度的用户画像及汽车用户对电竞领域的上升的兴趣度是吸引汽车行业跨界电竞的两大原因。尼尔森平台在《汽车+体育大融合畅想》中表明汽车用户对电竞兴趣正逐年上升，甚至比肩网球、赛车等热门传统体育运动。宝马、奔驰等车企品牌也开始踏足电竞领域，汽车行业对电竞产业投资兴趣高涨，汽车和电竞的跨界合作早已不再新鲜。2015年，上海大众赞助英雄联盟德玛西亚杯，2016年，起亚汽车赞助S6英雄联盟全球总决赛，2017年，吉普赞助了LPL联赛，奔驰也改变体育营销策略，结束与德国足协数十年的合作，转向电竞领域。梅赛德斯-奔驰与拳头游戏成为合作伙伴，作为顶级赞助商冠名了《英雄联盟》职业联赛。（图4-8）

图4-8　奔驰赞助LPL赛事

（二）电竞品牌跨界联动

在近年来的探索中，电竞与汽车品牌的跨界联动也不乏成功的数字营销商业案例。

宝马曾是《王者荣耀》KPL大赛赞助商及指定用车，此外还与《王者荣耀》合作进行游戏内部联运，推出赵云"引擎之心"专属皮肤，据估计一天销售额达1.5亿（图4-9）。宝马市场策略高级经理夏辉表示："KPL是一个非常好的机会，让我们去抓住中国全新的一代消费者'90后'。"面向年轻人的雪佛兰新一代创酷上市，通过与LPL职业联赛及知名电竞战队IG合作，连续发起"为中国电竞打call""IG战队新战术""The Shy 开车"等微博话题，并结合知名电竞KOL、电竞解说转发等形式进行有节奏的营销，其中话题"为中国电竞打call"更是收获了36.5亿人的阅读量和161.2万的讨论量，该跨界将雪佛兰潜在受众与电竞爱好者结合，收获高热度的同时也体现了电竞IP的可塑性。

图4-9　《王者荣耀》赵云"引擎之心"专属皮肤

（三）品牌场景植入

可口可乐、百事可乐、雪碧、麦当劳、肯德基等快消品牌也与电竞赛事及各大战队展开合作，创作了亮眼的跨界营销案例。电竞赛事相较于其他品牌合作的优势在于能够赋予品牌植入场景，通常各个品牌采取品牌广告与赛事过程相结合的中插广告方式，将品牌标识自然植入比赛进程中，并结合适当比赛时机出现，联动游戏内部进程，提升广告触达效果。例如在《英雄联盟》比赛进程中出现的肯德基KI上校预测比分（图4-10），这对于一些电竞爱好者来说并不陌生。肯德基KI上校是肯德基与科大讯飞合作推出的人工智能，也是将品牌人格化的尝试。在比赛过程中，KI上校将依托大数据和实时比赛数据进行分析，综合版本更迭、英雄胜率、阵容强度等，利用数据模型在画面中给出实时胜率预估，与观众产生互动。

图4-10　肯德基KI上校

以一场LPL春季赛常规赛为例，除肯德基KI上校之外，也有许多品牌青睐于场景化植入的方式，结合赛事时机节点及对应的具有强关联性、朗朗上口的标语，使得广告效果不显得突兀，更深入人心（图4-11）。如战马饮料在一塔（比赛中推倒对方的第一座防御塔）时刻显示标语："拿一塔，喝战马"（图4-12）；安慕希在任意一方击杀"先锋比赛中的NPC"时显示标语"酸奶入口，先锋到手"等。

图4-11　奔驰广告植入

图4-12　战马饮料广告植入

游戏直播平台如虎牙、斗鱼直播，游戏衍生行业如电竞椅、网咖，陪玩软件，游戏社交平台，运动服装平台如耐克、阿迪达斯等都分别以不同程度赞助了俱乐部或者各大赛事。作为拥有高精准度受众的垂直市场，跨界营销已成为电竞常态，电竞正迈入高度发展的商业化时代，等待更多商业价值的挖掘。（表4-1）

表4-1　一场LPL常规春季赛的主要品牌赞助及形式

出现时间/形式	品牌	主要标语
赛前转场过渡	莫斯利安	"一口美味，状态到位"
赛前解说口播	联想拯救者游戏本	"拯救降临，为战而生"
赛前解说口播	肯德基	"肯德基王炸双子桶，赠予我王炸之力"
赛前解说口播	苏宁易购	"登苏宁搜LPL，享三重好礼"
赛前解说口播	虎牙、斗鱼	"参与打赏君势力对抗，抽取限定签名礼"
赛前转场过渡/Ban Pick 阶段[①]	猎聘	"选工作就像选英雄"
Ban Pick 阶段	TT 语音	"TT 语音一键组队，峡谷 CP 想配就配"
比赛前期/比赛场景天空 LOGO	奔驰	"竞界无限，先手未来"
比赛前期/界面下方	肯德基	"KI 上校，申请登场"
一血（第一个击杀）/界面下方	联想拯救者	"一血时刻，拯救降临"
比赛八分钟/先锋（NPC）刷新	莫斯利安	"先锋即刻登场，美味势不可挡"
比赛经济/伤害显示	莫斯利安	"一口美味，状态到位"
风龙（NPC）击杀	TT 语音	"告别单排上 TT，高糖 CP 添增益"
先锋击杀	莫斯利安	"酸奶入口，先锋到手"

出现时间/形式	品牌	主要标语
摧毁第一座塔	战马饮料	"拿一塔，喝战马"
精彩时刻回放	TCL	TCL REPLAY
大龙击杀	哈尔滨啤酒	"最强 BUFF 到手，哈啤天长地久"
比赛进程中	奔驰	梅赛德斯 – 奔驰赛场之星预测
大龙击杀收益数据显示	哈尔滨啤酒	"BUFF 终有时，哈啤不限时"
比赛召唤水晶被摧毁	莫斯利安	"莫斯利安美味入口，召唤水晶尽在我手"
赛事结束	美孚速霸	"美孚速霸，为英雄加油"

第三节　执行与参与：电竞赛事的主要组织方

一、赛事运营主体：游戏厂商

中国主要电竞赛事通常由游戏厂商主导，以举办第一方赛事为主。以《英雄联盟》职业联赛及《王者荣耀》职业联赛为例，主要是以上游游戏厂商腾讯游戏为主导，其赛事运营与执行主体则为腾讯体育、腾竞体育等腾讯子公司，这些赛事运营公司主要职能包括赛事主办与执行、确保正常开展赛事活动、制定赛制规则和竞赛流程，以及赛后的评估等工作，在电竞赛事中起到关键性作用。主流的电竞赛事运营公司主要有腾竞体育、英雄体育（Versus Programming Network，简称 VSPN）等。以 VSPN 为例，作为一家专业化电竞赛事运营执行公司，成功承办了《王者荣耀》职业联赛、《和平精英》职业联赛、《穿越火线》系列赛事、PUBG MOBILE 名人挑战赛等知名电竞赛事。

除了赛事主办与执行之外，赛事运营公司还有赛事体系管理及赛事商业化运作两大职能，前者包括赛事版权管理、联盟规则完善、赛事人才培育等，后者包括赛事 IP 打造、赛事商业资源协调及赛事联动营销等。

二、赛事参与主体：职业俱乐部

一场电竞比赛的开展除了需要赛事执行公司，还必须有赛事参与主体——各大电竞俱乐部的参与。高水平的俱乐部参与能增加电竞赛事含金量，高水平的电竞赛事也能为俱乐部带来高额奖金及赛事荣誉。

---

① 主要是指一场比赛开始前，战队禁用及选择当场比赛使用的英雄/游戏人物角色。

1. 主要电竞俱乐部

2019电竞俱乐部获投情况如表4-2所示。

表4-2　2019年电竞俱乐部获投情况

融资金额	公司名称	轮次	成立时间	获投金额
亿级	QG 电子竞技俱乐部	A 轮	2017.1	近亿元
	EDG 电子竞技俱乐部	Pre-A 轮	2011.9	近亿元
	AG 超玩会	A 轮	2015.4	/
	V5 电子竞技俱乐部	A 轮	2018.12	亿元及以上
	FEG 电竞	A 轮	2017.7	亿元及以上
千万级	LP 电子竞技俱乐部	A 轮	2018.6	1000 万元
	GK 电子竞技俱乐部	天使轮	2016.1	1000 万元
	常奥 RW	Pre-A 轮	2016.9	1000 万元
	YTG 电子竞技俱乐部	A 轮	2016.4	1000 万元
	LGD 电子竞技俱乐部	A 轮	2015.1	3000 万元
	VG 电子竞技俱乐部	A 轮	2012.1	5000 万元
	HK Esports	A 轮	2013.1	数千万美元
百万级	TFG 职业电竞俱乐部	天使轮	2016.2	数百万
	易未来电竞俱乐部	天使轮	2016.2	数百万
	YM 电竞	天使轮	2015.6	数百万

根据微热点大数据，2020年热度指数最高的电竞俱乐部中，IG、RNG、TES、SN、FPX（趣加）等俱乐部进入前十。（图4-13、图4-14）

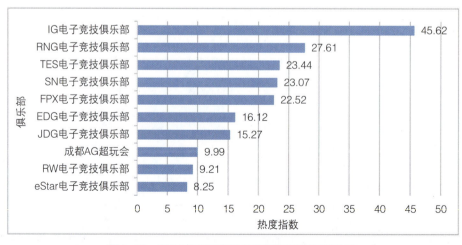

图4-13　2020年电子竞技俱乐部热度指数TOP10
（数据来源：微热点大数据研究院）

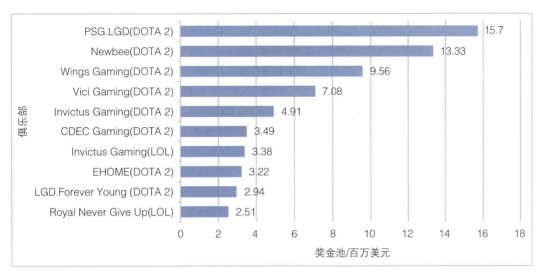

图4-14　截至2021年3月，中国各大俱乐部所获奖金总额

（数据来源：Statista）

2. 赛事竞争力为核心

职业俱乐部本质上是以营利为目的的企业主体，在俱乐部发展战略中，赛事成绩位于第一地位，完整的赛训体系是俱乐部的根本。多数情况下，赛事竞争力可以直接或间接转化为俱乐部商业价值。

对于职业俱乐部而言，其竞争力在于首先掌握优秀职业选手这个核心资源，职业选手是电竞赛事中最具吸引力的主体，高水平职业选手能为俱乐部创造良好赛事成绩和荣誉，优异的赛事成绩是衡量俱乐部赛事价值的指标之一，同时也能让俱乐部获得可观的赛事奖金收入。

3. 多元化的商业模式

俱乐部商业模式包括多元营收模式，涵盖赛事奖金、直播分成、品牌赞助、周边产品、联盟分成、选手转会等。在俱乐部营收模式中，品牌赞助占据主体。随着中国电竞行业发展，资本也纷纷入局电竞蓝海，头部电竞俱乐部显现其商业价值优势，获得资本青睐。

以IG俱乐部（图4-15）为例，其英雄联盟分部在2021年夏季赛中主要有虎牙直播、雪佛兰、比心、网鱼网咖、美年达Mrinda中国、Secretlab圣临电竞椅、卡尔蔡司光学、realme真我手机等涉及多类型的品牌赞助商。

图4-15　IG俱乐部标识

前文提到，以品牌赞助为主体也使得俱乐部营收模式单一，面临不稳定的风险。例如赛事成绩的浮动会影响赞助商的选择，因此，相较于国外TSM俱乐部，中国电竞俱乐部仍需要积极拓宽自身电竞业务，在提升赛事项目核心竞争力的同时，还需开展MCN、电竞服务、电竞衍生周边程序等多元营收模式。

4. 俱乐部品牌塑造

对于中国电竞俱乐部而言，一大商业模式发展趋势是对俱乐部品牌打造和选手形象的包装，主要依靠各电竞项目分部布局与联动，将俱乐部粉丝高流量曝光资源转化为品牌营销资源。例如，RNG俱乐部、EDG俱乐部等布局《英雄联盟》《王者荣耀》《绝地求生》及DOTA 2等各大电竞赛事，设立多分部，实现项目资源联动与整合。同时，各大俱乐部深耕品牌传播，创建内容制作团队，打造俱乐部品牌IP，提升俱乐部品牌曝光度及流量资源转化率，具体方式包括俱乐部推出自制微纪录片、VLOG等栏目进行粉丝运营，例如，RNG俱乐部英雄联盟分部自制的选手游戏语音栏目《高能软泥怪》在哔哩哔哩每期均收获30万—40万播放量；FPX电竞俱乐部英雄联盟分部自制的选手游戏语言栏目《FUN言趣语》等的播放量也均在40万左右。

除此之外，各大俱乐部也结合自身企业文化特色，开展各种形式的活动进行品牌形象塑造。以RNG俱乐部的品牌文化建设为例，其品牌建设分别布局品牌形象管理及电竞选手体育明星化两方面。

品牌形象管理方面，开展了RNG校园行，组织知名RNG现役或退役选手进入高校进行演讲；推出全球首届以电竞为主题的大学生辩论赛《电竞青年说》节目；开展RNG电竞体验营，完全模拟真实职业战队训练过程，邀请一百位电竞爱好者体验；开展中国有R活动，将电竞与公益结合，号召粉丝捐赠书籍等公益活动，传递公益正能量。而在选手明星化方面，则包括举办RNG选手MLXG（原名：刘世宇）、姿态（原名：刘志豪）、Letme（原名：严君泽）等退役仪式，安排RNG接受央视采访等正面曝光活动。此外，俱乐部粉丝流量变现及与粉丝互动的另一大形式还包括俱乐部周边市场的拓展，主要以开设官方淘宝商城，设计俱乐部特色的队服、钥匙扣等周边产品吸引粉丝购买为主，在增加战队粉丝黏性的同时也完成粉丝经济转化。

第四节 🔍 消费与跨界：电竞赛事用户与文化

一、电竞赛事用户呈现

电竞赛事内容市场作为电竞产业的中游段，赛事用户和赛事文化的商业价值逐渐显现。截至2020年，中国电竞用户市场规模已达到4亿，占据全球电竞用户数量超过一半，并且拥有9280万电竞狂热爱好者，位居世界第一。而随着移动化电竞的发展，中国电竞用户基础进一步扩大，电竞圈层实现进一步扩张。

中国的电竞用户呈现出诸多特点，例如从中国电竞用户的性别及年龄分布来看，中国电竞用户画像呈现年轻群体为主，以及男性占据主导、女性用户比例不断上升的特征。电竞市场是年轻用户的聚集地。根据《2020年全球运动行业发展报告》[①]，电竞用户的年龄集中于19—30岁，占比为66.3%，40岁以上的用户只占7.7%。电竞用户的年轻化特征相当明显。

移动电竞带来的大量用户在一定程度上冲击了中国电竞市场用户结构，例如，移动电竞重度用户使得整体电竞用户游戏时长上升等。在所有电竞用户中，64%为男性，体现了电竞用户仍以男性为主。但值得注意的是，近年来，女性用户占比不断上升，这主要来自电竞行业的发展及移动电竞的兴起。得益于部分爆款移动手游的普及，移动电竞使得更多女性用户开始以电竞游戏作为娱乐方式，并对电竞领域及电竞游戏有了更深的接触和了解。女性电竞用户规模不断增长，以及规范化、完善化的电竞赛事背景下，电竞不再是男性的唯一阵地，女性电竞用户除了成为电竞游戏消费者、电竞观众之外，也开始走进职业赛场。例如，2019年，中国选手VKLioon（原名：李晓萌）成为第一位在暴雪嘉年华夺得《炉石传说》个人赛冠军的女性职业选手（图4-16），这代表在电竞赛事中，女性力量将不断展现。面向女性玩家搭设电竞舞台，开放女子赛道也成为热议话题。

---

① 企鹅智库：2020 全球电竞运动行业发展报告 . (2020-08-05) [2020-08-24].https://new.qq.com/omn/20200824/20200824A06DVH00.html.

图4-16　VKLioon获得《炉石传说》个人冠军

　　其次，在参与动机方面，中国电竞用户参与电竞的最重要原因是获得持续的"沉浸体验"，这种体验可以通过挑战平衡、明确的目标得到及时反馈并且不必担心失败的过程中获得。同时也有研究表明，中国电竞用户参与电竞是依据自身的心理需求和游戏提供的附属品，即参与电竞是为了满足寻求刺激与挑战、调节情绪和休闲娱乐等需求。[①]除此之外，由于文化差异，中国电竞用户参与电竞的行为区别于西方的最大一点是：中国玩家更加看重比赛的结果，而西方玩家（例如美国）通常对结果不太看重，同时西方玩家的外在动机因素要高于中国玩家，说明西方玩家通常是出于社会交际等外在动机因素才参与电竞活动。中国电竞用户观赛原因多偏向情感需求，寻求感官刺激和情感连接，驱动中国用户观看电竞赛事直播或录像，甚至走进赛场。值得关注的是，在女性电竞用户中，排名第二的观赛原因是"社交需求/陪同观看"，女性观赛被动性还较强。年轻用户更多的观赛动力来源于"支持喜欢的战队/选手/主播"，同时因为"努力/奋进"和"愉悦"两大因素的满足会进一步驱动用户参与赛事观看。在挖掘基于喜欢而买单的偶像经济的潜力时，年轻的观赛用户将表现出有力的支撑。此外，也有用户会基于提高自身技能的需求前往观赛。（图4-17）

① 彭泺，郭晴.中美电竞玩家动机与自尊对比研究[J].成都体育学院学报，2018，44（4）；16-23.

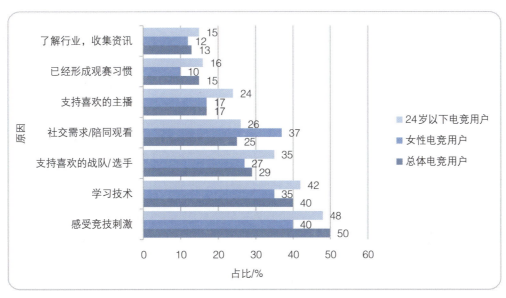

图4-17   中国电竞用户观看电竞赛事的原因
（数据来源：格隆汇）

　　根据中国电竞用户画像总体情况，未来用户市场将从用户规模扩张转向用户细分及核心用户培养阶段，即在日益增长的电竞用户规模下，进入用户细分运营和核心用户的情感与价值培养阶段。电竞用户细分运营将电竞用户按照每周观看赛事内容的时长，以轻、中、重度进行层级划分，从而进行细分化的针对性运营。其中，重度电竞用户作为电竞核心用户，人数在4000万左右，对电竞市场贡献度最高，具有较强黏性和消费意愿，其运营方式主要是通过核心用户来起到对非核心用户的带动作用；中度电竞用户约有1.2亿人，其主要运营方式为分析其观看喜好、消费习惯，进行重度用户的针对性转化；对于人数最多的、达到2.4亿的轻度电竞用户来说，运营的主要目标落在兴趣深度培育的方面。电竞用户细分运营也可以将电竞用户按照生活态度、消费观念，以核心人群、次核人群、辐射人群进行层级划分。其中，核心人群大部分居住在一线城市，收入较高，以男性为主：他们享受当下，喜欢社交，向往挑战多变的生活，追求科技潮流，喜欢学习探索，接触电竞时间早，观赛频率高，追星行为及付费行为较多，这类是电竞最为核心的人群，也是目前较有粉丝经济和商业价值的群体。次核人群包括学生群体和居住于三线及以下城市、收入水平一般但安于现状、喜欢追随时尚潮流的用户：前者多在近两三年来开始关注电竞，观赛频率较高，电竞对他们而言，是可接近的偶像，是他们奋斗成长的目标，有更多线下观赛行为，既喜欢现场观赛，也喜欢去电竞馆、漫展等看电竞比赛转播；后者在电竞黄金时代开始观赛，目前电竞行为较为轻度，更多的是希望通过电竞找到志同道合的朋友，辐射人群则是包括居住在二线城市的白领、学生与知性轻熟女性：这类人通常受教育水平程度高，生活压力大，电竞于他们而言更多是生活的调剂品，是解压放松的方式。因此针对以上人群，在运营方式上也采用以核心人群为主，通过核心人群带动次核人群并吸引辐射人群更多关注电竞的方式来取得良好效果。

二、电竞赛事粉丝经济

2017年国际奥委会公开声明认可电竞是一项正式的体育运动，在2022年的杭州亚运会（已延期至2023年）上，电竞也将作为正式的比赛项目出现。总体看来，景观体育是以城市景观为背景或场地开展的、有组织的体育活动，电竞是孕育于景观体育市场化的产物。[①]也就是说，游戏场景及竞技体验的景观化和商业化形成了电竞在形态上的根本特点，而其直接面对的受众群体，则自然而然是游戏玩家。"电竞娱乐化"的过程也是"体育娱乐化"的过程，学者樊珍认为体育与娱乐的融合得益于国家政策的推动和粉丝经济的驱使。[②]对于电竞而言，"粉丝经济"有着与其他体育项目不同的特性。

（一）电竞产业的粉丝群体

电竞产业的粉丝群体是随着电竞产业化而逐渐壮大并成熟起来的受众群体。学者胡荻以粉丝视角为切入点研究了LPL赛事的粉丝生态，指出电竞粉丝生态的互动模式和逻辑核心是粉丝和赛事双方的固有价值传递，通过互动进一步加深粉丝对赛事价值、明星选手精神和社交福利的认可，并促进赛事、俱乐部和电竞媒体的发展。学者刘书彤认为在游戏设计、赛事直播与职业玩家的三重文本之下，电竞粉丝拥有包括体验者——游戏玩家、局外人——游戏观者及追随者——职业玩家粉丝的三重身份。[③]在早期，电竞粉丝群体就是游戏玩家群体中的一部分，其社群有明确的共享知识、趣味和玩家身份边界。在这一定义下形成的"粉丝经济"，可以被理解为"某一人群因爱好而消费，以情感纽带为联结基础，在满足个体情感需求的同时，也为社会创造了一定的经济利益"，而如今"游戏观者"与"职业玩家粉丝"这两重身份在电竞粉丝中体现得越发明显。前者的代表有不玩游戏却会看游戏直播或视频的"云玩家"，后者的代表有使电竞"饭圈化"的明星选手粉丝。

粉丝群体是电竞产业的主要消费来源，并且保持着极高的忠诚度。[④]学者樊珍借鉴营销学中有关顾客体验、品牌认同及购买意愿等相关的成果，将其应用于体育领域[⑤]，对观看KPL比赛的观众进行调查问卷的发放，运用数理统计的方法处理调查结果，从而对研究假设进行验证而得到研究结论：KPL观众的观感体验、情感体验、思考体验及

① 周细琴，李建国，王健.城市新形态：景观体育[J].体育文化导刊，2006（4）：14-16.
② 樊珍.KPL观众赛事体验、赛事认同及购买意愿的关系研究[D].硕士学位论文，上海体育学院，2020.
③ 刘书彤.体验者、局外人和追随者：三重文本下的电竞粉丝[J].新媒体研究，2020（18）：99-101.
④ 陈健珊.亚文化视角下"社群经济"营销现象探析——以我国电子竞技产业为例[J].现代营销（下旬刊），2021（1）：49-51.
⑤ 樊珍.KPL观众赛事体验、赛事认同及购买意愿的关系研究[D].硕士学位论文，上海体育学院，2020.

行动体验都对赛事认同和购买意愿具有显著的正向影响，同时，赛事体验可以通过赛事认同对观众的购买意愿产生正向的影响。学者石志浩经过实证研究得出结论：粉丝消费随着粉丝认同度的提高而提高。[①]俱乐部、游戏企业及广告商也在充分挖掘利用粉丝的商业价值，发展电竞的粉丝经济。学者胡荻则认为电竞粉丝生态的互动模式和逻辑核心是粉丝和赛事双方的固有价值传递，传递方式包括通过互动观赛系统、选手资源与媒体。[②]学者蔡骐总结了以偶像为核心的明星经济、围绕媒介内容的 IP 经济、以社群为核心的合伙人商业模式为三种典型的粉丝经济模式。[③]电竞的粉丝经济模式兼具明星经济与 IP 经济的特点。一方面，俱乐部及游戏企业会对电竞选手进行形象塑造与包装，积累商业价值。例如，KPL 冠军选手不仅会在 ALL STAR 颁奖典礼上高光亮相，还会接受大众媒体采访，参加综艺、宣传片、杂志拍摄，进行跨界合作。部分游戏公司也会开发虚拟偶像团体，将电竞文化与粉丝文化结合。2018 年，《英雄联盟》游戏公司打造了虚拟二次元女团 KDA 团体，旗下成员由阿狸、阿卡丽、卡莎和伊芙琳四位游戏角色所组成。POP/STARS 作为其出道专辑主打歌，一经推出，便在"世界数位歌曲销售""数位歌曲销售"榜单中分别拿下第 10 名、第 30 名的好成绩。《英雄联盟》制作公司相应在其游戏服务器中更新了 KDA 女团的新版游戏皮肤进行联动，也引起了广大《英雄联盟》玩家的追捧。[④]另一方面，游戏企业、广告商与俱乐部会充分利用 IP 价值，通过品牌联动、内容授权、开发衍生内容等方式产生商业价值。电竞赛事可以为赞助品牌提供定制服务，如定制包装、产品摆放、花式口播、场景演绎、场景植入等，例如 KPL 与清扬联动开展"618"电竞营销，将 KPL 具有辨识度的银龙标识与产品结合，推出清扬银龙装。战队 IP 也具有很高的商业价值。艺恩 2021 电竞圈层营销报告显示，玩游戏时购买喜欢战队的皮肤是电竞圈用户最常见的消费方式之一。

1. 云玩家

"云玩家"一词的出现是模仿"云计算"。云计算是依托网络端运行的技术，轻本地端、重网络端。云玩家则指不在本地端玩游戏，而通过网络看游戏视频或直播的群体。[⑤]

"云玩家"这一群体备受争议。一方面，他们为游戏带来了热度，是电竞粉丝中难以忽视的力量；但另一方面，他们会被真正的游戏玩家认为是纸上谈兵，以至于"云玩家"这一词汇在舆论中带有贬义色彩。但这一大群体的出现吸引了学者的关注，云玩家的参与形式与参与动机是否是一种新的数字化生活方式值得未来继续关注与讨论。

① 石志浩.电子竞技的战队认同度与粉丝消费的关系研究[D].硕士学位论文，上海体育学院，2020.
② 胡荻.电子竞技赛事的粉丝经济与生态[D].硕士学位论文，北京外国语大学，2019.
③ 蔡骐.社会化网络时代的粉丝经济模式[J].中国青年研究，2015（11）：5-11.
④ 徐越，付煜鸿.虚拟偶像 KDA 女团——电竞文化与粉丝文化结合的典型范例[J].新媒体研究，2019（3）：90-91.
⑤ 尚国强.新媒介技术环境下中国电子游戏文化研究[D].硕士学位论文，吉林大学，2020.

2. 饭圈化

伴随着电竞圈的不断发展，明星选手的地位不断提升，除了标志身价的数字外，便是数量越来越庞大的粉丝及越来越有序的粉丝组织——粉丝团。这些粉丝团是粉丝自发形成的有秩序及存在隐性等级的组织，互动性强，存在一定门槛，并且有固定产出的应援活动。[①]如今，知名战队和知名电竞选手都在微博有自己独立的超话和粉丝打榜活动。

"饭圈"让粉丝的参与度得以提升，粉丝群体与明星群体之间的联系不再局限于情感联结，更有在资本对粉丝劳动和粉丝经济的引导下产生的包括"打榜""超话""应援""周边"在内的一系列粉丝实践形式。学者顾向栋把饭圈的属性概括为"三高"，即高卷入性、高区隔性、高生产性。[②]在2019年微博之夜年度人物票选中，《英雄联盟》电竞选手简自豪（UZI）、明凯（Clearlove7）及姜承禄（The Shy）均进入前十，其中，选手简自豪共获得4.8亿票，夺得榜单第一的位置，在一定程度上体现了电竞选手的高流量曝光度及电竞粉丝数目。（图4-18）

图4-18　电竞选手简自豪（Uzi）获微博之夜年度人物票选冠军

饭圈化产生的流量经济能够为电竞产业的各个环节带来巨大的利益，并且引入大量的新消费者群体。2016年，《电子竞技》杂志将"迷妹"群体评选为年终人物，将其评价为"真正改变电竞盈利模式的群体"[③]，认为这一群体的出现扩展了电竞消费点，提升了非垂直赞助商对电竞的兴趣，[④]比如"迷妹"会愿意购买衣服、手办、零食、纪念册等周边；娃哈哈、可口可乐这类非垂直赞助商会因迷妹群体的存在，有更顺滑的消费理念去赞助电竞赛事。

① 杨直.小吕吕和Uzi粉丝团：进阶的电竞粉丝[J].电子竞技，2021（21）：50-53.
② 顾向栋.通过肖战浅析饭圈的属性、生产与权力结构[J].新闻研究导刊，2020：62-63.
③ 石翔.英雄联盟粉丝：新时代的文化社区[J].电子竞技，2017（21）：44-49.
④ 李楷平.迷妹：改变粉丝逻辑与电竞未来的一群人[J].电子竞技，2017（21）：10-11.

　　但电竞饭圈化也存在弊端。"女友粉""妈妈粉"等饭圈粉丝所带来的流量往往与选手的电竞实力无直接关系，饭圈文化让俱乐部开始专注于开发选手的人设、外貌，分散了选手的竞技注意力。部分饭圈粉丝在线上线下的出格行为也会引起其他电竞粉丝的不满。[①]

　　总之，游戏场景及竞技体验的景观化和商业化是电竞形态上的根本特点。电竞产业的粉丝群体随着电竞产业化而逐渐壮大并成熟，电竞的粉丝经济兼具明星经济与IP经济的特点，具有游戏玩家、游戏观者与职业玩家粉丝的三重身份。如今，电竞粉丝越来越饭圈化，正能量的"迷妹"成为一股不可忽视的力量。饭圈化产生的流量经济为电竞产业带来了巨大的利益，并且引入大量的新消费者群体，但也存在弊端与争议，如"非理智""更注重选手人设与外貌"等批评。俱乐部、游戏企业及广告商也在充分挖掘利用粉丝的商业价值，发展电竞的粉丝经济。

---

① 杨直.小吕吕和Uzi粉丝团:进阶的电竞粉丝[J].电子竞技，2017（21）: 50-53.

课后练习

一、判断题

1. 2017年，中国电竞赛事发展战略，以《英雄联盟》为例，进行了LPL联盟化与主客场制改革。（　　）

2. LPL赛事授权指的就是赛事版权。（　　）

3.《和平精英》职业联赛的赞助商档位分为首席档、战略档。（　　）

4. 电竞赛事的主客场制改革不利于电竞产业的地域化发展。（　　）

5. LPL的联盟化改革包括席位招标及升降级制度的取消等。（　　）

二、选择题

1. 2017年，在英雄联盟电竞战略发布会上，腾讯体育与拳头游戏中国团队公布了_____和_____两项重要改革措施。（　　）

A. LPL赛事品牌化与主客场制

B. LPL赛事赞助多元化与单循环赛制

C. LPL联盟化与主客场制

D. LPL联盟化与单循环赛制

2. LPL的联盟化改革是效仿传统体育的_____。（　　）

A. 准入经营赛制　　B. 特许经营赛制　　C. 特准经营赛制　　D. 招标经营赛制

3.《王者荣耀》赛事体系中最高级别的全国性专业赛事是_____。（　　）

A.《王者荣耀》职业联赛　　　　B.《王者荣耀》挑战者杯

C.《王者荣耀》世界冠军杯　　　D.《王者荣耀》甲级职业联赛

4. 电竞受众规模大，其用户画像主要有什么特点？（　　）

A. 年轻化　　B. 接受门槛高、接受度低　　C. 消费能力较弱　　D. 以上都是

5. 构成电竞赛事商业价值的有什么因素？（　　）

A. 赛事流量高　　B. 受众年轻化　　C. IP价值潜力大　　D. 以上都是

三、论述题

1.请你论述电竞赛事与传统体育赛事的商业化发展差异。

2.主场化改革对电竞赛事生态系统的构建有什么作用？

3.自电竞赛事联盟化改革以来，不少人持反对意见，他们认为升降级制度的取消会使得俱乐部缺乏忧患意识，使得战队竞争力下降。你赞同这种观点吗，为什么？

4.电竞俱乐部作为营利性质的企业主体，如何提升商业价值及打造品牌形象？

5.电竞用户是电竞产业中不可缺少的环节。如今各个电竞选手"后援会"等粉丝组织的出现，有人认为电竞圈层已经完成"饭圈化"。你如何看待这种观点？

6."电竞＋"的跨界合作频频出圈，电竞IP备受多元品牌赞助的青睐，商业价值凸显，你认为电竞IP的火热、对品牌的吸引力主要因素是什么？请举例说明。

参考答案

一、判断题

1.对　2.错　3.错　4.错　5.对

二、选择题

1.C　2.B　3.A　4.A　5.D

三、论述题

略。

第五章

下游链：中国电竞的媒介产业

Chapter 5

第一节 🌀 电竞直播平台的市场拓展与文化

　　中国电竞用户在有关信息接收渠道方面呈现出一定的特征。电竞直播平台、游戏官网、游戏客户端是电竞用户获取赛事信息的主要渠道。近年来，电竞发展之迅速在社交平台掀起一阵又一阵狂欢浪潮，代表中国的国家电竞战队在亚运会赛场的首次亮相，IG战队、FPX战队、EDG战队在英雄联盟全球总决赛夺冠，为电竞文化的传播提供了优质纯粹的本体资源。社交平台作为赛事信息分发推送的中介场所，在赛前、赛中、赛后都起着不可忽视的作用——用户群体从核心到广泛，赛事信息从源头获取到赛后传播，社交渠道都是最重要的一环。

一、历时层面：电竞直播市场发展历程

　　电竞直播市场作为产业链下游段，是连接电竞赛事内容及电竞用户的传播渠道。电竞直播使得电竞赛事内容有效触达电竞观众，为电竞产业提供流量及变现途径。

　　电竞直播成本主要在于带宽费用、平台运营及主播资源。盈利方式主要有四种：第一种是最直接地将直播内容提供给观众，产生观看量、热度等流量；第二种是会员与增值服务，除了开通专属会员特权等形式之外，观众通过充值购买虚拟礼物打赏主播，平台与主播进行收益分成；第三种为品牌广告合作，也是将流量变现的一大渠道；最后一种则是与游戏联动，以游戏联运的方式产生收益。

　　直播平台的出现弥补了早期中国电竞赛事因相关政策不足导致的电视与媒体的缺

位。中国的直播市场在2010年开始发展，各种游戏直播平台如斗鱼、虎牙、战旗、火猫、熊猫等平台兴起，并实现连年扩张。早期的游戏主播主要是业余电竞爱好者，以游戏教学视频引领流媒体市场。而随着直播平台的兴起，流媒体上的游戏教学视频被取代，中国电竞俱乐部赢得早期关键电竞赛事后，以职业电竞玩家为主的头部主播出现，可以说中国的电竞市场与直播市场紧密相连。超过80%的电竞用户喜好观看电竞赛事和电竞直播，根据新浪游戏联合微热点大数据研究院联合推出的《2020年中国电竞行业网络关注度分析报告》，2020年，我国游戏直播平台市场规模超过300亿元，游戏直播用户规模达到3.8亿人，日均信息量达189.1万条。

事实上，游戏直播行业并非与中国电竞行业发展完全同步，它分为萌芽期、增长期、爆发期及成熟期。（表5-1）

表5-1　中国电竞行业与游戏直播行业发展对照表

年份	中国电竞行业发展		游戏直播行业发展
1998		首次组织非官方《星际争霸》在线冠军赛。	
1999		首次举办官方《星际争霸》大赛。	
2001		中国选手首次在世界电子竞技大赛中获得团体冠军。	
2002		中国首次举办美年达电子竞技大赛。	
2003	萌芽探索期	1. 电子竞技被国家体育总局认定为第99项正式体育项目。 2. "CCTV体育"频道推出《电子竞技世界》。 3. 中国电竞选手在世界电子竞技大赛（WCG）上获得三金一银一铜。	/
2004		1. 首届全国电子竞技运动会开幕。 2. 中国广电总局正式发布《关于禁止播出电脑网络游戏类节目的通知》。	
2005		Sky（李晓峰）成为中国获得WCG冠军第一人。	
2006	发展寒冬期	/	发展萌芽期 1. 电竞赛事催生直播需求。 2. 一些直播网站的前身已经出现。
2007		/	
2008		面对全球性经济危机，众多电竞俱乐部难以支撑，许多世界赛事停办。	

年份	中国电竞行业发展		游戏直播行业发展	
2009	发展回暖期	1. 国家体育总局信息中心成为电子竞技新的主管部门。 2. WCG 于四川成都举行。	发展萌芽期	1.电竞赛事催生直播需求。 2.一些直播网站的前身已经出现。
2010		腾讯电竞运动会（TGA）正式亮相。		
2011		/		
2012		英雄联盟职业联赛（LPL）成立。		
2013		/		国家执行"光进铜退"政策，通过提升网速催生主播。
2014		/	发展增长期	1.虎牙从 YY 中独立。 2. ACFUN 生放送直播从 2014 年 1 月 1 日起正式更名为斗鱼 TV。
2015	发展爆发期	1.KPL（《王者荣耀》职业联赛）诞生。 2. 电子竞技再次被提名为 2020 年奥运会比赛项目。		/
2016		英雄联盟世界总决赛在北京鸟巢举行。	发展爆发期	市面上出现直播平台百家争鸣的情况，直播平台大战打响。
2017		/		/
2018		1. 全球电竞运动领袖峰会在中国海南博鳌召开。 2.11 月，中国 IG 战队夺得英雄联盟全球总决赛冠军。		1.腾讯入股斗鱼、虎牙。 2.虎牙上市。
2019	发展成熟期	中国 FPX 战队夺得英雄联盟全球总决赛冠军。	发展成熟期	1.斗鱼上市。 2.熊猫直播退出市场。 3. B 站直播与快手直播后来居上。 4.斗鱼、虎牙占领大多数市场份额，呈现"双寡头"局面。

二、共时层面：电竞直播平台总体形势

（一）"两超多强"的竞争格局

若以各电竞游戏直播平台的融资规模、用户规模、平台活跃度等方面的数据为依据进行梯队划分，目前国内直播平台以虎牙、斗鱼为头部直播平台，其在下游电竞直播市场份额分别超过40%和30%，排名第一、第二，合计超过70%。[①]（表5-2）哔哩哔哩、快手直播等直播平台紧随其后，形成"两超多强"的竞争格局。

表5-2 2020年中国现存直播平台（不完全统计）

类别		名称	在游戏直播方面拥有较大影响力	备注
综合类	主推游戏	斗鱼直播	√	目前游戏直播行业斗鱼、虎牙呈现"双寡头"格局
		虎牙直播	√	
		快手直播	√	原身为短视频平台
		哔哩哔哩直播		千万级别主播仅老番茄一位
		龙珠直播		所占市场份额较小
		网易 CC 直播		
		Now 直播		
	主推娱乐	YY 直播		历史最为悠久
		花椒直播		在娱乐类直播中是领先的
游戏类		战旗直播		所占市场份额小
		火猫直播		
娱乐类		美拍		主推短视频
		六间房		
		KK 直播		
		酷狗直播		
		一直播		
体育类		企鹅体育		
		PP 体育		
		章鱼 TV		
购物类		淘宝		其他电商平台更多存在于移动端，且不仅限于购物类 APP
		蘑菇街		

---

① 来源于国家市场监督管理总局《市场监管总局依法禁止虎牙公司与斗鱼国际控股有限公司合并》报告。

类别	名称	在游戏直播方面拥有较大影响力	备注
企业类	好视通		
	目睹直播		
	钉钉		
注：只存在于移动端的直播平台未记录。			
游戏直播影响力判断标准：1.（工作日＋工作时）存在游戏直播窗口在线人数百万以上。 2. 存在千万级别的游戏主播。 3. 竞技类游戏主播符合以上要求。 （一切判断以直播平台显示数据为依据）			

数据来源：头榜。

虎牙直播与斗鱼直播作为电竞直播行业龙头，都以游戏直播为核心，直播内容多元化，覆盖多种类型和内容，包括电竞、美食、体育及秀场等。在游戏直播方面，也包括端游电竞游戏、手游电竞游戏及单机游戏等，游戏内容覆盖《英雄联盟》、*DOTA 2*、《炉石传说》、《王者荣耀》等。根据2021年中国直播平台APP活跃用户数，虎牙与斗鱼两个直播平台分别以2690万及2366万月活跃用户位列第一与第二，形成断层。（图5-1）。

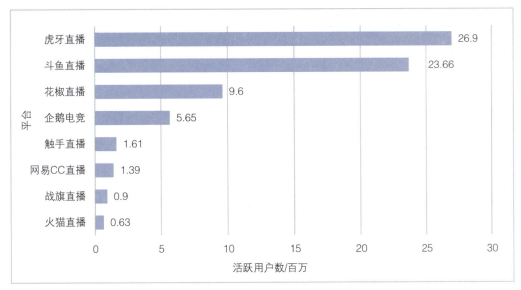

图5-1　2021中国直播平台APP月活跃用户排名
（数据来源：Statista）

虎牙直播前身为YY直播，是中国第一个游戏直播平台，网站创建于2011年，隶属于欢聚时代，2014年11月24日更名为虎牙直播，开始独立运营。虎牙直播拥有规模最大、最活跃的游戏直播社区，产品覆盖PC、Web、移动三端。虎牙拥有丰富的游戏资源，如《英雄联盟》《王者荣耀》《球球大作战》等。游戏直播内容包括主播、官方赛事与自办赛事。虎牙通过全明星主播战略汇聚了众多世界冠军级战队和主播，如4AM（绝地求生战队）、FPX（英雄联盟战队）、韦神（绝地求生选手）等。同时，虎牙直播注重主播资源，如2016年2月和6月，虎牙直播分别以近一亿元人民币签下电竞主播韩懿莹和电竞主播王涛涛夫妇。（图5-2、表5-3、表5-4）

图5-2　虎牙直播标识

表5-3　虎牙融资历程

披露日期	交易金额（美元）	融资轮次	估值（美元）	比例（%）	投资方
2020-04-03	2.626亿	股权融资	–	–	腾讯投资
2018-05-11	1.8亿	IPO上市	–	–	公开发行
2018-03-09	4.6亿	B轮	13.29亿	34.6	腾讯投资
2017-05-17	7500万	A轮	–	–	平安创新投资基金、高榕资本、亦联资本、晨兴资本、欢聚时代董事会主席李学凌、虎牙直播CEO董荣杰
2017-01-05	未披露	Pre-A轮	–	–	欢聚时代
2005-04-01	100万	天使轮	–	–	天使投资人雷军

表5-4　虎牙2020年7月至8月的数据

收益礼物（元）	8亿4809万
弹幕总数（条）	13亿5514万
日均活跃土豪人数	14.25万
日均活跃观众人数	677.52万
日均送礼人数	298.80万
日均弹幕人数	478.70万
活跃主播人数	60.13万
主播平均收入（元）	1410.40

斗鱼直播前身为生放送直播（ACFUN），内容包括游戏、娱乐、综艺、体育、户外

等多种内容，游戏为其核心。斗鱼通过娱乐新媒体、游戏及产品分发渠道、优质视频等直播运营模式，与各个方面联动，主要内容包括斗鱼+"大众创业、万众创新"、斗鱼+生活、斗鱼+游戏、斗鱼+娱乐、斗鱼+体育竞技、斗鱼+就业等。

斗鱼（图5-3、表5-5、表5-6）与虎牙经常放在一起比较，但由于斗鱼与虎牙均为综合类直播平台，内容也较为相似，且皆为行业翘楚，他人在比较时往往会带上主观因素，如"娱乐性""热度夸张程度"等难以依靠具体数据支撑的比较项，再加上两者的动态变化的升值潜力，因此很难分辨在现在或是未来，虎牙与斗鱼究竟是谁优于谁。

图5-3　斗鱼直播标识

表5-5　斗鱼融资历程

披露日期	交易金额	融资轮次	估值	比例	投资方
2019-07-17	8.59 亿美元	IPO 上市	–	–	公开发行
2018-03-08	6.3 亿美元	E 轮	–	–	腾讯投资
2017-11-20	10 亿元人民币	D 轮	–	–	招银国际资本、南山资本
2016-08-15	15 亿元人民币	C 轮	–	–	凤凰投资、腾讯投资、红杉资本中国、南山资本、国中创投、深创投、时尚资本、嘉远资本、融玺创投
2016-03-15	1 亿美元	B 轮	10 亿美元	–	腾讯投资、红杉资本中国、南山资本等
2014-09-17	2000 万美元	A 轮	–	–	红杉资本中国
2014-04-01	2000 万元人民币	天使轮	–	–	奥飞娱乐董事长蔡东青

表5-6　斗鱼2020年7月至8月的数据

收益礼物（元）	7 亿 7481 万
弹幕总数（条）	15 亿 5506 万
日均活跃土豪人数	9.10 万
日均活跃观众人数	2493.64 万
日均送礼人数	219.69 万
日均弹幕人数	2351.17 万
活跃主播人数	57.13 万
主播平均收入（元）	1356.16

2. 直播内容资源竞争，需差异化运营

直播平台是一种基于UGC、PUGC的新的媒介组织形式，平台化后的电竞直播平台成为产业内部资源板块的调节者，通过主播—观众的核心资源链条整合完成内容生产与消费。各直播平台在面对直播平台选择多样、竞争较大的格局下，也在积极寻求各自差异化直播模式。对于直播平台而言，首先，需要优化用户使用体验，创新直播内容运营模式；其次，应当以内容为核心，实现直播内容特色多元化发展。作为直播平台，其核心资源在于主播的数量及质量。虎牙与斗鱼分别与顶尖电竞战队、知名大主播等签约，持有强大主播资源。（表5-7）

表5-7 虎牙、快手、斗鱼三个直播平台头部主播资源（数据统计截至2021年8月）

平台	主播 id	身份	归属游戏	订阅数量
虎牙	张大仙	主播	王者荣耀	1741.19 万
	DK- 不求人	主播	和平精英	1125.13 万
	卡尔	主播	英雄联盟	1105.14 万
	Uzi	主播	英雄联盟	1134.2 万
	DK- 晚玉	选手	和平精英	438.53 万
快手	牧童❤和平精英 – 童家堡	主播	和平精英	3590.9 万
	王者荣耀九天狐『B+』	主播	王者荣耀	1701.40 万
	CF 威廉 ※ 游戏主播	主播	穿越火线	616.50 万
	王小歪✦和平精英	主播	和平精英	1591.20 万
	王者荣耀启明【全能王】	主播	王者荣耀	640.20 万
斗鱼	Big 茄子	主播	CS:GO	497.21 万
	yyfyyf	主播、职业选手	DOTA2	249.89 万
	陈死狗 cnh	主播	绝地求生	474.22 万
	东北大鹌鹑	主播	英雄联盟	1067.97 万
	智勋勋勋勋	主播	英雄联盟	1093.43 万

此外，赛事版权也是直播平台竞争力的关键。拥有赛事转播权意味着能收获大量电竞赛事观众基础。虎牙直播则拥有《英雄联盟》LCK（韩国职业联赛）、LCS职业联赛、LEC职业联赛及LPL赛事A档版权等重要赛事的版权；斗鱼直播也拥有《英雄联盟》LPL赛事A档版权及《王者荣耀》KPL赛事版权；哔哩哔哩直播平台则与拳头游戏达成《英雄联盟》全球赛事战略合作，以8亿元拍卖价格获得中国大陆2020年至2022年3年S赛独家转播权。（表5-8）

表5-8　国内较大游戏直播平台与2020年重要电竞赛事版权

直播平台	2020年重要电竞赛事版权
虎牙直播	《英雄联盟》LCK、LCS、LEC 赛事独家版权 《英雄联盟》LPL 赛事 A 档版权 《王者荣耀》KPL 赛事版权
斗鱼直播	《英雄联盟》LPL 赛事 A 档版权 《王者荣耀》KPL 赛事版权
快手直播	《英雄联盟》LPL 赛事 B 档版权 《王者荣耀》KPL 赛事版权
哔哩哔哩直播	2020—2022《英雄联盟》总决赛独家版权，8 亿元

第二节　电竞媒体的内容生产与传播

由于政策影响，电竞自媒体作为电竞内容的另一主要传播形式也起到不可忽视的作用，电竞媒体的出现是电竞娱乐化发展的结果。电竞爱好者们对电竞的需求并不仅限于观看惊心动魄、屏息凝神的赛事，而更期待于追求选手在舞台背后的形象与故事，以及电竞选手和解说们在综艺、脱口秀中的另一种表现。电竞纪录片、电竞脱口秀、访谈节目等多种形式的电竞衍生节目不断出现，专业化的电竞媒体也由此出现。

一、电竞自媒体

电竞自媒体通过微博、微信公众号等各大社会网站搬运最新电竞资讯，包括赛程预告、赛事结果、版本更迭等竞圈资讯。例如玩加电竞作为专业电竞自媒体，在及时整合提供电竞最新咨询的同时，也会产出优质电竞内容及策划原创节目《玩加出品》，玩加电竞仅"英雄联盟"项目官方微博粉丝数已超过800万人，与之对接的同类型电竞自媒体"兔玩游戏"粉丝数也已近900万人。（图5-4、图5-5）

图5-4 玩加电竞微博截图　　　　　图5-5 兔玩游戏微博截图

在以电竞内容为主体的公众号方面，以"人民电竞""腾讯电竞""电子竞技"公众号最为突出，现结合三者成立以来的相关报道，对其内容和特点进行简要分析。

（一）"人民电竞"公众号

"人民电竞"公众号始创于2017年9月30日，是人民网旗下人民体育打造的电竞运营平台，致力于挖掘电竞人物故事，进行深度分析和价值定位，彰显出人文特色。公众号同时发布丰富多彩的电竞资讯和电竞政策解读，以打造中国电竞传媒领域最具权威性、最具影响力的传播发布平台。

从文章类型上，对"人民电竞"2017年9月以来的1048篇文章以人物专访及叙事文章、分析性的评论文章、新闻性的简要报道、新闻性的深度报道、转载文章及其他的维度进行分类，发现以新闻性的报道居多，占总体的40.3%。其中以少于300字、表述事件本身的报道为简要报道；超过300字、包含背景阐述和自身解读的报道为深度报道。经过分析，可得2017年9月至12月的7篇新闻性报道全为深度报道；2018年全年的67篇报道中，简要报道占15%，深度报道占85%；2019年全年的145篇报道中，简要报道占19.3%，深度报道占80.7%；2020年全年的146篇报道中，简要报道占46.6%，深度报道占53.4%；2021年初至2021年4月的58篇报道中，简要报道占41.4%，深度报道占58.6%。由此可以看出，"人民电竞"的新闻报道中以深度报道居多，但随着时间的推移，简要报道的比重也有所上升。对文章内容进行分析，2018年简要报道比重提升的原因主要是开设了"快讯"的专栏，主打新闻时效性来进行简要的新闻报道；而2020年起，公众号推出"人民周刊·周报"和"人民周刊·周中报"的栏目，对大事件的简要信息进行集锦性的放送。而同时，人民周刊的深度新闻报道内容丰富、质量上乘，简要报道和深度报道相结合，构成了"人民电竞"公众号独特的信息发布路径。

"人民电竞"公众号从创立之初便重视信息的深度理解和整合发布，产出了大量优质的分析性的评论文章来探究电竞行业的事件对各个领域的影响，这一类型的文章大致占2017年9月至2021年4月的推文总数的22.4%。公众号曾经开辟"人民电竞·观察""人民电竞·特评"等栏目重点产出评论，从总结《英雄联盟》游戏在日本的发展，到提出电竞"资本论"探讨每一支S7队伍背后不同的资本；从看到成都电竞生态无限风光下的隐患，到指出电竞行业存在的不正当的陪玩现象，人民电竞通过多领域的评论分析电竞发展业态，也反思其需要注意之处，具有深远意义。

人物专访及叙事性的文章，在"人民电竞"的文章中占比30%，为重要组成部分。其中，2019年以前的文章多为从第三视角去描述电竞选手的故事；而2019年起，公众号逐步推出了"人民电竞·独家专访""人民电竞沙龙"等栏目，以直接对谈、现场问答的方式与电竞代表人物如JDG肖恩妮、Newbee佟鑫等进行沟通，明晰电竞现状、构想电竞未来。

纵观公众号长期的发展，"人民电竞"以深度的探寻为主，结合自身特点开辟特色栏目，产出了定位清晰、质量上乘的系列文章。设置年度总部总结和国庆系列专题、打造原创性栏目"人民电竞·闲聊会"，以让记者们分享多元化个人观点，都彰显出"人民电竞"的独特性和在电竞领域潜心观察的活力，这也构成了公众号的独特业态。

总体而言，"人民电竞"公众号兼顾专访、讨论、分析、新闻报道，而不只是简单进行新闻的搬运，在选题和成文上多样化且别具内涵。在"人民电竞"的多次征稿要求中，也曾明确提及作者可以聚焦于电竞行业中的人，讲述单场比赛背后的故事，实地探访电竞相关的业态，来彰显有关电竞的多方面内容，是范围广、受众多的高质量公众号。

（二）"腾讯电竞"公众号

成立于2016年12月9日的腾讯电竞是中国颇具竞争力的电竞品牌，其业务主要从2010年以腾讯电竞运动会（TGA）开始布局。纵观成立以来的文章内容，腾讯电竞将电竞产业定位为基于游戏又超越游戏的集科技、竞技、娱乐、社交为一体且兼具商业属性和用户价值的数字娱乐文化体育产业。

从文章类型上，对2017年4月以来的1521篇文章以人物专访及叙事文章、分析性的评论文章、新闻性的简要报道、新闻性的深度报道、转载文章及其他的维度进行分类，发现大部分为新闻性的报道，占总体的72.8%，叙事性和评论性的文章分别占13.5%和8%，其他维度的文章包括节日、周年庆的受众互动文章、电竞相关招募信息的发布等。

对"腾讯电竞"的文章进行新闻性题材的分析，发现2017年9月至12月的42篇新闻性题材的文章中，简要报道占比2.3%，深度报道占比97.7%；2018年全年的227篇新闻性题材的文章中，简要报道占比7.4%，深度报道占比92.6%；2019年全年的324篇新闻性题材的文章中，简要报道占比1.9%，深度报道占比98.1%；2020年全年的397篇新闻性题材的文章中，简要报道占比2%，深度报道占比98%；2021年初至2021年4月的118篇新闻性报道，更是全为深度报道。结合文章内容可以看出，"腾讯电竞"在资讯的发布方面注重信息的整合而非简单表述，深度报道占绝对比重，即使是赛事回顾类型的总括性文章及重大事件预告的推送也依旧会有细节的分析，信息量大，可信度高。

在叙事性文章中，"腾讯电竞"以直接的人物专访为主要内容，依托于其开设的"大咖夜谈"和"电竞星动态"等栏目，采访到了包括投资者、领导者、选手、后勤人员等诸多身份的对象，展现出视角的多样性；而同时，"腾讯电竞"注重挖掘人物背后的故事，如推出了"亚运故事""2020电竞正青春"等系列，进行深入挖掘。

从2018年起，"腾讯电竞"出现转载文章，转载的主体多样，官方媒体有中国文化报、新华网等，新闻媒体有澎湃新闻、腾讯体育、体育圈人、第一财经等，电竞相关的平台有人民电竞、电子竞技周刊、心竞会等，转载的内容多为评论性文章，同时有对电竞知名人物的采访和对谈，阐述电竞发展的未来趋势，兼具官方平台对电竞相关政策的解读。

值得一提的是，"腾讯电竞"在文章选材中，在对政策发布、资本注入等重大事件不遗漏的同时，与体育赛事始终保持密切联系，在2017年至2021年4月的文章内容中，一方面对电竞成为重大体育赛事项目的过程进行了近20篇的跟踪报道，一方面也会有部分内容聚焦于国足、女排等其他赛事，与邓亚萍、陈一冰等其他领域的体坛名将进行对话。从2019年提出要围绕体育化更"竞"一步的战略开始，腾讯电竞致力于从专业而全面的电竞赛事、电竞人才培养、电竞生态构建、用户价值体现等多层面为中国电竞成长乃至体育行业的发展提供更多助力，从而推动电竞一步步成为被社会认可的体育运动。

总体而言，"腾讯电竞"公众号以赛事为主要导向进行较为完整的新闻整合，挖掘赛事背后的故事，思考电竞发展的政策趋势，与腾讯游戏用户的关注内容相契合，赛事分析到位，兼具社会责任。

（三）"电子竞技"公众号

《电子竞技》杂志于2005年创刊，是经中华人民共和国新闻出版总署批准的电子竞技、游戏类的唯一一本中央级专业杂志，也是行业内唯一具有独立新闻采编权的全媒体平台。2012年，产生了依托于杂志的"电子竞技"的微信公众平台以作为更符合当代内容传播趋势的网络传播渠道，公众号文章主要内容在于针对行业事件的快速评论和聚焦行业某一部分的非虚构报道，以调查见深度，以分析见独家，以商业故事见功力，通过相对较为成熟稳定的渠道来为电竞爱好者服务，同时通过行业榜单、报告制作、参与主管单位关于电竞行业相关政策研讨、参与行业规则制定等工作来推动行业的发展与变革。

在公众号形成早期，主要内容以新闻短讯为主，更新频率高，同时也利用平台资源对代表人物进行采访。对2014年公众号发布的文章类型进行分析，新闻性推文占比为81.5%，其中只阐述事件本身的短讯占80%，而带有背景分析、观点意见的深度新闻报道占20%；人物专访占比8%，以直接的访谈和提问为主要形式。在电竞的发布内容中，对媒体的转载亦不可忽视，依托于平台优势，它能够得到新华网、市场星报、河南商报、东莞时报的授权，进行信息的多方汇总呈现，从而更好地梳理电竞发展的过程。

而在2017年之后，公众号的脉络更为清晰，形成了更为系统的栏目。在分析性的评论文章中，2017年形成了"年度回顾趋势""直言不讳""快评""短评""半年总结"等栏目，产出了135篇文章；2018年形成了"快评""记者观察""直言不讳"等栏目，共产出130篇文章；2019年保留上述这三个栏目，产出了81篇文章……在新闻性的简要报道方面，除了对日常新闻的实时放送，也有了"每周划重点"的固定栏目。在新闻性的深度报道方面，2017年确立了"封面故事"专栏，同时陆续形成个人主导的剖析类栏目"女文青写""杰德发言"和"左眼"。在人物专访模块，2018年确立了"人物"专栏并一直延续，在2018和2019年打造了"编辑部训练营"，促进主编们进行人物导向的写作训练以提升专业素养。由此，电子竞技周刊的内容多样，且形成了较为成熟的产出体系。

对电竞的关注者进行画像分析，发现其关注者以男性为主，年龄大部分在26—35岁之间；在地域分布上，广东省的用户数最多，北京、上海、江苏、浙江的用户数量较多，产生了相对稳定的粉丝业态。而基于目前信息传播互联网化的业态，"电子竞技"的公众号发声渠道的重要性更加凸显，杂志实体刊物通常会在公众号的基础上进行内容汇编。总体观之，"电子竞技"公众号有着多样化的信息来源、多层次的栏目体系和广泛的业界知名度，全方位地诠释电子竞技运动、电竞产业相关内容，让具有中国特色的竞技文化贯穿电竞始终。

（四）对比总结

基于文章内容对"人民电竞""腾讯电竞""电子竞技"进行对比分析，三个公众号作为电竞领域最具有影响力的媒体平台，侧重有所不同："人民电竞"聚焦于深度的挖掘，同时打造系列栏目进行主题放送；"腾讯电竞"与腾讯平台的相关资源联系紧密，产出了诸多赛事报道，也追踪电竞成为官方体育运动的过程，围绕体育化来更"竞"一步；"电子周刊"放送更多的时事新闻，有更丰富的消息来源，近年来形成了较为固定的栏目。三者聚焦于电竞领域的发展，都致力于传播电竞正能量，让更多人参与到电竞运动中来，为电竞行业的发展提供新动能。

三个平台并不完全独立，如"人民电竞"和"腾讯电竞"平台在2019年4月形成了合作，以腾讯电竞旗下的《王者荣耀》大众赛事体系中的"王者荣耀城市赛"、FIFA Online4等赛事作为切入口，深耕电竞体育化与城市文化相结合，在全国多个城市打造集电竞、城市文化、大众娱乐、教育等方面的创新生态模式；"电子竞技"公众号也会对"人民电竞"和"腾讯电竞"的文章进行转载，丰富自身内容，加大宣传力度。三个平台发挥各自的优势整合资源，在电竞飞速发展的现状下帮助产业稳中求进，良性发展，促进电竞赛事的深度化、广度化传播，汲取经验，勇于创新，促进电竞行业的持续性发展。

二、电竞试听综艺与节目

众多电竞衍生节目不断出现，一方面积累了电竞粉丝经济，另一方面也有效推动了电竞文化与电竞精神的传播，一定程度提升了社会对电竞的认知度。例如《电子竞技在中国》纪录片（图5-6），主要由央视发现之旅与腾讯电竞联合拍摄，并在2020年3月正式播出，以第一集标题"不只是游戏，是体育，是艺术，也是文化"为主旨，展示了电竞发展历程及行业现状，有效改变了电竞被污名化的负面形象。

图5-6 《电子竞技在中国》纪录片

《电竞进化论》也与《电子竞技在中国》类似，是一部记载了电竞发展历程的纪录片，分别讲述了载入史册的传奇选手、呼风唤雨的游戏主播、百万流量的网红IP、掌握次元的C全大佬，以及千万收益的电竞产业五大部分，梳理了电竞产业发展脉络。除此之外，还有《来者何人》等电竞衍生节目，几乎都收获了相当高的关注度，提升了大众对电竞的理解。

　　与此同时，以电竞为主题的综艺节目同样也占据了大众的视野，一类是"综艺电竞化"，套用传统综艺制作流程，通过让明星艺人参与热门电竞游戏，完成内容策划。如《王者出击》是一档根据《王者荣耀》游戏改编的明星真人实景对抗性节目，由4位艺人分别率领风、林、火、山4支战队，基于5V5"车轮战"赛制，进行真人对决，通过明星和电竞的联动来保障收视。还有一类是"电竞综艺化"，以电竞为绝对内核，节目设计多以电竞圈的内部梗为创作灵感，邀请职业选手参与从而在受众上垂直电竞玩家，比如《英雄联盟拜年秀》《怦然行动》等，都是通过电竞选手的故事、当下流行话题等进行游戏策划。通过推出电竞综艺，电竞也为更多人所了解。

课后练习

一、判断题

1.目前，中国国内游戏市场以腾讯游戏、网易游戏以及英雄互娱三家企业为头部游戏厂商，此外巨人网络、小米互娱等游戏厂商也逐渐涌现。（　　）

2.腾讯游戏举办了许多重要的赛事：KPL（《王者荣耀》职业联赛）、KCC（《王者荣耀》世界冠军杯）和KOC（王者城市赛），LSPL（《英雄联盟》甲级职业联赛）和LPL（《英雄联盟》职业联赛）。（　　）

3.腾讯游戏的第二波发展热潮开启于2010年。（　　）

4.2019年，腾讯发布以"游戏热爱者"为品牌主张的全新品牌体系。（　　）

5.在游戏营销布局策略上，网易游戏主要采取拉式策略，即采取间接方式，通过广告和公共宣传等措施吸引消费者。（　　）

6.腾讯游戏是中国最早自主研发3D游戏引擎的游戏企业。（　　）

7.受益于《崩坏3》数据向好，截至2020年11月底，米哈游已晋升为中国手游发行商收入榜第3名，仅次于腾讯、网易。（　　）

8.2020年营业收入最高的五家游戏公司分别是腾讯、网易、世纪华通、三七互娱、哔哩哔哩。（　　）

9.*DOTA2*、*CS:GO*在中国大陆的独家运营商为完美世界。（　　）

10.网易较早地布局海外游戏市场，与腾讯侧重利用投资型方式进入国际市场相同。（　　）

二、选择题

1.世界上第一款电子游戏《阴极射线管娱乐装置》诞生于（　　）

　　A.1947年　B.1957年　C.1958年　D.1964年

2.《王者荣耀》改变了传统的游戏体验方式，将_____与_____相结合，适应了新型的游戏社交需求。（　　）

　　A.竞技 娱乐　B.竞技 社交　C.娱乐 社交　D.娱乐 赛事

3.在我国电竞产业链上游段，以下说法错误的是（　　）

　　A.中国各大头部游戏厂商保持着领先地位

　　B.整体收入上升趋势明显

　　C.游戏行业集中度高

　　D.热门电竞游戏多为自主研发

4. 以下属于腾讯自主研发的游戏是（　　　）

　　A.《凯旋》　B.《英雄联盟》　C.《地下城与勇士》　D.《和平精英》

5. 以下属于网易自主研发的游戏是（　　　）

　　A.《魔兽世界》　B.《炉石传说》　C.《无限对决》　D.《夺宝联盟》

6. 对于腾讯游戏说法正确的是（　　　）

　　A. 2008年，腾讯签约MOBA类网游《英雄联盟》，并收购了这款游戏的的开发者——美国拳头公司，确立了其在游戏领域的地位

　　B. 2008年，腾讯游戏跃居国内游戏市场收入第一，此后一直在中国游戏市场上占据最高的市场份额

　　C. 2015年，《王者荣耀》在Android、iOS平台上正式公测，到2016年，《王者荣耀》的日活跃用户数量超过4千万

　　D. 2017年，腾讯游戏收购Supercell，并将《全民突击》引进国内市场

7. 以下游戏属于完美世界代理的有（　　　）

　　A.《风暴英雄》　B.《星际争霸》　C.CS:GO　D.《英雄联盟》

8. 对于网易游戏，以下说法错误的是（　　　）

　　A. 2000年，网易成立了在线游戏事业部

　　B. 网易成功推出的《大话西游》是中国第一款大型多人在线游戏

　　C. 自研IP产品是网易游戏营收的强力支撑

　　D. 作为中国领先的游戏开发公司，网易一直处于注重网络游戏的自主研发

9. 对于完美世界，以下说法错误的是（　　　）

　　A. 完美世界游戏是中国最早自主研发3D游戏引擎的游戏企业

　　B. 2005年，自研3D画面MMORPG游戏《完美世界》公测正式启动

　　C. 2007年，《诛仙》正式公测，之后的几年里，《赤壁》《口袋西游》《新倩女幽魂》等游戏陆续上市

　　D. 同网易一样，完美世界也更加偏重于自研IP游戏的发展

10. 对于米哈游，以下说法错误的是（　　　）

　　A. 米哈游始终坚持深耕二次元文化行业，通过《崩坏学园》系列爆款游戏，原创知名IP"崩坏"并积累大量核心粉丝用户

　　B. 围绕"崩坏"IP，积极布局漫画、动画、轻小说等互联网文化产品，搭建集内容创作、品牌推广、线上线下交互为一体的二次元文化产业链。

　　C. 米哈游通过互联网进行二次元文化传播，各类产品对"崩坏"IP属性相互渗透并不断深化，人物角色、世界观体系、故事主线等相互统一，逐步形成优质IP产品生态圈

　　D. 受益于《原神》数据向好，截至2020年11月底，米哈游已位居中国手游发行商收入榜第2名

参考答案

一、判断题

1.错　2.对　3.错　4.错　5.对　6.错　7.错　8.对　9.对　10.错

二、选择题

1.A　2.B　3.D　4.D　5.C　6.A　7.C　8.A　9.C　10.D

思考题：

当探讨我国政府和腾讯电竞在实施电竞平台化基础设施与其搭建多边的基础设施平台化时，它们各自扮演的角色是什么？

中国电竞的伞状结构：平台化设施与设施平台化
赵瑜佩　林仲轩

自中国政府宣布将建设世界体育强国以来，中国对其网络和手机游戏行业进行了根本性的改革。本研究聚焦平台管理与平台资本主义背景下中国电子竞技运动（电子竞技）的可持续发展。本文采用平台边界分析、政策文件分析、金融数据分析和民族志访谈这四种研究方法，研究国家监管与商业化、专业化过程所引起的权利交互和权力流动。为了支撑我们的观点，即"虽国家和企业两者间有根本不同使命，但却是相互建构的"，本文借鉴Plantin等学者提出的关于基础设施平台化和平台基础设施化的概念进行深度分析。

一、中国电竞的伞状结构

（一）"伞布"：基础设施监管平台化

中国电子竞技具有娱乐性、媒体性和体育性，因此受到各种政策的显著影响。然而，我国电竞产业的崛起并非一帆风顺。本研究发现，中国的电竞产业呈现出伞状结构，其中政府部门负责监管、引导电竞产业发展，不仅对电子竞技与电子游戏的生命周期和成长范围起着决定作用，还进一步型塑着产业链生态，因此发挥着"伞布"的功能。具体而言，六大部门（公安部、文化部、教育部、体育局、国家发展和改革委员会、国家新闻出版署）针对游戏内容、游戏发行、竞技赛事、相关教育、教练和运动员培训等方面出台政策并履行职能。

政府部门的"伞布"功能从电子竞技的内容传播路径就可见一斑。2003年，《电子竞技世界》在CCTV-5频道播出。然而，随着国家新闻出版总署发布网络游戏禁令，《电子竞技世界》节目也因此停播。受该禁令影响，自2004年以来，电子竞技的内容传播仅限于互联网。这也导致了电竞产业市场价值链的重大变化，并使得中国的电竞内容传播模式与由电视转播游戏视频的韩国截然不同。2004年至2015年，中国电子竞技的成长和发展经历了一个曲折的历程（表5-9），直到2008年国家体育总局对中国现有体育项目进行了审查，并将电子竞技重新定义为第78个正式认可的体育项目，中国电子竞技境遇才有所好转。

表5-9　2003—2015年中国电竞行业重大政策事件概览

日期	事件
2003 年 11 月	电子竞技成为国家体育总局认可的第 99 个正式体育项目。
2004 年 2 月	首届中国电子竞技运动会举行，由国家体育总局支持，中国电子竞技联盟承办，体育网（www.sports.cn）为总代理。
2007 年 2 月	魔兽世界选手李晓峰（Sky）未能入选体育界最具影响力人物之一。
2007 年 10 月	电子竞技亮相第二届亚洲室内运动会，这是电子竞技首次被纳入综合性国际体育赛事。
2008 年	成都成功申办 WCG 2009 全球总决赛。
2010 年 8 月	文化部禁止在未经官方许可的情况下发布游戏产品以管制游戏内容。
2012—2013 年	WCG 两次在江苏省昆山市（华东）成功举办。
2013 年	由体育部组织的 17 人电子竞技国家队代表中国参加第四届亚洲室内运动会。
2013 年 1 月	体育世界在 CCTV-5 制作并播出了一档名为《在追逐电竞梦想的道路上奔跑》的节目。
2014 年	银川成为世界赛博竞技场的永久主办方，其广告在 CCTV-5 播出。
2015 年 2 月	《完美世界》游戏宣布与华谊文化有限公司达成战略合作。他们推出了国内首个在热门电视频道播出的游戏节目，并在黄金时段在全国 20 个省会城市同步播出。

2016年，中国电子竞技的发展进入了一个新的阶段，面对普及全球的电子竞技产业，中国政府也随之表现出积极解决产业内部问题的新意向。中国的4个省份联合出台了4条法规，其内容如下：

①支持各个省份学习数字技术；

②推动虚拟现实技术、流媒体技术的发展；

③发起倡议，助力组织国际和国内专业电子竞技锦标赛；

④鼓励高校开设专业电子竞技课程。

不同于前者的支持态度，2016年3月和5月，国家新闻出版广电总局出台两项法规，禁止游戏内容涉及颠覆国家主权与扰乱社会秩序。这条法规实际意在鼓励国内游戏产品的推出。受该规定约束，中国暂时无法进口游戏产品，尤其是那些被判定为不健康、重口味的产品。例如，2018年，《绝地求生：大逃杀》就因游戏中包含血腥画面而被中国禁止。受技术民族主义媒体法律法规的影响，这类法规代表了中国政府对电子竞技产业的多方面战略性的信号和依旧模棱两可的态度。

为了扩大对中国政府电子竞技监管基础设施的现有研究范围，通过了解政府以外的利益相关者对这一现状的看法，本研究发现，电竞产业相关的政策和法规均指向一个重大的实际问题，即政府的监管基础设施正采用协同作用的手段为技术民族主义的电子竞技产业服务。

电子竞技俱乐部对这些政策抱有批评态度，他们认为这些政策的出发点是提高政绩，而非提高行政效率。一些受访者在接受采访时提及政府青睐电子竞技产业的原因，认为虽政府建设多个电子竞技小镇（如重庆太仓）以推动电竞行业的发展，但政府的举措在管理和进一步发展电子竞技行业方面都难有成效。

"……政府只是提供政策来吸引更多的人投资这一行业，因此这类政策的目的在于缩短贫富差距，从而改善政府自身的政治表现，但事实上，没有人真的想搬到这些城镇去。这些电子竞技小镇几乎'空无一人'。"（吴亚，20岁，首席执行官兼总教练）

"其他利益相关者的回应也都类似。重庆电子竞技城已获得14亿元人民币的收入来吸引各个俱乐部的入驻和锦标赛的举办，但其始终无法举办吸引人的活动，其原因便是'该镇没有任何便利设施'"。（Little P，22岁，首席执行官）

以下两个评论更具代表性地讲述了地区电子竞技的监管基础设施和平台化建设：

"西安是我所知道的唯一一个为地方俱乐部提供福利政策的城市，包括减免税收和资金支持……其中最具影响力的区域政策之一是《西安曲江新区关于支持电竞游戏产业发展的若干政策》，该政策包括将1亿元人民币作为当地电子竞技俱乐部的最高奖励。但是，这个奖励的确切标准还不清楚。"（猫，职业选手，17岁）

"自政策实施以来，大量的地方或地区性投资都流向了我们的电子竞技产业，这些法规和政策作为资本输出者，只会帮助企业了解政府有怎样的倾向，这是一个政治信号！"（小毛，20岁，首席执行官兼总教练）。

这些利益相关者的批评意见似乎表明，中国电子竞技的有关法规政策是由技术民族主义架构，在平台化的影响下形成的。尽管政府为达到产业协同效应所做的政治努力是显而易见的，但这些法规和政策对电竞产业的发展作用却依旧有限。

考虑到受众对政策实践的看法，模棱两可的法规与政策会导致当局对受众的政治影响力和政治信任感下降。此外，关于"腾讯电竞和中国政府在管理电子竞技平台化过程中所扮演的角色，以及各自在基础设施上的目标是相互支持、相互违背还是相互竞争的"这一研究问题，从库尔德里和赫普的观点来看，需要考虑平台的政治经济性。因此，调查政府和政策最大利益相关者腾讯之间的互动是很有必要的。

（二）伞架：平台价值链和平台边界扩张

普朗坦和德赛塔的研究结果表明，在中国，政府部门和企业间的互动过程由技术民族主义的监管态度和日益公开透明的网络主权议程所驱动。同时，在产业链建设和平台化促进方面，腾讯电竞以数字多边技术作为逻辑点发挥着"伞骨"的功能。一方面，腾讯的数字产权和技术扩张已覆盖了电竞上游游戏、中游赛事、下游直播的产业链条；另一方面，腾讯将其媒体平台从泛娱乐转化为新文创，即体育、文化和科技的整合。我们在阐述"伞布"（即由政府部门管理的、平台化的监管行为）的同时，也批判地审视"伞骨"（即腾讯的多边平台和技术平台）的自我赋权特征。

腾讯电竞选择与政府部门展开合作，以进一步拓展平台的边界。腾讯电子竞技作为腾讯价值链和多层次平台成长的"伞架"，推动了腾讯的资本模式，保证了腾讯在中国电子竞技平台上的巨大经济实力。

1. 游戏生产商：商业基础设施

从电子竞技价值链的上游来看，腾讯作为中国电子游戏内容的主要生产商，其商业基础设施包括《英雄联盟》、《传说对决》、《穿越火线》（发行商）和《绝地求生》等热门游戏。中国政府对电子竞技行业的态度在2016年发生转变，相应地，2016年12月，腾讯电子竞技成立，并迅速成为腾讯四大泛娱乐业务中的重要模块。为了完成平台化基础设施在国际层面的转移、整合与构建，腾讯收购了部分或全部的全球领先的游戏发行商和开发企业（表5–10）。例如，腾讯收购了美国前沿开发商"拳头游戏"100%的股份，以及美国公司"动视暴雪"电子竞技分部10%的股份。2016年，腾讯还收购了芬兰的"超级细胞"，其《部族冲突》是手游的热门。2010年至2013年，在线端游对腾讯年营收的贡献分别为57.2%、71.3%、45.7%和55.1%。2014年至2017年，手机游戏逐步成为腾讯的主要收入来源，分别占腾讯年营收的55.6%、38.5%、34.9%和28.4%。2017年，腾讯网络游戏总收入接近978.8亿元人民币，其中64.2%（628亿元人民币）来自手机游戏。腾讯已成长为全球最大的游戏公司。高迪奥西证实，若根据游戏收入判断，腾讯已控制了全球十大公司收入的三分之一。

表5–10　腾讯对外部游戏公司的主要投资（2006—2018）

年份	并购对象	持股比例	价值	游戏
2006	GoPets（韩国）	16.9%	3281.3 万元人民币	
2007	PvP（中国深圳）	100 %	4529 亿元人民币	
	地平线 3D（中国北京）	63.9%	未知	*X5.qq.com*
	Vina Games（韩国）	30.2%	未知	*BnB（Bubble and Bubble）*
2008	Outspark（美国）	未知	1100 万美元	*Lord of the Century*（《世纪领主》）

年份	并购对象	持股比例	价值	游戏
2010	游戏谷（中国北京）	68%	1.68 亿元人民币	*7.QQ.com*
	Eyedentity Games（韩国）	未知	39.99 亿韩元	*Dragon Nest*
2011	Roit（美国）	100%	16.79 亿元人民币	*League of Legends*
	Epic Games（美国）	48.4%	20.8721 亿元人民币	*Gears of War, Fortnite*
2013	Activision Blizzard（美国）	24.7%	14 亿美元	*Call of Duty, World of Warcraft, Starcraft, Diablo, Hearthstone, Overwatch*
	创梦天地（中国深圳）	20.4%	1500 万美元	*Fruit Ninja, Temple Run, Subway Surfers, Monument Valley*
2014	CJ Games（韩国）	28%	5 亿美元	TBC
2016	Paradox Interactive（瑞典）	5%	1.38 亿元人民币	*Mount & Blade*
	Supercell（芬兰）	未知	90 亿美元	*Clash Royale, Boom Beach*
2017	西山居（中国珠海）	9.9%	1.43 亿美元	*Sword Net*（《剑网》）, *World of Sword*
2018	盛大游戏（中国上海）	未知	30 亿元人民币	*Legend, Million Arthur*
	Bluehole（韩国）	10%	5882 亿韩元	*PlayerUnknown's Battlegrounds*
	Ubisoft（法国）	5%	3.7 亿欧元	*Assassin's Creed, Rainbow Six, Rayman*

2. 赛事：平台化基础设施的拓展

电竞赛事是电子竞技价值链中游的核心内容。其中，世界网络游戏（WCG）最能体现赛事的重要性，其象征着媒体、体育和参与者（如观众和职业选手）的融合。腾讯非常重视具备该融合能力的竞争性游戏，为充分发挥该类游戏的盈利潜能，从根本上扩展了其平台化的基础设施。首先，腾讯已经成为游戏联盟（包括 KPL、KCC 和 KOC）的主要执行官，运营多项重要比赛，如 LPL（LOL 职业联赛）和 LSPL（LOL 次级职业联赛）。其次，成立于 2010 年的腾讯电竞运动会（TGA）大奖赛涵盖了各种类型的游戏，组织性、运动性和交互性的数字技术在大奖赛中得以体现。该大奖赛总奖金约 1800 万元人民币。再次，我们发现 LPL 的顶级俱乐部均受到腾讯的支持，腾讯的目标是助力这些俱乐部定居在中国 6 个重要的一二线城市，以进一步推动建设腾讯的实体基础设施。

3. 流媒体直播：直播平台部署与产业链构建

流媒体直播是电子竞技价值链的下游链之一。直播是传播和推广游戏、扩大游戏影响力和吸引游戏观众的关键手段。2012年至2018年，腾讯通过部署国内的直播、广播平台，提升其商业化和媒体支出，在交互式数字技术革命过程中，不断扩展数字技术的可用性、功能性与普及性。基于此，腾讯在2016年于国内部署了直播平台（表5-11），推出了众多直播产品（表5-12），建立了中国直播的产业链。

表5-11 腾讯国内直播平台布局（2012—2018）

年份	并购对象	持股比例	价值	融资轮数
2012	guagua.cn	16.03%	7500 万元人民币	A
2014			未知	B
	longzhu.com	20%	3 亿元人民币	A
2015			2.78 亿元人民币	B
2016	ingkee.com	0.9%	3.1 亿元人民币	B
	douyu.com	18.98%	1 亿美元	B
			15 亿美元	C
2018			6.3 亿美元	战略投资
	huya.com	未知	4.6 亿元人民币	B

表5-12 2016年腾讯重大发布的直播产品

名称	方向
egame.com	腾讯官方直播游戏平台
live.qq.com	体育赛事视频和直播平台
now.qq.com	全国视频直播社交平台
v.qq.com	演唱会直播平台
qzone.live.com	社交现场娱乐平台
huayang.qq.com	互动娱乐直播平台

2018年，腾讯不仅成立了移动电子竞技品牌，还投资了斗鱼和虎牙两大顶尖的直播平台。2018年上半年，LPL专业赛事直播累计收看高达70.9亿人次，观看总时长超过13.8亿小时。2018赛季中邀请赛决赛的观众人数超过S7总决赛，2017年王者荣耀职业联赛（KPL）吸引了超过100亿人次的浏览量。2018年春季常规赛，LPL观众同比增长100%，达到3400万人次。由此可见，腾讯的电竞直播既能够很好地适应不断增加的电子竞技受众与需求，也能够体现游戏平台生产与消费的新互动。

（三）平台基础设施的数字化特性与技术扩展

为了进一步了解腾讯电竞的资本化平台在快速发展的过程中是如何与腾讯的数字信息架构协同工作的，该部分借鉴了普朗坦等人共同开发的组合框架来分析腾讯电子竞技的存档数据源和数字属性，由此不仅可以明确腾讯是如何超越传统数字平台的，还能通过以下三个方面了解腾讯电子竞技的异质性。

①通过引入新的技术资源和框架，例如新的内容交付网络、数字加速技术和人际关系网；

②通过腾讯提供的产品、功能和开发选项；

③通过针对腾讯电竞技术实现的腾讯自己的指导方针。

表5-13深入分析了腾讯的技术基础设施和基于电子竞技的平台扩张，采用QQ等社交媒体平台作为实例，将网上电子竞技和社交相关活动编码为数据进行进一步处理，以交叉阐述数字媒体属性，执行基础设施建设，并通过扩展电竞业务获得经济利益。

表5-13　腾讯电竞基础设施和平台属性汇总

	基础设施	平台	例子	网址	范围
基础架构	客户端和服务端系统；使用动态CDN（内容交付网络）系统加快网络速度；语音和视频媒体系统	可靠弹性的响亮计算系统；用户授权的门户服务器；在块服务器上运行游戏，将玩家分成不同的块；基于全国各省数百个数据中心的动态CDN系统，引领玩家连接最快的网路；	QTtalk 产品：CDN 产品：DSA	qt.qq.com cloud.tencent.com/product/cdn intl.cloud.tencent.com/product/dsa	技术、商业
各部门之间的关系	users reach out and lock in	客户关系管理分析，然后接入腾讯旗下的视频、漫画、网络文学	腾讯视频 腾讯漫画 腾讯网络文学	v.qq.com ac.qq.com book.qq.com	技术、商业
市场结构	闭环包括游戏制作、账户系统、社交媒体平台、支付系统广告系统和直播	游戏工作室制作和运营游戏；微信和QQ提供授权账号系统；游戏内购买使用微信支付；通过不同的游戏进行交叉推广；通过微信朋友圈和QQ区使用类病毒传播模式进行社交推广；斗鱼直播	QQ 微信 QQ专区 斗鱼	im.qq.com weixin.qq.com qzone.qq.com www.douyu.com	技术、商业
核心价值	公司收入和用户活跃度	通过游戏内购买和广告获得公司收入；通过MOBA游戏和社交媒体提升用户粘性	英雄联盟	lol.qq.com	商业

续表

	基础设施	平台	例子	网址	范围
时序性	由游戏的生命周期和网络社交生态的普及程度决定	每款热门游戏的热门时间为3-5年；娱乐事业群可持续输出新游戏；基于QQ、微信等IM应用的网络游戏生态	DNF	dnf.qq.com	商业
规模	大到非常大；可广泛使用	可能会变得无处不在	全球最大的游戏供应商/代理商/运营商和第二大社交媒体公司	https://www1.hkexnews.hk/listedco/listconews/sehk/2019/0401/ltn201904012134_c.pdf (page 5, 8, 10)	商业
资金	来自游戏、广告、游戏转播的收入	公司游戏内购收入、来自其他游戏厂商的广告收入、游戏转播佣金；	穿越火线	cf.qq.com	商业

二、关于伞状平台的概念讨论

这张展示伞状平台概念的信息图（图5-7）不仅有助于我们记录电竞资本主义平台的增长、国家管理的基础设施及电子竞技产业中的多层次整合，还能帮助我们理解中国电子竞技产业是如何从最初无序而混乱的状态到如今的快速发展阶段的。它明确了平台资本主义的目标及不断扩张的数字平台的界限。基于此，本文在考察"伞布"（由政府部门管理的基础设施的监管平台化）的同时，还在进行批判性的调查，以理解"伞架"是如何存在的，即腾讯的价值链、多层面平台及技术是如何发挥其作用的。尽管这把伞最初是由伞布组合而成（例如中国政府），但在快速发展的过程中，伞架以非入侵者的身份加入。因此，国家只对敏感的底线问题采取直接控制，并提供更大的发展空间，邀请其他利益相关者（如腾讯）来充当牢固的伞架，共同规范与协商行业的发展方向。

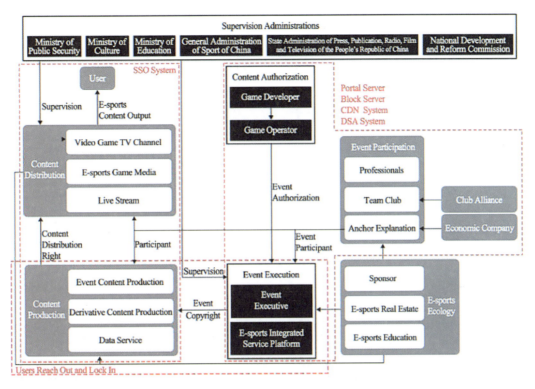

图5-7 伞状平台示意图

本研究在国内外首次揭示出我国电竞产业发展过程中所呈现出的"伞型"数字化特殊性，提供了一个探索和揭示国家与企业之间权力流动的机会。因此，在电竞产业，政府部门与企业之间的关系不能被定性为"自上而下"的监管与被监管的关系，而是互相补足的双向关系。其次，腾讯电竞在产业扩张的过程中呈现出的无边界的基础设施权利化和平台化资本主义，都揭示着资本流动的扩展（例如腾讯构建的闭环产业链）与数据驱动的多维性（例如腾讯的基础设施和平台属性）构建着我国电子竞技生态系统的共生共演，而潜在的平台依赖性、组织同质化和深度权力不对称的文化图景是本研究提出的重要理论贡献。最后，其他利益相关者（即所谓的伞型空间中的利益相关者）不仅在自我发展和自我监管方面表现乏力，还会受到受资本影响的监管平台的操纵，这一趋势需要引起人们的密切关注。想要理解和构建创造性劳动者所经历的复杂性、动态性和风险性，需要从数字经济、心理健康和数字技术之间的关系出发，结合宏观与微观，从生态系统可持续发展等新的视角进行下一步分析。

第六章
我国电竞政策法规
Chapter 6

第一节 国家层面

一、内容维度：政策文件类型的转变及工作重心的转移

（一）行政主体——从文化部到国务院

在我国，电竞、游戏产业相关的政策在中共中央国务院的最高领导下，文化部、国家发展和改革委员会和国家新闻出版署等部门根据其中心指导思想制定相关政策，监管、助推游戏与电竞产业的规范发展。据不完全统计，2000年至2005年，有关网络游戏与电竞的政策发布部门较多为文化部与国家广电总局，国务院办公厅直接发布过关于电竞游戏市场领域的规范性文件，中央文明办、信息产业部、公安部、国家工商行政管理总局等部门也少数参与过相关政策的制定和发布。在这一时期，由国家部门下达的文件类型大都以规范性文件为主，作用范围都是针对全国提出工作指导，少有针对特定某区域、某城市的整改意见。这可能是由于在这一阶段，电竞尚未得到发展，国家仅从宏观层面上调整游戏网络市场，较少关注个别区域重点发展。

而在2006年后，中华体育总会将电竞看作体育赛事的重要一环，连续发布多个文件对电竞做出了各种规定，其中包括《全国电子竞技竞赛管理办法（试行）》《全国电子竞技运动员注册与交流管理办法（试行）》《全国电子竞技裁判员管理办法（试行）》《全国电子竞技运动员积分制度实施办法（试行）》，中华体育总会从资格认定、聘用交流、能力评定、处罚规则四方面对电竞运动员的选拔与评定做了具体规定，同时也对电竞赛事规则、电竞裁判员及电竞俱乐部提出了系列要求。政策向规范电竞运动市场，提高电竞运动的综合竞技水平，加强电竞运动项目的管理工作的方向转变，缓解了国内早期电竞赛事制度不完善的困境。2009年，国家体育总局信息中心正式被定为电子竞技主管部门，电子竞技项目部成立，其职责为统筹管理中国的电竞项目。自此中国的游戏产业开始在真正意义上与"电竞"一词融合，中国的电竞产业开始兴起发展，包括国家体育总局在内，中共中央国务院、国家发展和改革委员会、国家广电总局及各地政府相继推出系列政策，在规范发展的前提下助推电竞产业的发展。（表6-1）

表6-1　早期电竞运动员相关管理文件

运动员相关文件	资格认定	聘用交流	能力评定	处罚
《全国电子竞技竞赛管理办法（试行）》2006年11月30日	参赛运动员必须年满18周岁以上。参赛单位和运动员、教练员、裁判员必须持中华全国体育总会秘书处认可的有效证件，方有资格参加经过各级体育主管部门审批的电子竞技比赛。	—	—	—
《全国电子竞技运动员注册与交流管理办法（试行）》2007年8月	1. 运动员可以个人形式或代表单位的形式参加电子竞技赛事，未经注册的运动员不得报名参加本办法第2条规定的全部电子竞技赛事。2. 年满18周岁的运动员可在户籍所在地或常住地的省级体育主管部门申报注册。3. 外籍运动员、俱乐部在中华人民共和国境内必须通过中华全国体育总会秘书处认可的单位进行注册，不得独自报名参加在中国境内举办的全部电子竞技赛事。	运动员交流，须由原聘用单位、新聘用单位和运动员本人签订三方协议，并持交流协议到原聘用单位和新聘用单位所在地的注册机关办理交流注册手续。	—	1. 违反体育道德的运动员、单位，视情节轻重给予当事人书面警告、罚款、停赛、取消注册资格的处罚。2. 中华全国体育总会秘书处和各级体育主管部门为注册运动员、注册单位的监督管理部门。3. 触犯《刑法》的运动员，其注册资格自动取消。

续表

运动员相关文件	资格认定	聘用交流	能力评定	处罚
《全国电子竞技运动员积分制度实施办法（试行）》2007 年 7 月 17 日	—	积分前 8 名有参加该年国家集训队的备选资格（当年不组建国家集训队除外）。集训期表现与队内选拔赛成绩作为国家代表队选拔的主要依据。	凡举办纳入全国积分序列各项比赛的主办单位，必须在比赛结束后 5 个工作日内，填写运动员成绩申报表，并附参赛运动员名单和成绩册，一并报至中华全国体育总会秘书处。经中华全国体育总会秘书处审核确认后，计入运动员积分。	经注册的运动员如参加未经各级体育主管部门批准的电子竞技比赛，将根据其在该赛事中取得的名次，相应扣除其已经取得的全国比赛积分，并根据相关规定给予处罚。
《全国电子竞技竞赛规则》2006 年 9 月	电子竞技比赛参赛运动员均须符合《全国电子竞技运动员注册与交流管理办法》的规定。	—	—	运动员被直接判负及取消比赛资格等判罚，须经总裁判长签字后方能生效。
《关于 2009 年度电子竞技项目运动员和单位注册的通知》	1990 年 12 月 31 日以前出生的人员方有资格注册，注册须提供材料，按照《注册办法》第二章第 7 条规定执行。运动员出生日期以有效身份证明为准，严禁弄虚作假、虚报年龄注册。否则，自发现之日起取消运动员当年注册资格和比赛积分。未能按期注册的运动员，不得参加 2009 年度经各级体育主管部门批准的电子竞技赛事。	—	—	—

从电竞政策涉及的内容来看，我国电竞政策主要经历了三个变化阶段：首先，单一性是第一阶段的政策内容最显著的特征，这主要针对对电子游戏产品的审核与电子游戏经营场所的规范管理，尤其是要加强对电子游艺场所的管理，防治电子游戏对青少年的侵害和消极影响，然而这并不作为此阶段政策内容的全部，仍然有少数政策直接推动中国游戏产业的发展。而在第二阶段的相关政策文件中，电竞更多是以"动漫游戏产业"的形式出现在各个政策文件之中，依附性特征明显，但是该阶段政策内容跨领域现象非

常常见，这为电竞产业的发展奠定了政策基础。第三阶段则是政策的独立发展阶段，电竞产业的相关政策在内容上更具多元性，不仅从宏观上对游戏产业结构、文化产业市场秩序、网络游戏文化生态、创新新兴网络文化模式加以陈述，而且对微观层面的电竞赛事、电竞直播等内容有了规定。从产业链的角度来看待政策文件中心的转移，可以明显看出政府工作重心由最初的产业链下游电子游戏经营场所的管理，逐渐拓展到上游高质量游戏开发相关，中游赛事运营与维护、俱乐部筹办，下游电竞直播、衍生IP等多业态形式——总体而言，政策内容呈现出单一化向多元化发展的态势。这助推处在电竞全产业链各端口的机构组织及相关人员进行专业化、集成化的内容生产和"主体（包括游戏主体、电竞赛事、媒体账号、公关项目等）"运营工作。

（二）政策内容——从监管规范到鼓励扶持

从内容属性上来看，我国各个阶段的电竞产业政策都包含鼓励与规范两类。其中起步和探索发展阶段的规范性文件较多。基于电子游戏的社会认同度低下的现状，中央政府着重考量游戏对青少年的危害，其具体表现为整顿电子游戏经营场所，开展电子游戏经营场所的专项监督管理工作；游戏内容的设计须以社会主义核心价值体系为指导，强调教育价值导向，并且要调整游戏产品结构，弱化竞技属性——从商业价值层面看早期电竞产业的未来发展，早期游戏竞技内核的削弱在一定程度上影响着电竞赛事的观赏度，而观赏度的下降似乎难以助推电竞商业经济效益的实现。以上种种政策内容表明，我国电竞产业早期发展阶段规范类文件出台的目的除了规范电竞产业市场秩序，更多也是为了防止电子游戏产品造成"社会危害"。到了电竞产业发展后期加速发展阶段，在保持原有规范力度的前提下，鼓励性政策大量涌现并逐渐占据主导优势——内容涉及以推动文创产业、动漫产业来带动游戏、电竞产业的发展，产业链上游端游戏设计、运营等方面的技术支持，中游端赛事举办、场馆建设、战队打造等电竞主体工程，以及下游端电竞直播内容生产、游戏IP衍生品、周边业态叠加等附加产值内容——总体而言，中央政府对产业链上游生态打造和中游电竞赛事环境建设更为重视，有关产业集聚效应、资源整合、配套设施完善等成为上层着重考量的工作重心。随着电竞板块的商业价值、文化价值越来越清晰，政策类型也从过去的规范发展导向逐渐转向推动发展导向，电竞产业的多重价值被不断挖掘——从2016年开始，中央政府开始将视角转换于电竞产业的文创属性之上，以推动文创来带动电竞产业的发展，主要作用于含有文创属性的电竞IP衍生服务与产品的设计，针对产业链下游端，同时助推"文化+体育+电竞"发展模式，对赛事业态也产生积极推动作用；之后的政策文件中，包括电竞产业链上游端的游戏主体开发的科技支持内容，电竞中下游端口的商业价值、体育板块价值被纳入政策助推范围内。（表6-2）

表6-2　政策性文件列表

年份＼覆盖产业链	下游	中游	上游
2000	《关于开展电子游戏经营场所专项治理意见》	—	—
2001	《关于进一步整顿和规范文化市场秩序》	—	—
2004	《关于进一步加强和改进未成年人思想道德建设的若干意见》	—	《关于进一步加强和改进未成年人思想道德建设的若干意见》
2004	—	—	《关于实施"中国民族网络游戏出版工程"的通知》
2005	《文化部、信息产业部关于网络游戏发展和管理的若干意见》		
2005	—	《关于查处第三批违法游戏产品等事项的通知》	
2005	—	—	《关于净化网络游戏工作的通知》
2006	—	—	《关于推动我国动漫产业发展若干意见》
2007	《关于进一步加强网吧及网络游戏管理工作的通知》		
2008	—	—	《文化部关于扶持我国动漫产业发展的若干意见》
2009	—	—	《文化部关于改进加强网络游戏内容管理工作的通知》
2014	《文化部关于贯彻落实〈国务院关于推进文化创意和设计服务与相关产业融合发展的若干意见〉的实施意见》		—
2015	—	《电子竞技赛事管理暂行规定》	—
2016	《关于促进消费带动转型升级的行动方案》		—
2016	《体育产业发展"十三五"规划》		—
2016	《文化部关于推动文化娱乐行业转型升级的意见》		—
2016	《关于加快发展健身休闲产业的指导意见》		—
2017	《文化部关于推动数字文化产业创新发展的指导意见》		
2017	《文化部"十三五"时期文化产业发展规划》		
2017	《关于进一步扩大和升级信息消费　持续释放内需潜力的指导意见》		
2018	《关于印发完善促进消费体制机制实施方案（2018—2020年）的通知》		

续表

覆盖产业链 / 年份	下游	中游	上游
2020	《关于印发北京、湖南、安徽自由贸易试验区总体方案及浙江自由贸易试验区扩展区域方案的通知》		
	—	—	《关于扩大战略性新兴产业投资 培育壮大新增长点增长极的指导意见》
	—	《文化和旅游部关于进一步优化营商环境 推动互联网上网服务行业规范发展的通知》	—
2021	《5G应用"扬帆"行动计划（2021—2023年）》		《国家发展改革委、商务部关于支持海南自由贸易港建设 放宽市场准入若干特别措施的意见》
	《职业教育专业目录（2021年）》		

（备注：有底色的为规范性质文件，无底色的为助推性质文件）

二、时间维度：电竞政策的历史沿革

（一）起步阶段：2000—2009年

1.回顾——在探索中曲折发展

我国对网络游戏市场的关注起步于1998年《星际争霸》和1999年《反恐精英》两款游戏的盛行。根据当时的政策分析，政府对电竞游戏的认可程度并不高，如《关于开展电子游戏经营场所专项治理意见》（2000年6月15日，国办发〔2000〕44号）[1]、《关于进一步整顿和规范文化市场秩序》（2001年8月15日，国办发〔2001〕59号）[2]、《关于进一步加强和改进未成年人思想道德建设的若干意见》（中发〔2004〕8号）等文件，可以明显看到，以国务院为代表的中央机构在不同程度上限制电子游戏生产经营活动，不断加强对网络游戏的监督管理。当时处在社会对电子游戏认同度十分低下的情况下，"电竞""电子竞技"甚至还未真正出现在国内大众的视野当中，囿于社会认同及社会普遍

---

① 《国务院办公厅转发文化部等部门关于开展电子游戏经营场所专项治理意见的通知》，2000年6月15日，国办发〔2000〕44号，"自本意见发布之日起，各地要立即停止审批新的电子游戏经营场所，也不得审批现有的电子游戏经营场所增添或更新任何类型的电子游戏设备"……

② 《国务院办公厅关于进一步整顿和规范文化市场秩序的通知》，2001年8月15日，国办发〔2001〕59号〔根据《国务院关于宣布失效一批国务院文件的决定》（国发〔2015〕68号），此文件已宣布失效〕，"工作重点是坚决压缩电子游戏经营场所总量，争取到2001年底前压缩一半以上；总量较大的省、自治区、直辖市应压缩到1000家以下；严厉打击非法电子游戏经营活动……"

价值规范的局限性，人们对电子游戏多持反面态度，因此无论是游戏产业上游端的开发，还是产业链下游端电子游戏经营场所都或多或少受到来自社会、政府层面的舆论与政策阻碍。

　　游戏产业作为后续电竞的地基产业，该时期中央出台的部分推动游戏产业发展的政策文件，也在一定程度上助推了国内早期电竞产业的发展，为其后续生存打下了根基。纵观电竞产业早期发展脉络，其曲折上升的路线特征极为鲜明。自2003年国家体育总局确立电子竞技为第99个正式体育项目，第一次将电子竞技纳入管辖范围后，"电子游戏"在国内迈出向"电子竞技"领域转型融合的第一步，电竞产业整体势头初有起色。但在这之后，次年文化部与广电总局《关于禁止电脑网络游戏类节目的通知》（2004年4月12日，目前已失效）[①]，又让电竞和网络游戏的宣发推广陷入困境。该文件直接明令禁止了网络游戏相关节目的播出，这与当今视域下电竞的赛事传播理念背道而驰，此政策对电竞中游端内容（以赛事为核心的周边产业）的扩展延伸打击巨大，不利于电竞产业的发展——反观同时期韩国电竞，其对电竞运动员的明星化包装打造、对电竞俱乐部的品牌化运营策略（包括俱乐部绑定电视节目等营销手段），与国内电竞雏形期的发展现状形成鲜明对比——此种由社会压力及产业价值不明朗等多重因素导致的在上层建筑层面对电竞产业的忽视，在一定程度上难以避免地阻碍了游戏、电竞产业在国内的成长与发展。

　　但游戏产业很快就表现出其强大的发展潜能——"网络游戏强力带动着相关产业的发展，2004年其对通信业业务收入直接贡献150.7亿元，对IT产业直接贡献63.7亿元，对媒体及传统出版业贡献35.8亿元，网络游戏成为网络经济及娱乐业的重要支撑和文化产业一个具有潜力的增长点"[②]；网络游戏产业内部问题重重，"内容问题——部分游戏产品中存在淫秽、色情、赌博、暴力、愚昧、迷信、非法交易敛财及危害国家安全等违法和不健康内容，特别是游戏产品中暴力问题突出，以打斗和练级为主"；"对未成年人的影响问题——它容易影响缺乏自制能力的未成年人的学业和身心健康，有的深陷其中、不能自拔并诱发一系列社会问题"；"'私服''外挂'等侵犯知识产权的非法经营行为比较突出，影响了网络游戏市场的健康发展"；"这些问题引起了社会各界的高度关注，广大学生家长、老师反映强烈"——于是中央在2004年首次进行"中国民族网络游戏出版工程"；在2005年，中央又首次推出早期最为全面的、涵盖网络游戏产业各方面内容（包括游戏研发、产业集聚、人才培养、周边产业、市场规范等）的扶持

---

① 《关于禁止电脑网络游戏类节目的通知》，2004年4月12日，目前已失效，"各级广播电视播出机构一律不得开设电脑网络游戏类栏目，不得播出电脑网络游戏节目；同时，要在相应的节目中宣传电脑网络游戏可能给未成年人健康成长带来的负面影响，积极引导他们正确利用电脑网络的有益功能，正确对待电脑网络游戏……"
② 《文化部、信息产业部关于网络游戏发展和管理的若干意见》解读，2005年9月16日，357C01-02-2005-2601，http://zwgk.mct.gov.cn/zfxxgkml/zcfg/zcjd/202012/t20201205_915382.html。

政策——《文化部、信息产业部关于网络游戏发展和管理的若干意见》（2005年7月12日，文市发〔2005〕21号）①——该项政策要求以科学发展观来指导和检验网络游戏发展和管理工作，既清醒地认识到网络游戏存在的问题，采取措施、加强监管，努力解决现存的问题，为广大未成年人营造良好的网络文化环境；又充分重视网络游戏的积极作用和产业价值，立足长远，支持民族原创网络游戏产业的发展，使内容健康向上、形式丰富多彩的网络游戏产品居于国内市场的主流，民族原创网络游戏产品尽快占据国内市场主导地位，适时进入国际市场，网络游戏市场经营行为得到有效规范，知识产权得到普遍尊重，法制管理体系基本完备，努力打造一批具有中国风格和国际影响的民族原创网络游戏品牌。网络游戏是电竞的主体、地基，该项政策作为国内电竞产业发展早期最为详细、全面的特定于网络游戏产业运营维护的政策内容，无疑是为电竞产业的后续发展培育了优质的土壤环境。这也是中央首次尝试进行的工作重心的全面转移项目，在规范网络游戏产业发展的基础上逐渐加入扶持手段，将工作重心由原来的遏制转向兼容、推动，也将视域从单一的产业链下游端电子游戏营业厅乱象扩展至全产业链层面，涵盖上、中、下游各阶段的主体内容，在很大程度上兼顾大局地推动了游戏产业的整体发展，规范了其市场秩序。因此，2005年可以被看作国内游戏产业帮扶政策元年，《文化部、信息产业部关于网络游戏发展和管理的若干意见》（文市发〔2005〕21号）也成为当时的标志性文件。

随后2006年，国务院办公厅将《关于推动我国动漫产业发展若干意见的通知》（国办发〔2006〕32号）的政策文件转发至财政部等部门，该文件将游戏产业主动推移至动漫产业之下，最终形成游戏产业逐渐依附于动漫产业发展的格局。在2007年，中央又因电子游戏的线下经营场所乱象频出及整顿不善，出台了《关于进一步加强网吧及网络游戏管理工作的通知》（文市发〔2007〕10号）②——"当前一些青少年沉迷网吧和网络游戏的现象仍比较严重，网吧接纳未成年人、黑网吧和非法网络游戏仍是人民群众关注的突出问题。对此，党中央、国务院领导同志高度重视，要求切实加强管理和整治。进一步加强网吧及网络游戏管理，是构建社会主义和谐社会的客观需要，也是社会各界和广大家长的迫切期望。各地区各部门要进一步统一思想、提高认识，从深层次克服网吧及网络游戏管理中存在的模糊认识"③——对此，该项《通知》积极创新管理制度和工

---

① 《文化部、信息产业部关于网络游戏发展和管理的若干意见》，2005年7月12日，文市发〔2005〕21号，"我国网络游戏市场发展迅速并进入了一个高速增长期，已经创造了较大的产值""构筑产业支持体系""实施民族游戏精品工程""积极培育网络游戏产业孵化器""依托高新技术产业园区、软件产业园区，聚集游戏产业链上的相关企业、科研院所，筹建若干个国家数字娱乐产业示范基地""重点研发具有自主知识产权的网络游戏核心技术，建设我国自主的游戏软件可复用构件数据库，尽快建立我国游戏软件的脚本、构件库等产业化的技术基础"……
② 《关于进一步加强网吧及网络游戏管理工作的通知》，2007年2月15日，文市发〔2007〕10号，"对以'电子竞技俱乐部（馆）'、电脑服务部、劳动职业技能培训等名义变相经营网吧的，依法予以取缔"。
③ 解读《关于进一步加强网吧及网络游戏管理工作的通知》，2007年3月14日，357C01-02-2007-2613，http://zwgk.mct.gov.cn/zfxxgkml/zcfg/zcjd/202012/t20201205_915394.html。

作措施，并填补相关管理制度上的空白，主要体现在"加大对黑网吧的打击力度"，"根治互联网接入，营业场地等黑网吧的生存条件和环境"，"解决网吧超时营业问题"，"解决学校校内上网场所管理制度不健全问题"等方面。同时，中央也认识到网吧所产生的社会问题，很大一部分也是由互联网上传播的内容特别是网络游戏引起的——网吧作为场所只是终端，要从根本上解决网吧问题，就必须从源头上解决网络游戏等网络文化内容管理的问题。因此，该项《通知》将网吧与网络游戏管理统筹研究、通盘考虑，强化了对网络游戏的管理措施，"并提出要加快完善网络游戏管理的政策法规，大力调整网络游戏产品结构，在研发和运营等环节对容易导致成瘾的网络游戏规则予以限制和改造，积极推动网络游戏防沉迷系统的开发应用"①，这也在一定程度上影响了以娱乐属性为主导的产业链上游游戏开发环节，使游戏内容设计领域面临严峻的挑战。2008年，重新回归到2006年首推的"以动漫产业带动游戏产业发展"策略当中，推出《文化部关于扶持我国动漫产业发展的若干意见》（文市发〔2008〕33号），以规范游戏产业的姿态助推其发展；同年，国家体育总局重新将电子竞技定义为国家的第78个正式体育项目，将其正式纳入到体育竞技的范围内。2009年11月13日，文化部发布《关于改进加强网络游戏内容管理工作的通知》②，政策内容涉及电竞产业链上游端各方面，在技术上提供一定的支持；同时要求国产游戏内容须以社会主义核心价值体系为指导，"根据国家文化发展需要和市场走向，创新游戏规则，丰富游戏内容，调整产品结构，改变以'打怪升级'为主导的游戏模式，对游戏玩家之间的'PK系统''婚恋系统'等进行更加严格的限制"，规定了国产游戏内容的设计方向和国外游戏的引进标准，同时此指导政策也在某种意义上弱化了国内游戏的竞技属性，强化了其教育属性，在一定程度上限制了以竞技属性为主要导向的电竞的发展。

2. 思考与总结——政策盲区与文化自信导向

（1）草船借箭——游戏产业发展对动漫产业福利政策的依赖性

自2005年7月12日发布文化部、信息产业部《关于网络游戏发展和管理的若干意见》（文市发〔2005〕21号）以来，游戏产业因得到上层重视而开始进入崭新的发展阶段。该项《意见》针对我国在网络游戏开发方面核心技术能力不强的状况，提出电子信息产业发展基金应加大支持力度，拿出一部分作为游戏产业的引导资金，重点开发网络游戏研发生产的核心技术，并基于此筹建"国家数字娱乐产业示范基地"。该国家级示范基地的筹建标志着"游戏产业发展""数字娱乐发展"成为国家文化部和信息部授权

---

① 解读《关于进一步加强网吧及网络游戏管理工作的通知》，2007年3月14日、357C01-02-2007-2613，http://zwgk.mct.gov.cn/zfxxgkml/zcfg/zcjd/202012/t20201205_915394.html。
② 《文化部关于改进加强网络游戏内容管理工作的通知》，2009年11月13日，"网络游戏企业要根据国家文化发展需要和市场走向，创新游戏规则，丰富游戏内容，调整产品结构，改变以'打怪升级'为主导的游戏模式，对游戏玩家之间的'PK系统''婚恋系统'等进行更加严格的限制""制定技术标准，建设游戏开发及工程管理规范，为国产原创网络游戏提供必要的技术支撑，带动国产精品网络游戏的研发生产""鼓励思想性强、趣味丰富、具有教育意义的网络游戏开发运营"……

许可的一种政府行为，网络游戏产业最初的灰色边缘在真正意义上开始由中央政府接手管理，并系统性地往更加完善的方向全面发展。"国家数字娱乐产业示范基地"在中央政府的协调调度下，以技术研发为重点，研发具有自主知识产权的网络游戏核心技术，建设早期我国自主的游戏软件可复用构件数据库，以及游戏软件的脚本、构件库等产业化的技术基础；并为中小企业的发展提供配套支持，包括金融信贷、写字楼租赁等在内的各种有效服务和切实支持，加强产业集聚效应，加速资源整合和人才引进进度。总体而言，文化部、信息产业部《关于网络游戏发展和管理的若干意见》（文市发〔2005〕21号）的出台让早期游戏产业的发展设想落地，国内电竞领域发展在真正意义上迎来第一波春天。

　　游戏产业在 2005 年快速发展一年之后，于 2006 年重新降回至稳步发展水平。2006年 4 月 25 日国务院出台的《关于推动我国动漫产业发展若干意见的通知》（国办发〔2006〕32 号）[①] 作为 2006 年首份粗略提及游戏产业发展的中央政策文件，将关注重点转移至国内动漫产业发展之上。原件中仅以"鼓励与动漫形象有关的服装、玩具、电子游戏等衍生产品的生产和经营"一句话表示中央政府支持依附于动漫产业发展起来的游戏内容生产过程，工作重心转变为国内动漫产业链的完善与发展。该文件系统性地指出了国内动漫产业发展的未来发展路径，包括"加大投入力度，重点支持原创行为，推动形成成熟的动漫产业链""支持动漫企业发展，增强市场竞争能力""支持国家动漫产业基地建设，促进动漫'产、学、研'一体发展""支持动漫核心技术研发，为动漫产业发展提供技术保障""支持动漫人才培养，增强动漫产业发展后劲""加强市场监管和知识产权保护，为动漫产业发展营造良好环境""支持动漫产品'走出去'，拓展动漫产业发展空间""倡导行业自律，推动动漫产业健康有序发展""做好动漫行业标准制定和享受扶持政策的动漫企业认定工作""加强组织领导和协调配合，共同推动动漫产业发展"等，囊括了动漫产业体系内部各方面的内容。而此项政策也是国内首部由中央出台的最全面、最系统地促进动漫产业发展的政策，与 2005 年的文化部、信息产业部《关于网络游戏发展和管理的若干意见》（文市发〔2005〕21 号）一样，属于"开山"性质的政策文件。而纵观 2006 年，中央对"游戏产业"的扶持政策寥寥无几，《关于推动我国动漫产业发展若干意见》（国办发〔2006〕32 号）成为当年首部也是最后一部帮扶游戏产业的中央政策。由于动漫产业与游戏产业本身的高度相关性，以及两大板块的教育属性差异（动漫相比于游戏更不具有成瘾性，且教育弹性更大），中央采取"动漫为主，游戏为辅"的发展策略，双管齐下，同时发展两大新兴产业。自此游戏产业开始高度依赖于

---

① 《国务院办公厅转发财政部等部门关于推动我国动漫产业发展若干意见的通知》，2006年4月25日，国办发〔2006〕32号，"鼓励与动漫形象有关的服装、玩具、电子游戏等衍生产品的生产和经营"，其余内容均以动漫产业发展为主，"立足我国动漫产业发展实际……创造一批有中国风格和国际影响的动漫品牌"……

动漫产业的政策福利得以发展。2007 年 3 月 14 日，国家文化部《关于进一步加强网吧及网络游戏管理工作的通知》（文市发〔2007〕10 号）针对当前网络游戏环境及线下电子游戏经营场所出现的问题，进一步规范了网络游戏的管理工作。作为规范性质文件，其不同于 2005 年中央发布的《关于网络游戏发展和管理的若干意见》（文市发〔2005〕21 号），虽在很大程度上把控住游戏产业的发展方向，打击了违法犯罪行为，但并未在政策层面给予游戏产业实质性的帮助。2008 年 8 月 13 日，国家文化部出台的《文化部关于扶持我国动漫产业发展的若干意见》（文市发〔2008〕33 号）[①]仍然以动漫产业发展为核心，"构建相互支撑的动漫产业链"，其中包括了"服装、玩具、文具、电子游戏等衍生产品"，"全面把握动漫产业各环节的内在联系，以动漫形象为核心，构建产业自我良性发展的内生机制"，同样深刻表明了中央以动漫为核心带动游戏产业发展的决心。直至 2009 年 11 月 13 日《文化部关于改进加强网络游戏内容管理工作的通知》出台，游戏产业重新回归到中央视线当中，中央从正面规范了游戏产业上游有关游戏研发、技术支持存在的系列问题，仍然以规范的态势把控游戏产业的发展；原文中虽有提及"为国产原创网络游戏提供必要的技术支撑，带动国产精品网络游戏的研发生产"，但其在扶持力度上并不是很大。加之先前的中央出于对文化入侵问题的考虑，限制了大批海外精品游戏的进口，而当时国内游戏产业尚处于起步阶段，"国家数字娱乐产业示范基地"初具规模，技术、人才、资金等方面资源尚且处于起步阶段，国内创新能力方面存在很大的上升空间，因此，中央政策提及的"提供必要技术支撑，带动国产精品网络游戏的研发生产"很可能是一个慢速实现的过程。因此，自《国务院办公厅转发财政部等部门关于推动我国动漫产业发展若干意见的通知》（国办发〔2006〕32 号）出台后，正向推动游戏产业发展的中央政策文件并没有出现，游戏产业发展高度依赖于动漫产业，发展速度趋缓，这也是国内电竞探索发展阶段最明显的特征之一。

（2）政策红利——基于文化自信的原创游戏扶持路径

我国早期游戏市场存在一个非常严重的问题，即原创游戏的数量较少，且质量也普遍较低。截至 2005 年，在中国运营和公测的 168 款游戏中，韩国游戏超过三分之一，达 44%；"2004 年我国共有原创游戏约 60 款，占 36%，差距在逐步缩小，但是盈利能力大大逊于韩国，进口的韩国游戏有 68% 盈利，我国原创游戏盈利的仅占 28%；境外游戏产品占据了大部分市场份额，缺少拥有自主知识产权、弘扬民族精神、具有深刻文化内涵的原创游戏精品"[②]。考虑到早期外来文化输入的问题及对原创精品游戏的重视程度，

---

① 《文化部关于扶持我国动漫产业发展的若干意见》，2008 年 8 月 13 日，文市发〔2008〕33 号，"构建相互支撑的动漫产业链；此外，还有与动漫形象有关的服装、玩具、文具、电子游戏等衍生产品""办好中国国际动漫游戏博览会等专业性展会，为民族原创动漫产品走向世界搭建展示平台"……

② 《文化部、信息产业部关于网络游戏发展和管理的若干意见》解读，2005 年 9 月 16 日，357C01-02-2005-2601，http://zwgk.mct.gov.cn/zfxxgkml/zcfg/zcjd/202012/t20201205_915382.html。

中央对进口游戏产品有着非常严格的限制，在多处政策文件中都有明确提及要加强审核流程规范性、可操作性，严格把控国外进口游戏产品的内容质量及其与国内普遍社会价值的兼容程度；不仅仅是游戏内容本身，与之相关的配套游戏设备也被列入限制类加工贸易产品行列。[①]进口游戏产品的内容审查强化工作一直到 2010 年 6 月 3 日出台《网络游戏管理暂行办法》（中华人民共和国文化部令，第 49 号）[②]还在持续进行，在此之前的政策中也均有提及"严格审查海外游戏产品"，但具体的成文规定并不多。久而久之，国内早期境外游戏产品输入的门槛高度在模糊的意识形态中被不断强化、提升，最终导致很大一部分精品海外游戏案例无法引进国内发展，伴随而来的结果便是国内游戏研发公司及企业在最初没有足够的学习对象可供参考，并且迫于上层对游戏内核"民族文化""民族精神"的文化属性号召，游戏本身的内容设计也逐渐到达瓶颈，国内游戏市场上的原创产品呈现单一化、同质化的局面，仙侠类游戏成为早期国内原创游戏市场主流。[③]另一方面，国家对原创游戏的质量要求也越来越高，国内游戏市场的准入标准也随着政策的发布不断提升；中央政府也开始主动要求国内精品原创游戏"走出去"，进军海外市场。迫于国内外的双重压力及国内游戏生产面临的技术、人员等难题，中央出台了一系列针对民族原创游戏生产与运营的对口帮扶政策。

为了"提高民族网游自主研发能力，满足人民群众特别是青少年对具有中华民族优秀文化特色、内容健康向上的网络游戏出版物的需求"，并且"基于当前我国网络游戏运营环节比较强大，已经出现了盛大、九城、光通等一批以运营代理外国网络游戏起步的网络游戏运营单位，但是原创开发环节相对薄弱的现状"，2004 年，广电总局联合文化部、信息产业部首次推出"中国民族网络游戏出版工程"项目。该政策助力于我国早期民族原创游戏的内容生产，具有极强的针对性，中央对"原创"和"民族文化"表现出的高度认同，也暗示着从事于民族性质的原创游戏开发公司与企业将享受相比于其他游戏公司更高份额的政策红利。"中国民族网络游戏出版工程"直到 2015 年，一共举办了 10 次，"12 年内，广电总局总计选出了 214 款国内自主研发的'民族网游'，平均每年近 20 款"；2016 年 11 月 23 日《关于实施"中国原创游戏精品出版工程"的通知》（新

---

① 《国务院办公厅转发文化部等部门关于开展电子游戏经营场所专项治理意见的通知》，2000 年 6 月 15 日，国办发〔2000〕44 号，"除加工贸易方式外，严格限制以其他贸易方式进口电子游戏设备及其零、附件（海关商品编号 95041000、95043010、95049010），对电子游戏设备及其零、附件的加工贸易业务，列入限制类加工贸易产品"；《文化部关于加强网络游戏产品内容审查工作的通知》，2004 年 5 月 14 日，文市发〔2004〕14 号，"经营性互联网文化单位应当按照国家有关规定对拟进口的网络游戏产品内容进行严格的审核"；《文化部、信息产业部关于网络游戏发展和管理的若干意见》，2005 年 7 月 12 日，文市发〔2005〕21 号，"加强网络游戏产品的进口管理工作。严格实行进口网络游戏产品内容审查制度，有选择地把世界各地的优秀网络游戏产品介绍进来，又防止境外不适合我国国情和含有不健康内容的网络游戏产品的侵入"；《文化部关于改进加强网络游戏内容管理工作的通知》，2009 年 11 月 13 日，"加强对进口和国产网络游戏内容的审查备案管理"。
② 《网络游戏管理暂行办法》，2010 年 6 月 3 日，中华人民共和国文化部令 第 49 号，"进口网络游戏应当在获得国务院文化行政部门内容审查批准后，方可上网运营"。
③ 前 10 批 "中国网络游戏出版工程" 的国产原创游戏，仙侠类游戏占据主流地位，以第一批原创游戏列表洞悉，其后几批也大同小异：《碧血情天 Online》《封神榜》《剑侠情缘网络版 2》《天地 OL 之画魂道》《刀剑 Online》《仙侣奇缘》《傲世 Online》《天骄 2》《十面埋伏》《大唐》……，来源：知乎，触乐，https://www.zhihu.com/question/52690168/answer/131836365。

广出办发〔2016〕98号）①的正式发布宣告"中国民族网络游戏出版工程"项目的落幕，取而代之以"中国原创游戏精品出版工程"。"中国原创游戏精品出版工程"与先前的民族工程类似，预计"2016—2020年，建立健全扶持游戏精品出版工作机制，累计推出150款左右游戏精品，扩大精品游戏消费，落实鼓励和扶持措施，支持优秀游戏企业做大做强"；相比过去，此次"中国原创游戏精品出版工程"的政策优惠力度更大，特别是在游戏出版方面对企业的吸引力更强。

2005年中央对游戏产业的大开放政策《关于网络游戏发展和管理的若干意见》（文市发〔2005〕21号）也对原创游戏、民族游戏给予更为优渥的政策优惠。它首次明确了网络游戏享受软件产业优惠政策。并且，"网络游戏"的含义在该文件制定过程中被正式确定——"网络游戏是通过信息网络传播和实现的互动娱乐形式，是一种网络与文化相结合的产业。网络游戏中所指的'网络'，不仅仅包括我们通常所说的计算机国际互联网，它所指的信息网络是包括电信网、移动互联网、有线电视网以及卫星通信、微波通信、光纤通信等各种以IP协议为基础的能够实现互动的智能化网络的互联。因此，网络游戏是网络产业与游戏产业、信息产业与娱乐产业的融合和跨越发展的产物，既是文化产业，又是信息产业"——这也就明确了作为软件产业一部分的游戏产业可以享受当时国家关于软件产业的许多优惠政策，包括国务院《关于鼓励软件产业和集成电路产业发展的若干政策》（国发〔2000〕18号）②和《振兴软件产业行动纲要》（国办发〔2002〕47号）③等软件产业政策，而这些都是我国网络游戏产业腾飞的助推器。但值得注意的是，"并非所有网络游戏企业都能享受这些软件产业政策，信息产业部、国家税务总局等有关部门制定的《软件企业认定标准及管理办法》规定了几个必要条件，如必须具有一种以上由本企业开发或由本企业拥有知识产权的软件产品；从事软件产品开发和技术服务的技术人员占企业职工总数的比例不低于50%；软件技术及产品的研究开发经费占企业年软件收入的8%以上；年软件销售收入占企业年总收入的35%以上，其中自产软件收入占软件销售收入的50%以上等9项条件"④。这也就表明，享受软件产业政策优惠的是积极从事国产原创网络游戏研发和生产的企业，其余网络游戏公司并不在此次帮扶对象范围内。

① 《关于实施"中国原创游戏精品出版工程"的通知》，2016年11月23日，新广出办发〔2016〕98号，"对作品入选'游戏精品工程'的研发、出版、运营企业和研发团队（个人）以及做出突出贡献的组织实施部门，总局予以通报表彰，并颁发证书""对作品入选'游戏精品工程'的研发企业……提供优先安排，给予专门指导""各级出版行政主管部门要通过多种渠道，大力宣传'游戏精品工程'及其入选作品……""各级出版行政主管部门要积极主动采取措施推进'游戏精品工程'"……
② 《关于鼓励软件产业和集成电路产业发展的若干政策》，2000年6月24日，国发〔2000〕18号，在多个方面给出扶持措施，包括"税收政策""产业技术政策""出口政策""收入分配政策""人才吸引与培养政策""采购政策""软件企业认定制度"……
③ 《振兴软件产业行动纲要》2002年9月18日，国办发〔2002〕47号，"提高企业技术创新能力""优先采用国产软件产品和服务""加大对软件出口的扶持力度""加速软件人才队伍建设"……
④ 《文化部、信息产业部关于网络游戏发展和管理的若干意见》解读，2005年9月16日，357C01-02-2005-2601，http://zwgk.mct.gov.cn/zfxxgkml/zcfg/zcjd/202012/t20201205_915382.html。

（二）成长阶段：2010—2015年

1. 回顾——黄金时代前的蛰伏

经历了自2000年起长达10年的政策摇摆，中国电竞在2010年进入了一段漫长的休眠期。新阶段中央有关电竞、游戏产业的政策文件以2010年5月12日《国家发展改革委办公厅关于当前推进高技术服务业发展有关工作的通知》（发改办高技〔2010〕1093号）① 开始，该项通知针对国家高技术服务业的产业内容推出了一系列帮扶措施。"高技术服务业是高技术产业的重要组成部分和增长引擎，对于推进产业结构优化升级，提升产业竞争力具有重要支撑作用；高技术服务业主要包括信息技术服务、生物技术服务、数字内容服务、研发设计服务、知识产权服务和科技成果转化服务等知识和人才密集、附加值高的相关行业。"这也就表示以科技创新为主要诉求的游戏研发系统等高科技内容被纳入了此次政策扶持对象范围内；而此部分作为游戏产业链上游段的核心价值板块，享受此次政策福利，也为整体游戏产业打下了坚实的科技地基。

《国家发展改革委办公厅关于当前推进高技术服务业发展有关工作的通知》（发改办高技〔2010〕1093号）发布后不久，2010年6月3日《网络游戏管理暂行办法》（中华人民共和国文化部令，第49号）相继出台。"2009年，我国网络游戏市场规模达258亿元人民币，同比增长39.5%"②，但随着网络游戏市场的不断扩大，它所带来的深层次问题也日益显露。为有效解决相关问题，依据《国务院办公厅关于印发文化部主要职责、内设机构和人员编制规定的通知》（国办发〔2008〕79号）及《中央编办对文化部、广电总局、新闻出版总署〈"三定"规定〉中有关动漫、网络游戏和文化市场综合执法的部分条文的解释》（中央编办发〔2009〕35号）③ 有关政策，履行中央赋予文化部的网络游戏主管部门的职责，文化部于2008年启动了《网络游戏管理暂行办法》（中华人民共和国文化部令，第49号）的制定工作，并于2010年制定完成。期间文化部广泛征求了多方意见，该办法首次系统地对网络游戏的娱乐内容、市场主体、经营活动、运营行为、管理监督和法律责任做出相关规定，涵盖了游戏产业链的各个方面，共计六章39条。该办法既在法规层级上固化了文化部以往行之有效的管理制度，又针对网络游戏市场现阶段出现的突出问题细化了管理措施，强化了政策的可操作性和可实施性，成为划时代性质的网络游戏管理标志性文件，此后的管理工作均以此办法规定的内容开展。可见，中央对游戏产业发展带来的一系列问题十分重视，对推动电竞、游戏产业发展似乎

---

① 《国家发展改革委办公厅关于当前推进高技术服务业发展有关工作的通知》，2010年5月12日，发改办高技〔2010〕1093号，"引导数字文化产业创新发展；加强数字动漫及数字影视……技术开发和应用平台建设，包括……自主动漫和游戏开发系统……""提高知识产权服务能力。进一步开放专利等知识产权信息资源"……

② 《网络游戏管理暂行办法》解读，2015年5月21日，357C01-02-2015-2627，http://zwgk.mct.gov.cn/zfxxgkml/zcfg/zcjd/202012/t20201205_915408.html。

③ 《中央编办对文化部、广电总局、新闻出版总署〈"三定"规定〉中有关动漫、网络游戏和文化市场综合执法的部分条文的解释》，2009年9月7日，中央编办发〔2009〕35号，"将国家新闻出版总署动漫、网络游戏管理（不含网络游戏的网上出版前置审批），及相关产业规划、产业基地、项目建设、会展交易和市场监管的职责划入文化部"，按照上述规定，文化部是网络游戏的主管部门。

变得更为保守——在此办法出台之后，有关正向直接推动电竞、游戏产业的政策文件数量也大幅度缩水，中国电竞似乎进入了一段漫长的休眠期。

直到2015年7月24日，国家体育总局出台《电子竞技赛事管理暂行规定》[①]，提出合法的法律主体可以自行依法组织和举办商业性的电竞赛事，"电竞"才重新回归至中央政策的视野当中，并从体育赛事规范管理的视角切入为电竞赛事制定配套的管理规定。该规定作为当时国内较为系统性的电竞赛事相关规范文件，完善了作为在整体产业链中游段主体内容的电竞赛事的运营机制。

2.思考与总结——"动漫扶持游戏"思维的延续

虽然《网络游戏管理暂行办法》（中华人民共和国文化部令，第49号）在极大程度上指导着中央协调对游戏产业的管理性质，令相关组织机构和部门将更多的精力花在规范产业发展之上，但中央仍然有以"旁敲侧击"的态势从游戏的相关产业入手推动游戏产业发展。回顾中央分别于2006年、2008年出台的《国务院办公厅转发财政部等部门关于推动我国动漫产业发展若干意见的通知》（国办发〔2006〕32号）和《文化部关于扶持我国动漫产业发展的若干意见》（文市发〔2008〕33号），中央扶持游戏产业发展的思路为"以动漫产业发展带动游戏产业"，而以此思维路径拓展延伸的产业政策也在本阶段有所出现。

2012年6月26日，文化部出台《"十二五"时期国家动漫产业发展规划》（动漫办发〔2012〕1号）[②]，针对以动漫形象为基础扩建的游戏IP圈、衍生品业态等电竞产业链下游板块，以及国家动漫游戏海外市场数据库、信息支撑平台、人才培养建设和科技创新工程等上游内容，提出指导意见及帮扶措施，期望在延伸动漫产业链的同时丰富电竞产业链生态。2014年3月14日，《国务院关于推进文化创意和设计服务与相关产业融合发展的若干意见》（国发〔2014〕10号）[③]要求"加快数字内容产业发展，推动文化产品和服务的生产、传播、消费的数字化、网络化进程，强化文化对信息产业的内容支撑、创意和设计提升，加快培育双向深度融合的新型业态"，"深入挖掘优秀文化资源，推动动漫游戏等产业优化升级，打造民族品牌；推动动漫游戏与虚拟仿真技术在设计、制造

---

① 《电子竞技赛事管理暂行规定》，2015年7月24日，"本规定所指的电子竞技赛事是指由国家体育总局体育信息中心主办或合办的国际性或全国性电子竞技项目的综合性或单项竞赛活动，以及接受信息中心指导的其他电子竞技赛事活动；非信息中心主办的国际性和全国性电子竞技赛事，包括商业性、群众性、公益性电子竞技赛事，一律不需要审批，合法的法律主体可自行依法组织和举办此类赛事"。

② 《"十二五"时期国家动漫产业发展规划》，2012年6月26日，动漫办发〔2012〕1号，"优秀漫画与动画、游戏、衍生产品等行业的结合，积极发展动漫形象授权，打造受众欢迎、具有市场基础的漫画形象和产品""扩大动漫衍生产品市场规模，促进与动漫形象有关的服装、玩具、食品、文具、电子游戏等衍生品的生产和经营""推进国家动漫产业综合示范园、中国动漫游戏城、动漫领域核心关键技术研发等重大项目建设"……

③ 《国务院关于推进文化创意和设计服务与相关产业融合发展的若干意见》，2014年3月14日，国发〔2014〕10号，"加快数字内容产业发展""深入实施国家文化科技创新工程，支持利用数字技术、互联网、软件等高新技术支撑文化内容、装备、材料、工艺、系统的开发和利用，加快文化企业技术改造步伐……""深入挖掘优秀文化资源，推动动漫游戏等产业优化升级，打造民族品牌，推动动漫游戏与虚拟仿真技术在设计、制造等产业领域中的集成应用""深入实施知识产权战略，加强知识产权运用和保护，健全创新、创意和设计激励机制……"

等产业领域中的集成应用"，旨在推动以动漫产业为基础的游戏内容产品实现与其他产业的业态叠加目标，创新文化产品的经营模式。为贯彻落实该项意见的指导思想，2014年3月17日，《文化部关于贯彻落实〈国务院关于推进文化创意和设计服务与相关产业融合发展的若干意见〉的实施意见》（文产发〔2014〕15号）①应声出台，针对电竞产业链中、下游段，以推动文创、动漫产业来带动电竞、游戏产业的发展，主要作用于含有文创属性的电竞IP衍生服务与产品设计；同时助推"文化＋体育＋电竞"发展模式，对电竞赛事业态重构与优化也产生一定的积极推动作用。综上所述，过去保持着的"以动漫产业发展带动游戏产业"的转化路径依然存在，游戏产业的发展仍然沐浴在动漫产业的政策福音之下，依附性极强。

（三）腾飞阶段：2016年至今

1.回顾——政策转型后的黄金时代

2016年，随着国家经济发展进入新常态，工业生产等领域面临着较为严重的产能过剩，供给结构调整转型升级的任务十分艰巨。为解决以上问题，中央政府认为需要通过积极发挥新消费的引领作用，加快培育形成新供给，从而在更高层次上推动供需矛盾的解决，为经济社会发展增添新动力。于是，2016年4月15日，国家发改委发布《关于印发促进消费带动转型升级行动方案的通知》（发改综合〔2016〕832号）②，《促进消费带动转型升级行动方案》政策文件也正式出台。该项行动方案成为自2010年以来中央首次正向推动"电子竞技赛事活动在国内环境举办"的扶持性文件，基于电竞新业态消费对转型升级的高效促进作用，中央政府重新将电竞列入政策助推列表内；并且鉴于前些年游戏产业的发展积累，中央开始把视域扩充至整个电竞产业链，而非单一的游戏这一上游地基产业——相比过去的探索发展阶段和稳步发展阶段，"游戏"一词在政策文件中的所占比例开始明显下降，"电竞""电子竞技"等体育价值、商业价值和文化价值更为丰厚的词汇占比开始急速上升——政策扶持方向也开始从"游戏"转向"电竞"。《关于印发促进消费带动转型升级行动方案的通知》（发改综合〔2016〕832号）作为2016年国内第一项有关电竞帮扶的产业政策，如春雷般唤醒了蛰伏已久的电竞产业，电竞的黄金时代随之到来。

《关于印发促进消费带动转型升级行动方案的通知》（发改综合〔2016〕832号）的起头，推动着一波又一波正向扶持电竞产业的政策文件出台，中央帮扶政策如雨后春笋

①《文化部关于贯彻落实〈国务院关于推进文化创意和设计服务与相关产业融合发展的若干意见〉的实施意见》，2014年3月17日，文产发〔2014〕15号，"提升文化产业的创意水平和整体实力，推广手机（移动终端）动漫行业标准，鼓励面向新媒体渠道的动漫游戏创作。提高游戏产品的文化内涵，培育国产游戏知名品牌，增强游戏核心竞争力和国际影响力""加强网络游戏规范管理，积极引导行业和企业自律。办好中国国际动漫游戏博览会，建设最具影响力的专业化、国际化动漫游戏会展交易平台""促进文化与体育产业融合发展。鼓励文化企业向体育领域拓展，支持发展体育竞赛表演、电子竞技、体育动漫等新业态"……
②《关于印发促进消费带动转型升级行动方案的通知》，2016年4月15日，发改综合〔2016〕832号，"开展电子竞技游戏游艺赛事活动，加强组织协调和监督管理，在做好知识产权保护和对青少年引导的前提下，以企业为主体，举办全国性或国际性电子竞技游戏游艺赛事活动"。

般，势不可挡，2016年也因此成为电竞产业政策福利年元年。2016年7月13日，国家体育总局发布《体育产业发展"十三五"规划》①，针对电竞产业链中游及下游段，创新"商业+电竞体育"的发展模式，深挖电竞作为体育赛事所蕴含的商业价值，以消费带动产业结构升级，双向驱动电竞产业的总体发展。2016年9月13日，《文化部关于推动文化娱乐行业转型升级的意见》（文市发〔2016〕26号）②出台，强调了电竞产业的"文化娱乐"属性，认为其是"文化产业的重要组成部分，在满足人民群众精神文化需求，扩大和引导文化消费，带动就业，促进经济发展等方面具有重要作用"；同时在上游段扶持新科技开发，鼓励"高科技企业利用自身科研实力和技术优势，进入文化娱乐行业，合作开展产品研发生产和娱乐场所改造升级，促进行业吸收新理念、新观念、新技术，增强文化娱乐企业创新创造的动力和活力"；在产业链中、下游段支持电竞赛事的举办与商业推广，希望通过游戏、游艺竞技增强文化娱乐产品曝光量，拉动消费，创造商业价值，并对游戏场馆、电竞场所及配套设施的改造与优化提供政策帮助，力求拉动消费从而带动产业转型升级。2016年10月28日，国务院办公厅发布《关于加快发展健身休闲产业的指导意见》（国办发〔2016〕77号）③，将电竞体育项目认定为"健身休闲产业"的一部分，并鼓励相关的社会机构团体的成立与自我完善，加强相关组织的社会职能；同时贯彻落实"互联网+健身休闲"的发展策略，"鼓励开发以移动互联网、大数据、云计算技术为支撑的健身休闲服务，推动传统健身休闲企业由销售导向向服务导向转变"，对相关体育场馆的改造优化提出要求，在一定程度上给予政策支持——以电竞所蕴含的体育价值作为出发点，主要针对于电竞产业链上、中游板块内容提供政策扶持。2018年10月11日，国务院办公厅《关于印发完善促进消费体制机制实施方案（2018—2020年）的通知》（国办发〔2018〕93号）④针对上游段的游戏研发、中游段赛事筹办等内容进行支持。在这一时期，我们可以明显感受到中央对电竞的认识更加深入，电竞"游戏+竞技+文化"的标签在中央政策所显露出的意识形态中被不断强化，电竞不再是局限于游戏产业的专属名词，其开始被作为体育产业、文化产业重要价值组

---

① 《体育产业发展"十三五"规划》，2016年7月13日，"丰富体育产品市场，以冰雪、山地户外、水上、汽摩、航空、电竞等运动项目为重点""探索完善赛事市场开发和运作模式，实施品牌战略，打造一批国际性、区域性品牌赛事""大力开发群众喜闻乐见的体育传媒产品，鼓励开发以体育为主、融合文化、健康等综合内容的组合产品，积极支持形式多样的体育题材文艺创作"（电竞自媒体账号开发运营、电竞赛事直播、电竞网络节目等相关）……
② 《文化部关于推动文化娱乐行业转型升级的意见》，2016年9月13日，文市发〔2016〕26号，"鼓励游戏游艺设备生产企业积极引入体感、多维特效、虚拟现实、增强现实等先进技术""鼓励游戏游艺场所积极应用新设备、改造服务环境、创新经营模式，支持其增设上网服务、休闲健身、体感游戏、电子竞技、音乐书吧等服务项目。鼓励歌舞娱乐场所利用场地和设备优势，依法提供观影、演出、游戏、赛事转播等服务，办成多功能的文化娱乐体验中心""鼓励在大型商业综合设施设立涵盖上网服务、歌舞娱乐、游戏游艺、电子竞技等多种经营业务的城市文化娱乐综合体"……
③ 《关于加快发展健身休闲产业的指导意见》，2016年10月28日，国办发〔2016〕77号，"发展特色运动；推动极限运动、电子竞技、击剑、马术、高尔夫等时尚运动项目健康发展，培育相关专业培训市场""支持企业实现垂直、细分、专业发展，鼓励各类中小微健身休闲企业、运动俱乐部向'专精特新'方向发展，强化特色经营、特色产品和特色服务"（电竞企业、俱乐部相关）……
④ 《关于印发完善促进消费体制机制实施方案（2018—2020年）的通知》，2018年10月11日，国办发〔2018〕93号，"拓展数字影音、动漫游戏、网络文学等数字文化内容。完善游戏游艺设备分类，严格设备类型与内容准入""推进网络游戏转型升级，规范网络游戏研发出版运营""积极培育冰雪运动、山地户外运动、水上运动、航空运动、汽车摩托车运动、电竞运动等体育消费新业态"。

成部分为中央政府所重视并享受"高额"的政策红利。

继2016年《文化部关于推动文化娱乐行业转型升级的意见》（文市发〔2016〕26号）之后，以电竞的文创属性推动产业发展的中央政策文件，也在2017年频繁出现。2017年4月11日，《文化部关于推动数字文化产业创新发展的指导意见》（文产发〔2017〕8号）[①]进一步将电竞产业细分归类至数字文化产业板块内，强调"数字文化产业已成为文化产业发展的重点领域和数字经济的重要组成部分"，推动数字文化产业的发展"有利于培育新供给、促进新消费"，呼应了早期贯穿于《关于印发促进消费带动转型升级行动方案的通知》（发改综合〔2016〕832号）中的指导策略路径——"以消费拉动内需，加快产业结构转型"；推动数字文化产业的上游技术发展，贯彻"互联网+"发展理念，应用于动漫、游戏、电竞领域，加快产业融合和扩张——从电竞的角度而言，包括下游的"粉丝经济"、社交平台文化圈生态、游戏周边产品销售与IP开发、电竞直播等，以及中游段的电竞赛事相关和上游的高新技术开发，要加快尖端数字文化产业智能化设备在产业链中、下游段的应用拓展，以及强化在上游游戏开发、动漫基础形象制作等科技硬实力方面带来的提升。同时该文件也强调要规范市场秩序、建立健全数字文化产业发展机制，以可持续发展的科学发展观进行管理协调。可见中央政府始终坚持"规范发展"的原则，电竞产业也在该政策原则的指导下健康、高速地发展。2017年4月20日，国家文化部印发《文化部"十三五"时期文化产业发展规划》[②]，提出推动游戏产业结构升级，包括网络游戏、电子游戏等游戏门类的协调发展，从而带动电竞产业链上游段优质产品供给，以科技为导向赋能电竞、游戏产业，促进移动游戏、电竞、游戏直播、虚拟现实游戏等新业态发展。同年8月24日，国务院印发《国务院关于进一步扩大和升级信息消费持续释放内需潜力的指导意见》（国发〔2017〕40号）[③]，提出加快文化数字化发展进程，从技术层面为电竞全产业链提供政策支持，包括上游游戏开发、中游电竞赛事技术支持、下游文创IP开发等内容生产过程，以及涵盖全产业链的人才培养、就业环节。

2021年4月7日，《国家发展改革委、商务部关于支持海南自由贸易港建设放宽市

---

① 《文化部关于推动数字文化产业创新发展的指导意见》，2017年4月11日，文产发〔2017〕8号，"加强游戏内容价值导向管理""改善游戏产品同质化、低俗化现象，培育国产原创游戏品牌产品、团队和企业""促进电竞赛事、电竞直播等新模式健康有序发展""增强数字文化装备产业实力"……
② 《文化部"十三五"时期文化产业发展规划》，2017年4月20日，"支持发展体育竞赛表演、电子竞技等新业态，鼓励地方依托当地自然人文资源举办特色体育活动""推进游戏产业结构升级，推动网络游戏、电子游戏等游戏门类协调发展，促进移动游戏、电子竞技、游戏直播、虚拟现实游戏等新业态发展""鼓励研发具有自主知识产权的网络游戏技术、电子游戏软硬件设备，鼓励游戏游艺设备生产企业积极引入体感、多维特效、虚拟现实、增强现实等先进技术"……
③ 《国务院关于进一步扩大和升级信息消费持续释放内需潜力的指导意见》，2017年8月24日，国发〔2017〕40号，"实施数字内容创新发展工程，加快文化资源的数字化转换及开发利用""扶持一批重点文艺网站，拓展数字影音、动漫游戏、网络文学等数字文化内容"。

场准入若干特别措施的意见》（发改体改〔2021〕479号）^①扶持政策出台，重点鼓励海南试点发展网络游戏产业，并尝试将国产网络游戏试点审批权进行下放，支持海南自由贸易港的自由发展。该政策对国产游戏的出口及国外精品游戏的引进、资源集聚与整合产生一定的推进作用。同年7月5日，国家工信部、发改委、教育部、文化部等十部门联合发布《5G应用"扬帆"行动计划（2021—2023年）》（工信部联通信〔2021〕77号）^②，旨在"遵循5G应用发展规律，着力打通5G应用创新链、产业链、供应链，协同推动技术融合、产业融合、数据融合、标准融合，打造5G融合应用新产品、新业态、新模式，为经济社会各领域的数字转型、智能升级、融合创新提供坚实支撑"——以5G技术为导向，推动其与电竞产业的融合发展，包括智能游戏设备、电竞直播网络、互动型线上线下场馆建设等方面，让5G赋能电竞全产业链各个板块，提高内容生产效率及业务拓展、产品更新换代速度，提升全产业端口的创新发展能力。在这一国内电竞发展的黄金时期，中央政府对电竞板块的工作细分与拓展更为全面、深入，不仅从体育赛事角度规范了电竞赛事举办流程、电竞裁判和运动员的资格认证、俱乐部的相关规定，也在最大程度上放大了电竞在文化、商业领域的所有价值。

2. 思考与总结——电竞人才教育可持续性发展问题

人社部、市场监管总局、统计局在2019年4月联合发布了一则通告，电子竞技员和电子竞技运营师被国家认定为正式职业^③，帮助电竞相关的从业人员在社会认同方面扫清了障碍。游戏产业作为国内早期电竞产业发展的替代品，享受中央政府的政策优惠，在长时间的发展过程中积累了一大批优秀的游戏研发、技术维护等方面的人才；而电竞作为直到2016年才被中央正视的后起产业，其专业的人才培养环节较为匮乏，从事电竞相关工作的人员都是以自我摸索的状态一步一步走到现在，而电竞产业的高速发展与电竞领域相关人才紧缺的矛盾随着产业发展进一步加剧，严重制约着国内电竞产业的发展。因此，中央开始更加全面地针对电竞产业进行人才补足工作。2016年9月30日，教育部职业教育与成人教育司发布《关于做好2017年高等职业学校拟招生专业申报工作的通知》，公布了13个增补专业，其中包括"电子竞技运动与管理"（专业代码：670411），其隶属于"教育与体育"大类下的"体育"类。该文件的公布意味着"电竞"正式成为教育行业的一部分，国家开始着手培育与之相关的专业人才。而中国传媒大学就成为国内首个开设电竞方向专业的大学。2017年，中国传媒大学开设"艺术

① 《国家发展改革委、商务部关于支持海南自由贸易港建设放宽市场准入若干特别措施的意见》，2021年4月7日，发改体改〔2021〕479号，"落实具有国际竞争力的文化产业奖励扶持政策""优化对娱乐场所经营活动和对游戏游艺设备内容的审核""鼓励网络游戏产业发展，探索将国产网络游戏试点审批权下放海南，支持海南发展网络游戏产业"……
② 《5G应用"扬帆"行动计划（2021—2023年）》，2021年7月5日，工信部联通信〔2021〕77号，"推动与5G结合的社交、演播观影、电子竞技、数字艺术等互动内容产业发展"……
③ 《人社部、市场监管总局、统计局联合发布新职业》，2019年4月3日，人社部，http://www.mohrss.gov.cn/SYrlzyhshbzb/dongtaixinwen/buneiyaowen/201904/t20190403_313788.html。

与科技（数字娱乐方向）"专业，用以重点培养游戏策划、电竞节目策划与制作、电竞赛事运营等方面的相关人才。同年6月，四川电影电视学院与成都电子竞技协会签订协议，同步开设"电子竞技运动与管理"专业，后续四川传媒学院、四川科技职业学院两所高校也相继开设电竞专业。到了9月，南京传媒学院也成立了电竞学院，成为全球首个专业从事电竞品牌设计、用户分析、赛事运营、战队管理本科高等教育的院校，基于艺术与科技专业，下设电竞设计与运营方向，为国际电竞产业培养专门人才，填补了国内、国际上的教育空白。2021年3月12日，《教育部关于印发〈职业教育专业目录（2021年）〉的通知》（教职成〔2021〕2号）出台，公布了电竞相关的新增专业"电子竞技技术与管理（专业代码：370304）"，进一步推进了高校电竞人才的培养工作。目前国内高校电竞专业内部的发展依然面临着教师能力和职称不匹配，学科发展上升空间有限[①]的问题。其根本原因在于电竞专业尚处于起步发展阶段，不像其他专业一般已有近百年的知识积累和人才储备，电竞之于高校而言也是全新的知识领域，因此可能会在教材的编制、课程编排等方面出现漏洞；并且很多从事于电竞专业授课的教师面临着懂设计、懂营销、懂运营但不懂电竞，懂电竞却不懂设计及管理等问题，教师在复合型人才的高要求下，难以兼得电竞与运营管理两方面的知识储备，因此专业学生的知识获取环节在一定程度上受到了限制。但电竞产业仍然保持的高速发展态势，似乎在某种程度上掩盖了高校专业内部存在的痛点，中央政策似乎也不可避免地陷入这场经济"骗局"之中——直到目前的政策文件仍然是作用于电竞就业方面的人才培养，而没有考虑到对专业教师自身能力的考量与评定，也没有给出解决高校困境的方案策略——这也在某种程度上成为导致电竞专业相关教师资历、课程内容质量上升空间较大的直接原因。电竞专业读研、读博的路径端口也在这场政策疏忽当中被忽视，导致学生在本科毕业之后没有继续深造便投身于行业当中，更深层次、更加系统与理论化的知识体系尚未在学生当中得以构建，因此学生往往会因知识储备不足而感到乏力，就业的过程也因此变得困难重重。基于上层政策的空缺，目前国内高校大多采用校企合办的形式来进行电竞专业的课程设置，合并业内和学界的独立优势，让学生在理论学习的过程中也能参与到真实的企业实践当中，在一定程度上削弱了政策空缺带来的负面影响。但电竞专业硕士生、博士生的学位设置仍然需要中央上层的重点帮助，以进一步提升电竞专业毕业生的专业素养，为电竞产业发展提供基础性保障。

---

① 《EDG夺冠背后，电竞人才培养机制正逐步完善》，2021年11月9日，"专业人士表示，目前学校在电竞人才培养方面，依然面临着教师能力和职称不匹配，学科发展上升空间有限的问题。'我觉得最好的方案是国家能新增电竞行业的职称评定的体系；新增电竞行业去读博读硕的新路径和端口。'王思行（南京传媒学院电竞学院副院长）表示"，来源：腾讯网，https://new.qq.com/omn/20211109/20211109A01Q3V00.html。

第二节　地方层面

一、电竞黄金时代的"百家争鸣"格局

2016年的《关于印发促进消费带动转型升级行动方案的通知》（发改综合〔2016〕832号）带来的不仅仅是国内在宏观层面对电竞产业的全开放姿态，同时也在真正意义上唤醒了全国各地电竞产业的发展势头。以2016年为节点，上海、北京、广州、成都、西安等城市陆续响应中央号召，在规范发展的原则下，开始逐步推出一系列系统性、针对性强的集成性政策文件以大力扶持当地发展电竞产业（表6-3）。电竞浪潮借势于政策春风席卷着全国各个地区，国内电竞呈现出"百家争鸣"的发展格局。

表6-3　国内部分地区电竞产业相关政策概况

地区		政策数目	文件名称
北京市		9	《关于应对新冠肺炎疫情影响促进文化企业健康发展的若干措施》 《北京市文化产业发展引领区建设中长期规划（2019—2035年）》 《关于推动北京游戏产业健康发展的若干意见》 《北京海淀区发布支持数字文化产业发展重磅政策》 《北京经济技术开发区游戏产业政策》 《文化旅游领域"两区"建设工作方案》 《北京培育建设国际消费中心城市实施方案(2021—2025年)》 《关于加快推进石景山区国家服务业综合改革试点区发展意见》 《关于推进文化创意产业创新发展的意见》
广东省	广州市	5	《广州市天河区电竞产业发展规划（2020—2030年）》 花都区《加快数字文化产业发展扶持办法（试行）》 《广州市黄埔区、广州开发区、广州高新区促进游戏电竞产业发展若干意见》 《广州市促进电竞产业发展三年行动方案（2019—2021年）》 《关于加快文化产业创新发展的实施意见》
	佛山市	2	《关于加快发展文化产业融合发展的实施意见》 《文化佛山三年行动计划（2017—2019年）》
	深圳市	6	《深圳市南山区关于支持电竞产业发展的实施意见》 《深圳市南山区关于支持电竞产业发展的若干措施》 《深圳市龙岗区深龙文化产业英才计划实施办法》 《深圳市龙岗区经济与科技发展专项资金支持文化产业发展实施细则》 《加快文化产业创新发展的实施意见》 《关于印发深圳市福田区产业发展专项资金系列政策的通知》

续表

地区		政策数目	文件名称
陕西省	西安市	5	《曲江新区电子竞技产业发展规划（2019—2030）》 《西安曲江新区关于支持电竞游戏产业发展的若干政策》 《西安市电竞游戏产业发展规划（2018—2021年）》 《"十四五"文化和旅游发展规划》 《推进国家体育消费试点城市建设实施方案》
上海市		11	《上海市全力防控疫情支持服务企业平稳健康发展若干政策措施》 《静安关于促进电竞产业发展的实施方案》 《静安关于加快本市文化创意产业创新发展的若干意见》 《关于推动徐汇区体育产业高质量发展的实施意见》 《电竞运动员注册管理及赛事发展计划》 《闵行区文化创意产业发展三年行动计划（2018—2020年）》 《电竞运动员注册管理及赛事发展计划》 《全力打响"上海文化"品牌　加快建成国际文化大都市三年行动计划(2018—2020年)》 《关于加快本市文化创意产业创新发展的若干意见》 《关于促进上海动漫游戏产业发展的实施办法》 《上海市电子竞技运动员注册管理办法（试行）》
四川省		3	《四川省电子竞技运动员注册与交流管理办法》 《四川省电子竞技裁判员管理办法》 《四川省电子竞技教练员培训管理办法》
成都市		3	《关于推进"电竞＋"产业发展的实施意见》 《中共成都市委成都市人民政府关于创新发展生活性服务业　建设高品质和谐宜居生活城市的意见》 《成都市文化产业发展"十三五"规划》

（一）北京——权责清晰的政治环境优势

早在2013年，北京市政府、市发改委就针对石景山区发展电竞产业出台过扶持性政策文件——《关于加快推进石景山区国家服务业综合改革试点区发展意见》（京政发〔2013〕17号）[①]——希望依托于数字娱乐产业示范基地和中国动漫游戏城两个核心区域，吸引文化创意项目和机构进入该地区发展，加速资源整合进度；并通过该地区的技术优势，进一步提升科技研发实力。2019年11月10日，北京市海淀区中关村举行文化产业五十人研讨会——数字文化产业创新与发展会议。期间，海淀区发布了以电竞产业为重点，从推动游戏研发和内容创作、集聚游戏企业及电竞俱乐部、支持电竞场馆建设和赛事举办、支持开展游戏电竞交流活动、强化人才支撑、优化营商环境等六个方面的重磅

[①] 《关于加快推进石景山区国家服务业综合改革试点区发展意见》，2013年7月15日，京政发〔2013〕17号，"依托北京数字娱乐产业示范基地和中国动漫游戏城两个核心区域，重点发展动漫游戏、电子竞技""吸引并聚集一批国家级文化创意项目和国内外知名文化创意机构，强化数字技术研发及应用，搭建文化科技融合创新平台，逐步形成完整的数字娱乐产业链，打造国家动漫网游中心和首都数字娱乐中心"……

支持政策，覆盖电竞全产业链，推动海淀数字文化产业高质量发展。[①]2020年2月19日，《北京市文化改革和发展领导小组办公室关于应对新冠肺炎疫情影响　促进文化企业健康发展的若干措施》（京文领办发〔2020〕1号）[②]政策文件出台，为进一步减轻疫情对首都文化企业生产经营影响，促进企业健康可持续发展，电竞依托其自然成长的互联网经济优势，再次引起北京市政府的重视与关注。2020年12月28日，北京经济技术开发区管理委员会印发《北京经济技术开发区游戏产业政策》（京技管〔2020〕98号）[③]，从研发创新、场馆建设、俱乐部发展、赛事落地、房租补贴、金融服务、平台建设等多维度出发，全面支持游戏电竞企业和人才发展，同样覆盖了电竞全产业链。相较于过去的中央政策，地方发布的电竞相关扶持政策更为全面、细致，而不只是停留于模糊意识形态层面的"推动电竞产业发展"。电竞产业发展到现在，上层建筑的推动路径开始逐步明朗化、清晰化，具有具体成文策略的实质性扶持政策文件越来越多。而相较于其他城市，北京作为政治中心享有得天独厚的区位优势，更早一步实行电竞产业试点区行动策略；并且其针对于电竞产业的政治影响力，在深度、广度两方面相比其他城市作用得更为深刻、有力。

（二）上海——多元化扶持的产业集聚优势

国家统计局在《体育产业统计分类（2019）》中将电竞列入商业化、市场化的职业体育赛事活动，国家层面的"认可"与地方层面各具特色的普惠措施，使电竞产业发展进入新阶段。当前，中国电竞进入发展黄金期，越来越多的地方将电竞纳入地方发展规划，竞相争逐"电竞之都"的称号。其中，上海作为国内电竞产业起步最早的城市之一，早在2017年《关于加快本市文化创意产业创新发展的若干意见》[④]的政策文件中，就将电竞产业作为经济提升的重要引擎之一，围绕电竞场馆建设，进行衍生品发行、电竞直播、赛事筹备等中下游产业内容的扶持工作，提出了打造"全球电竞之都"的产业蓝图。2018年5月4日，《关于促进上海动漫游戏产业发展的实施办法》（沪文广影视

① 《首届中关村文化产业五十人研讨会：海淀发布数字文化产业支持政策》，2019年11月11日，人民网，https://www.sohu.com/a/352924765_114731。
② 《北京市文化改革和发展领导小组办公室关于应对新冠肺炎疫情影响促进文化企业健康发展的若干措施》，2020年2月19日，京文领办发〔2020〕1号，"加快推动新业态融合发展，大力促进网络教育、网络游戏、数字音乐、数字出版等新兴业态融合发展，培育новые的经济增长点，形成发展新动能。积极筹备北京国际电竞创新发展大会、中国视听大会、北京国际游戏创新大会、北京国际音乐产业博览会等品牌会展活动""充分发挥国产网络游戏属地管理试点优势，设立网络游戏综合服务窗口，提高北京属地游戏审核效率"……
③ 《北京经济技术开发区游戏产业政策》，2020年12月28日，京技管〔2020〕98号，"鼓励企业落地及成长壮大""鼓励创新研发和内容创作；鼓励各层级游戏电竞领域技术创新中心、工程技术中心落地发展""支持电竞场馆建设；支持企业机构用好经开区城市更新政策，推进电竞场馆建设""支持电竞俱乐部落地发展；支持具有国内外影响力的顶级电竞俱乐部在经开区落地带动产业发展""支持赛事活动落地；支持游戏（电竞）企业或机构主办赛事、展览论坛及职业联赛，为游戏电竞产业发展营造良好氛围"……
④ 《关于加快本市文化创意产业创新发展的若干意见》，2017年12月12日，"加快全球电竞之都建设；鼓励投资建设电竞赛事场馆，重点支持建设或改建可承办国际顶级电竞赛事的专业场馆1至2个，规划建设若干个特色体验馆。发展电竞产业集聚区，做强本土电竞赛事品牌，支持国际顶级电竞赛事落户；促进电竞比赛、交易、直播、培训发展，加快品牌建设和衍生品市场开发，打造完整生态圈，为国内著名电竞企业落户扎根营造良好环境"……

〔2018〕）①出炉，除常规电竞产业发展内容外，上海此次推出的政策文件还额外增加了对"电竞战队"的培养环节，这意味着上海市政府对打造"全球电竞之都"的思维路径更为清晰，政策方向也开始逐渐延伸扩展。

上海电竞产业发展至今，其电竞之都的名号实至名归。上海的发展路径和北京较为相似，均以重点扶持个别区域成长壮大来带动全市电竞产业发展。上海市静安区、杨浦区、闵行区、浦东新区等区块成为上海市电竞文化的中心地带。2018年7月16日，中共闵行区委办公室、闵行区人民政府办公室印发《闵行区文化创意产业发展三年行动计划（2018—2020年）》（闵委办发〔2018〕14号）②，计划在华漕镇建立电竞产业园，从全产业链各端口完善电竞产业园优化工作，并建设可承办全球顶级电竞赛事的场馆。2019年1月31日，《上海市静安区促进电竞产业发展的扶持政策（试行）》（静发改委规〔2019〕）③政策出台，针对产业链上中下游各板块，主要在人才引进、名企入驻、原创游戏开发、场馆建设运营、电竞赛事筹办、直播平台运营、电竞产业融合与业态叠加等方面提供优惠政策和资金扶持。继2019年6月上海市推出《促进电子竞技产业健康发展20条意见》之后，同年7月，杨浦区发布了促进电竞产业发展"23条政策"，出台四大专项措施，包括扶持企业创新研发、打造电竞赛事基地、推动园区场馆建设、构建人才培养体系等。

（三）思考与总结——电竞发展的城市化与地域性

1.因地制宜的地方电竞发展原则

纵观国内各大电竞相关城市的发展路径，其呈现形式在很大程度上透露出当地发展电竞产业的底层逻辑——遵循因地制宜的发展原则——地方企业在充分了解政策走向的前提下，结合自身硬实力与地方资源优势，因地制宜地发展电竞产业。例如，位于北京当地的北京电影学院、中国传媒大学等与传播、新媒体、内容制作相关的名府高校不断为北京的传媒行业输送高质量人才；同时，北京得益于优渥的政治土壤及各项资源集聚整合的绝对性优势，在长久的发展当中积累了一大批拥有较强内容制作能力的传媒公司、影视机构，在与"Z世代传播"核心内容深度联结的电竞产业当中，这部分企业团

---

① 上海市文化广播影视管理局. 关于促进上海动漫游戏产业发展的实施办法，沪文广影视〔2018〕147号[EB/OL]. (2018-05-04) [2022-04-23]. "完善电竞生态圈。打造完整的电竞生态圈，促进赛事品牌、电竞产品、电竞战队、比赛场馆、赛事直播等关键环节的产业链发展""扶持2—4个获得国内外电竞赛事良好成绩的电竞战队，试点打造能够代表上海水平、风格、形象的市级战队，塑造1—2个国际知名电竞赛事品牌"。上海市行政规范性文件数据库《关于促进上海动漫游戏 产业发展的实施办法》（shanghai.gov.cn）.
② 《闵行区文化创意产业发展三年行动计划（2018—2020年）》，2018年7月16日，闵委办发〔2018〕14 号，"打造超竞电竞园；推动广东超竞与腾讯互娱合作，建立电竞产业园，打造设计、研发、比赛、培训、交易、直播电竞产业链；适时建设可承办全球顶级电竞赛事的场馆"。
③ 上海市静安区政府. 上海市静安区促进电竞产业发展的扶持政策（试行），静发改委规〔2019〕1号[EB/OL]. (2019-01-31) [2022-04-23]. "围绕上海市'加快全球电竞之都建设'的总体部署，加快推进静安电竞产业集约化、专业化和规模化发展，着力构建业态完善、充满活力的电竞产业生态圈""支持国内外电竞企业和优秀人才落户静安""强化电竞产业原创内容创作，支持企业原创游戏、运营平台、公共技术服务平台等项目开发，打造电竞产业原创中心""支持企业电竞场馆建设和运营，打造具有全球影响力的电竞赛事中心""支持电竞企业对接多层次资本市场"。上海市静安区促进电竞产业发展的扶持政策（试行）-上海产业政策服务中心（sh-keji.cn）.

体能够较好地利用自身优势与快速发展的新兴电竞产业对接，发挥自身的长足优势——随着电竞产业的文娱价值被不断挖掘、深耕，产业链内部的复合价值链条更具轮廓，发展路径也更加清晰；因此，北京当地强大的内容制作媒体公司可以充分发挥自身优势，助推电竞产业内部在传播、广告、营销等环节的灵活发展。再看国内电竞"超一线"城市——上海。2010年上海世博会如期举行，为上海这座城市打下了坚实的会展举办、场馆建设基础，同时也在一定程度上增强了上海的国际影响力。上海、海口、成都等城市的会展基因比较强大，适合举办大型电竞赛事。2016年，国家会展中心（上海）举办第24届上海国际广告技术设备展览会；同年，中国（上海）国际电影技术展览会、上海国际跨媒体技术装备创新博览会也分别在上海跨国采购会展中心、上海新国际博览中心举办；2021年，中国（上海）国际主题娱乐博览会、第十七届中国国际动漫游戏博览会在上海顺利举办……纵观上海历年所举办的会展项目，其交流内容覆盖影视娱乐、体育教育、机械工业、食品工业、通信设备等行业，几乎所有行业内部的顶尖企业、人才都有机会参与到上海这所城市所举办的交流项目当中。因此，上海强大的会展基因为电竞产业在上海的落地发展注入强大能量，扶持落户上海本地的电竞企业交流、学习、合作共进。其次，2020年英雄联盟S10全球总决赛全程在上海举办，上海浦东足球场成为最终决赛场地，进一步为上海在电竞场馆建设、运营方面提供了品牌背书效应，结合上海强大的会展基因，电竞场馆建设、赛事场地运营维护成为上海电竞城市品牌的一大亮点。而武汉因坐拥武汉大学、华中科技大学、华中师范大学、中南财经政法大学等82所高等院校，高校资源极为丰富，年轻群体在此加持下不断涌入，为武汉持续输送新鲜血液，武汉也因此呈现出城市人口年轻化的趋势；年轻群体作为电竞产业的主要受众和生力军，是发展电竞的重要基础，留下年轻人、吸引更多优秀的外地年轻人才到本地发展，也是地方大力发展电竞产业的具体措施之一。西安、佛山、苏州等地作为历史文化名城，在历代的发展过程中形成了独特的地方文化体系，拥有诸如上海、深圳等城市无可比拟的历史文化资源，因此该类城市的电竞产业发展均与地方文化紧密结合，打造独特的城市电竞IP。例如，西安凭借自身充足的旅游景观资源，在城市电竞品牌发展上贯彻落实了"电竞+古城"的指导思想，通过西安本土的文旅产业结合电竞来双向驱动产业发展；同时，此种以现代潮流元素作为媒介，以传统文化作为主要输出对象的再创作路径，使得传统与现代元素的共存局面更为融洽、适配。

我国电竞相关政策发展至今，其覆盖的工作内容在持续的修缮更新中不断扩充完善，具体实施措施也更加详细与细致。目前，我国地方电竞政策开始将工作重心转移至电竞赛事上，赛事资源作为电竞产业内部的核心资源，已成为增加企业收入、提升企业品牌形象、促进职业选手与俱乐部之间的交流竞技、创造舆论话题及推动赛事相关IP开发创作等的重要途径。因此，城市与电竞赛事的结合，可以多维度促进城市电竞品牌的打造与传播。不仅如此，电竞赛事所带来的网络讨论度与社会关注度，都在很大程度上为城市发展带来了巨大的经济效益，也从根本上激发了城市年轻化、前沿化的发展活力。自2016年开始，国家政策放宽地方城市发展电竞产业的先决门槛之后，国内多个地方政府先后颁布相关政策措施，支持在当地举办各项电竞赛事，并且表示要建立与本城市绑定的市级电竞战队、持续引入国内知名的赛事俱乐部和企业等，以求电竞赛事在本土的可持续化发展。从电竞城市品牌发展的角度来看，电竞赛事已成为带动地方文旅产业发展、提升城市品牌形象、扩大城市影响力的重要途径。然而，目前国内能够举办的国际性电竞赛事、大型国内交流赛等资源较为稀少。在此背景下，各地政府开始依托当地特色，结合地方文化或资源优势，寻求电竞赛事可切入的融合端口，因地制宜地开发特色电竞赛事体系，实现当地有效资源的实质性转化，最终形成差异化发展的格局态势。例如，哈尔滨合理利用当地常年积雪的气候优势，围绕"哈尔滨冰雪节"的核心概念，每年会在市内举办至少三场具有国内影响力的电竞赛事，吸引投资方、电竞企业落地哈尔滨，持续打造"冰雪+电竞"的赛事体系；成都市政府发展城市电竞的具体路径与西安相似，依托当地深厚的地方文化资源，创新"电竞+传统文化"的发展模式，其出台的电竞政策强调将以"巴蜀文化"为代表的地方特色文化元素融入电竞赛事中[①]，打造独特的赛事品牌。

2.产业集聚的"联动"效益考量

除上海这一国内"电竞之都"的超一线城市之外，以北京为首的地方城市也在政策层面表示"打造电竞中心"的决心，"电竞之都"的品牌化战略已经成为当下地方政府的着重考量对象。北京市2019年12月24日发布《关于推动北京游戏产业健康发展的若干意见》（京文建发〔2019〕12号）[②]，提出要在海淀区打造北京游戏精品研发基地，同时也首次表明要建设"游戏理论研究中心"。基于此项目，北京游戏产业、电竞产业的理论研究将会步入一个全新的发展阶段，相关的理论深度和知识体系将会更上一个台阶；成都市2020年5月7日发布《关于推进"电竞+"产业发展的实施意见》（成办发〔2020〕48号）[③]，提出要大力建设"电竞文化之都"，以聚集电竞产业要素资源、完善电竞产业生态布局、推动"电竞+"融合发展、营造电竞特色文化为重点，深入挖掘电竞市场价值，促进"电竞+"产业品牌化、国际化、规范化、融合化发展；广州市发布的《广州市促进电竞产业发展行动方案（2019—2021年）》中也明确指出力争三年内建成

---

① 《关于推进"电竞+"产业发展的实施意见》，2020年5月7日，成办发〔2020〕48号，"培育自主IP赛事；支持举办主题化、品牌化的电竞系列赛事，融入中华优秀传统文化如巴蜀文化、天府文化、三国文化、大熊猫文化等文化元素"。
② 《关于推动北京游戏产业健康发展的若干意见》，2019年12月24日，京文建发〔2019〕12号，"在北京建设全球领先的精品游戏研发中心、网络新技术应用中心、游戏社会应用推进中心、游戏理论研究中心、电子竞技产业品牌中心……"
③ 《关于推进"电竞+"产业发展的实施意见》，2020年5月7日，成办发〔2020〕48号，"依托我市在电子信息、软件研发等高科技产业和智能经济、创意经济、数字经济等新经济领域的发展优势，以进一步提升电竞研发和发行水平、搭建多层次电竞赛事体系、引进电竞职业俱乐部和产业链配套企业""建设一批功能多样、设施健全的电竞场馆""布局一批文商旅体多业态融合的电竞特色街区，形成电竞与文创、科技、旅游、娱乐等多产业融合发展的创新发展格局"……

"全国电竞产业中心"。

　　地方政府之所以如此重视电竞中心、电竞之都的打造，离不开与其强关联的产业集聚带来的"联动"效应。产业集聚带来的"联动"效益不仅助推着电竞产业自身的发展，更是在扩充和填补周边服务业、商业、旅游业等多业务板块的附加内容，提升整体产值。在现阶段各地政府颁布的有关推动电竞产业发展的政策文件中，"联动"一词所出现的频率和与之对应的具体措施数量开始上升。许多地区的电竞产业发展和生态建设工作开始围绕与"联动"相关的"地域合作"展开。例如，福建省平潭市毗邻台湾，可接触的优势资源较为充足，因此平潭市通过加强与台湾地区的交流合作，开通政策优惠渠道，吸引台湾地区优秀的电竞企业、人员落地平潭，深化两地电竞产业的互利合作与融合，促进交通运输业、服务业等行业的协同发展；同时又以电竞作为两岸交流的媒介，强化两岸共同发展的核心理念，以两岸人民的经济交流带动文化交流，巩固两岸和谐共存的关系局面[①]。南京市江宁开发区创新电竞产业与周边产业的"联动"发展模式，推出"电竞+科技""电竞+教育""电竞+旅游"发展理念，以加强电竞与周边产业的"联动"效益。在此指导思想下，南京市江宁开发区着力打造电竞产业示范基地、集聚区，整合一切可利用资源并分发至不同的电竞融合产业，从而形成电竞闭环生态，双向驱动电竞与周边产业的"联动"发展。还有诸如上海市打造市级电竞战队，意味着政策方向开始逐渐延伸扩展，从最初的电竞产业上游端的产品研发与中游端的赛事筹备等基础内容，转向以电竞比赛之于消费者观赏价值和粉丝效益为导向的经济利益考量，扶持重点开始扩充完善；以潜在商业价值巨大的电竞俱乐部、职业运动员为主要人群的电竞主体被上海市政府如此关注，也正是因为其带来的品牌"联动"效益极强——建立市级战队，以此增强城市影响力，提升城市电竞品牌的核心价值，从而进一步带动电竞产业相关内容的发展，强化资源集聚效应，吸引人才、名企入驻，由此形成电竞闭环生态并良性循环运作。

3.积极开发"电竞+"的商业模式

　　上海作为国内"超一线电竞城市"，在电竞企业、俱乐部、赛事资源的分配上占据垄断性质的优势地位，其发展程度远超国内一线城市——国内80%以上的电竞公司、俱乐部和明星资源均集聚于上海，包括《英雄联盟》全球总决赛在内的国际顶尖电竞赛事大部分也都在上海举办。而北京、成都、西安、广州等作为电竞"一线城市"，虽没有上海这般将电竞产业与自身城市品牌深度融合，但也在近几年的发展过程中取得了一系列可喜可贺的突破性进展。不仅仅电竞的超一线城市、一线城市在产业链各个端口探

[①]　《平潭综合实验区关于加快推进电竞产业发展的实施意见》，2019年5月22日，岚综管办〔2019〕23号，"发挥电竞产业集聚效应，建设集数据引领、赛事推广、游戏设计开发、动漫设计、游戏IP交易、休闲娱乐体验、轻松办公于一体的综合电竞产业园，打造一条上中下游协调发展、挖掘青年创意、带动两岸青年创新创业的产业链；把平潭电竞打造成平潭新兴产业体系的新增长极以及集聚专业、品牌影响力于一体，促进两岸融合发展的靓丽名片"。

索电竞产业的未来发展道路，其他地方县城或市行政区也跟随电竞席卷而来的大浪潮，自主谋求当地的电竞产业发展。在此背景下，"电竞小镇"的概念逐渐进入政府高层的视野当中并被给予重视。"电竞小镇"凭借地方政府提供的政策优惠条件，充分发挥了地租成本较低、资源集聚便利等优势，打破了过去由于地方小而缺少场馆资源、俱乐部资源、电竞人才资源的限制。如今，部分电竞小镇在人才培养、企业引进、高新技术开发等方面起着不可忽视的作用，已初步形成了其品牌影响力。2017年12月18日，重庆忠县发布的《关于促进电竞产业发展的若干政策意见》（忠府办发〔2017〕167号）①在企业引进、人才引进、电竞配套设施提供与优化等方面给予支持和鼓励；2018年杭州市下城区人民政府发布的《关于打造电竞数娱小镇 促进产业集聚发展的实施意见（试行）》（下政函〔2018〕15号）②，铸就了电竞业态融合小镇的典型，多元化发展的电竞小镇在专业人才引进、电竞队伍打造、电竞相关平台机构打造、旅游设施建设、名企入驻等各方面给予政策支持和资金补充。2020年在重庆忠县举办的CF冠军杯总决赛助力当地电竞小镇的品牌打造，扩大了其影响力；同时，电竞正式入选杭州第19届亚运会的竞赛项目，也为杭州下城区电竞小镇的发展带来了流量。电竞小镇以微型的产业集聚态势发挥着电竞一线城市希望看到的"联动"效应；在发展逻辑上，其与大型试点区的培养开发是一致的，电竞小镇以自身独特的魅力推动着电竞产业的高速发展。处在一线城市和电竞小镇之间的部分中小型城市也在发展电竞的大趋势中找到了自身的立足点，提供了电竞融合城市品牌发展的新思路。例如，平潭市发挥自身毗邻台湾的长足优势，强化自身与台湾地区的电竞交流合作。2019年，平潭市推出"台创园杯"《王者荣耀》争霸赛，搭建了以电子竞技为载体的两岸青年交流平台，该赛事促进了优秀电竞人才的挖掘、培养工作，为拥有电竞梦想的两岸青年提供了一次实现自我的机会，落实了其深耕于电竞产业之初的就业、创业环节；2020年，平潭市综合实验区开启电竞产业园区打造项目，重点针对场馆建设、电竞相关的社交媒体账号运营、电竞人才培养等环节，提供政策优惠支持，从而强化平潭市内化的电竞产业基因。

4. 推动产业人才的可持续发展

2019年4月，人社部、市场监管总局、统计局联合发布新职业，正式将电子竞技员和电子竞技运营师列为新职业。电竞职业获得官方认可，进一步激发了电竞产业的发展活力。同年7月，人力资源和社会保障部发布《电子竞技运营师和电子竞技员就业景

---

① 《关于促进电竞产业发展的若干政策意见》，2017年12月18日，忠府办发〔2017〕167号，"整合县内产业资金，建立不少于1亿元的电竞产业发展资金，保障电竞产业发展，重点支持企业引进、人才引进和专项政策落实方面"。
② 《关于打造电竞数娱小镇 促进产业集聚发展的实施意见（试行）》，2018年4月9日，下政函〔2018〕15号，"力争五年内，规划打造100万平方米的电子竞技产业发展平台，集聚1000家以上的电竞核心产业链企业及机构，吸引10000名以上电竞创新人才，引进和培育10家以上国际国内知名电竞俱乐部，组织举办1000场次各类电竞赛事，接待游客200万人次，设立和引入各类电竞产业发展基金超100亿规模，实现电竞产业发展综合收入超200亿元，缴纳税收超10亿元"小镇管委会（筹）与区国投集团积极探索产业基金的引入，区国投集团将牵头多家企业共同成立不少于15亿的小镇配套产业基金，用于赛事品牌打造、电竞数娱产业孵化、电竞初创企业扶助，致力于打造集产业+文化+旅游+教育于一体的电竞全产业链"……

气现状分析报告》，多项数据表明，我国目前电竞行业只有15%的岗位处于人力饱和状态。据不完全统计，绝大多数岗位仍然面临人才稀缺甚至无人务工的难题。根据目前现状预测，在未来很长一段时间内，电竞产业的人才需求量与供给量将始终保持不对等状态，人才缺口或将持续扩大。国内电竞产业起步较晚，整体产业发展仍然有许多需要完善的地方，而产业人才缺口便是一大难题。面对逐渐扩大的电竞人才缺口，各地纷纷为电竞从业者提供利好政策，通过吸纳和培育人才为行业输送更多新鲜血液。

　　首先，地方政府从住房、落户、生活补贴等饮食起居层面制定相关优惠政策，为投身于电竞产业的专业人才消除后顾之忧。例如，上海市静安区推出电竞人才"定制套房租住"政策，从事电竞行业的专业人才将被优先考虑入住静安区政府安置的"人才公寓"，同时在其子女入学、入托等方面提供政策保障与支持①，以此吸纳更多有志青年落户静安区并投身电竞产业建设。其次，部分地方政府会针对电竞人才培养目标，重点设立人才扩张计划，包括人才引进与自我培养环节，从根本上保障电竞产业的可持续发展。2019年，海南省政府推出电竞人才"千人计划"，为优秀电竞运动员和行业尖端人才提供优惠政策服务，其中包括落户、推荐免试入学高等职业教育等相关内容，进一步为电竞人才培养提供政策保障。

　　再者，部分地方政府也在就业层面为电竞专业人才提供政策保障。例如，平潭通过开设高校电竞专业、设立就业指导中心，培养相关专业人才，并为超龄退役的电竞选手和从业人员提供再就业、创业指导服务②；而北京市则针对人才库建设、"电竞人才选拔体系和运动员评估体系"的完善提出了相关要求，为退役运动员的短暂转换期提供扶持③。此外，随着教育部开放电竞相关专业，地方政府也开始将电竞人才培养的工作重心转移至各地高校内部，以高校为主阵地，支持、鼓励地方高校与职业院校增添、开设电竞专业，深化"校企合作"的发展模式，让学生在实践和理论结合的学习环境中提升自我专业素养。例如2019年，上海市杨浦区政府推出的"电竞23条"，便鼓励将上海相关高校的电竞专业教育建立在"校企合作"的发展模式之上。

---

① 《上海市静安区促进电竞产业发展的扶持政策（试行）》，2019年1月31日，静发改委规〔2019〕1号，"对电竞企业的专业人才（人数限定），优先考虑入住本区'人才公寓'""对电竞企业引进、招聘的高层次人才，在子女入学、入托等方面提供支持保障，享受市、区政府出台的有关人才引进的优惠政策"；《静安区关于促进电竞产业发展的实施方案》，2020年1月16日，"整合上海大学、上海戏剧学院、逸夫职校、行健学院等区域内各类院校、电竞龙头企业及专业培训机构的专业资源，从学历教育、职业教育、在职教育、科普教育四个层面开展电竞专业教育与培训，做好产业和教育的有效对接"。
② 《平潭综合实验区关于加快推进电竞产业发展的实施意见》，2019年5月22日，岚综管办〔2019〕23号，"鼓励国内职业院校开设电竞专业，对开设电竞专业且实际招生人数达到60人以上的区内职业院校一次性奖励10万元。支持开设电竞专业培训机构。对所培养的电竞人才与区内企业签订劳动合同每年达20人以上的电竞专业培训机构予以年度一次性奖励10万元。设立就业指导中心，为超龄退役的电竞选手和从业人员提供再就业、创业指导服务……"
③ 《关于推动北京游戏产业健康发展的若干意见》，2019年12月24日，京文建发〔2019〕12号，"加大人才引进力度，支持国内外优秀游戏人才扎根北京。创新职称评定方式方法，将游戏作品作为职称评定的主要内容，建立优秀游戏人才库，并将其纳入北京市'四个一批''百人工程'人才选拔范围。支持发展电竞产业职业教育，鼓励具备条件的高校和职业学校设立相关专业；支持行业协会、专业机构等针对各类电竞从业人群开展专业技能和行业规范培训；建设电竞人才选拔体系和运动员评估体系，重视电竞选手的职业化训练、职业生涯规划和商业价值开发，做好退役转换过渡期的职业培训教育和辅导工作……"

一、选择题

1.下列哪项政策的出台标志着国内早期游戏产业在真正意义上迎来第一波春天？（　　）

　　A.文化部、信息产业部《关于网络游戏发展和管理的若干意见》（文市发〔2005〕21号）

　　B.《关于推动我国动漫产业发展若干意见的通知》（国办发〔2006〕32号）

　　C.《文化部关于扶持我国动漫产业发展的若干意见》（文市发〔2008〕33号）

　　D.《网络游戏管理暂行办法》（中华人民共和国文化部令 第49号）

2.我国在哪一年正式确立电竞为一项体育运动？（　　）

　　A. 2002年

　　B. 2009年

　　C. 2003年

　　D. 2005年

3.下列哪项政策首次明确了网络游戏享受软件产业优惠政策？（　　）

　　A.《关于鼓励软件产业和集成电路产业发展的若干政策》（国发〔2000〕18号）

　　B.《振兴软件产业行动纲要》（国办发〔2002〕47号）

　　C.《关于网络游戏发展和管理的若干意见》（文市发〔2005〕21号）

　　D.《关于当前推进高技术服务业发展有关工作的通知》（发改办高技〔2010〕1093号）

4.我国最早开设电竞方向专业的高校是哪一所？在哪一年开设的？（　　）

　　A.中国传媒大学　2016年

　　B.中国传媒大学　2017年

　　C.四川电影电视学院　2016年

　　D.四川电影电视学院　2017年

5.电子竞技员和电子竞技运营师在哪一年被国家认定为正式职业？（　　）

　　A. 2016年

　　B. 2017年

　　C. 2018年

　　D. 2019年

二、简答题

1.请简述国内电竞产业相关的中央政策在探索发展阶段的两大主要特征。

2.请简述中央政府对游戏、电竞产业的态度转变及工作重心的转移历程。

三、思考题

　　位于电竞产业链下游段的业态融合与叠加，作为电竞产业在未来延伸扩展、提升附加产值的核心领域，你认为有哪些板块值得电竞从业者和领导者关注？

参考答案

一、选择题

1.A 2.C 3.C 4.B 5.D

二、简答题

1. 首先需要明确的是，在探索发展阶段，"电竞"产业尚未真正发展起来，中央主导的政策均以"游戏"代替"电竞"来支持、规范相关企业或行业的整体发展。这里讲到的"电竞"，实则是针对游戏产业而言，因为游戏本身作为电竞的地基产业，无论是对其进行规范或是助推，都会在一定程度上影响电竞产业的发展。

特征一：游戏产业发展对动漫产业福利政策处于极度依赖的状态。由于动漫产业与游戏产业本身的高度相关性及两大板块的教育属性差异，中央采取"动漫为主，游戏为辅"的发展策略，双管齐下，同时发展两大新兴产业。

特征二：迫于国外进口游戏文化兼容度低及国内原创游戏质量偏低的双重压力，中央政府在这一时期加强了对国内原创精品游戏的扶持力度，大力支持带有民族特色、教育意义，展现中华民族精神的原创游戏开发与设计。中央对"原创""民族文化"表现出高度认同，从事于民族性质的原创游戏开发公司与企业将享受相比于其他游戏公司更高份额的政策红利。

2.总体而言，从规范到助推，从针对产业链下游推广到全产业链内容。我国电竞产业早期发展阶段规范类文件出台的目的除了规范电竞产业市场秩序，更多也是为了防止电子游戏产品造成"社会危害"。到了电竞产业发展后期加速发展阶段，在保持原有规范力度的前提下，鼓励性政策大量涌现并逐渐占据主导优势——内容涉及以推动文创产业、动漫产业来带动游戏、电竞产业的发展，产业链上游游戏设计、运营等方面的技术支持，中游赛事举办、场馆建设、战队打造等电竞主体工程，以及下游电竞直播内容生产、游戏IP衍生品、周边业态叠加等附加产值内容。

三、思考题

略

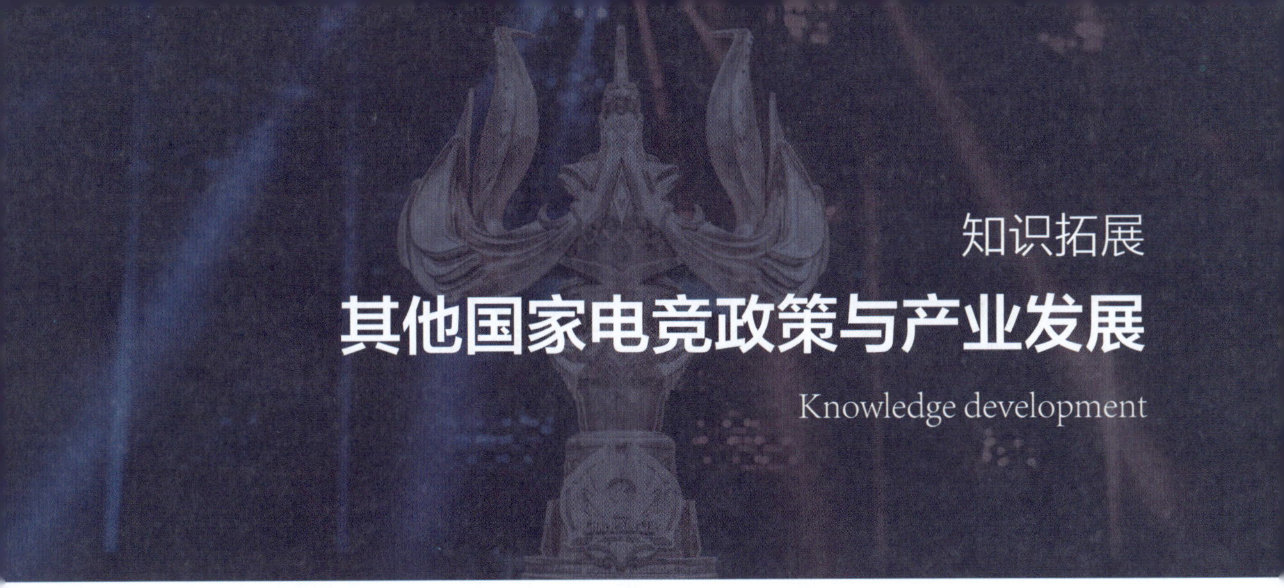

知识拓展

其他国家电竞政策与产业发展

Knowledge development

第一节 世界主要电竞国家与组织

一、美国：较为完备的全面监管

（一）机构：全国大学电子竞技协会

美国电子竞技机构的一个显著的特点就在于大学电竞的蓬勃发展推动了相关管理机构的产生。校际电竞的起源类似于美国大学足球，起初都是在全国大学体育协会（the National Collegiate Athletic Association，NCAA）监管之外出现的。随着越来越多大学电竞项目的启动和蔓延，这一趋势先延伸至全国校际田径协会（the National Association of Intercollegiate Athletics，NAIA），最终扩大到全国大学体育协会的成员机构。[①]

目前，没有一个占主导地位的监管机构像全国大学体育协会对其成员机构那样组织和支持大学生体育竞赛。最接近大学电子竞技管理机构的是全国大学电子竞技协会（the National Association of Collegiate E-Sports，NACE）。全国大学电子竞技协会（NACE）是一个自愿的、由成员管理的协会，旨在开发在大学领域推进大学电竞所需的结构和工具。与全国大学体育协会和全国校际田径协会类似，全国大学电子竞技协会制定了规章制度来管理其成员机构及其各自的学生运动员。在全国大学电子竞技协会之前，对大学电竞的唯一监管存在于经营大学电竞比赛的联盟和锦标赛中。全国校际田径协会和全国

① Holden J T, Edelman M, Baker T. A Short Treatise on E-Sports and the Law: How America Regulates Its Next National Pastime[J]. Social Science Electronic Publishing.

大学体育协会都可以加入全国大学电子竞技协会，当前全国大学电子竞技协会已经设法将大多数大学代表队项目组织成一个监管单位，其中全国大学生体育协会的大学代表队项目占据50%以上。（表1）

表1　美国大学体育组织机构

组织名称	组织内容	对电子竞技态度
全国大学电子竞技协会 (the National Association of Collegiate E-Sports, NACE)	性质：自愿的、由成员管理的协会。 宗旨：开发"在大学领域推进大学电子竞技所需的结构和工具"。	积极支持，致力于大学电竞管理。
全国大学体育协会 (the National Collegiate Athletic Association, NCAA)	性质：美国大学体育管理机构，管理着1281个大专院校、联盟或个体体育组织；同时还负责组织美国和加拿大许多大学或学院的体育赛事。 宗旨：将校际体育运动纳入教育体系之中，使体育运动真正成为大学生活的一部分。	持怀疑态度但有所松动，是否在当前体育项目中增加电竞仍然是悬而未决的问题。
全国校际田径协会 (the National Association of Intercollegiate Athletics, NAIA)	性质：小型田径项目的管理机构。 宗旨：致力于以个性为导向的校际田径运动。	持怀疑态度但有所松动。

2019年4月，全国大学体育协会提出参与电子竞技（尚未通过，仍是悬而未决的问题），一方面，由于该组织在举办校际体育比赛方面的经验，全国大学体育协会的潜在参与可能会加速某些方面的发展；但另一方面，全国大学体育协会的介入不仅会威胁到全国大学电子竞技协会，还会威胁到所有不属于全国大学体育协会成员机构的全国大学电子竞技协会成员。[①]

而最主要的问题涉及将业余模式纳入大学体育运动，全国大学体育协会的业余主义模式指出只有业余爱好者才有资格参加全国大学体育协会认可的体育运动。这意味着，除了极少数例外，学生如果曾因参加他们寻求全国大学体育协会资格的体育运动而获得补偿，则没有资格继续参加。如果全国大学体育协会要吸收大学生电竞，它就需要放松对业余爱好者的坚持，允许那些以前从竞技游戏中获利的人，无论是从锦标赛中获得奖金，还是从Twitch等应用程序的流媒体游戏中获利。受此影响，全国大学电子竞技协会有意将全国大学体育协会的业余模式排除在联盟规则和条例外。同样，NCAA版本的业余主义没有被纳入大学电竞的主要比赛和联盟的任何条例中。关于电竞，保护NCAA业余模式的假设并不适用，因为业余从来不是大学电竞的一个基本组成部分。

因此，大学电竞的运作和监管尚未解决，全国大学电子竞技协会的成员资格决定

① Holden J T, Edelman M, Baker T. A Short Treatise on E-Sports and the Law: How America Regulates Its Next National Pastime[J]. Social Science Electronic Publishing.

了政策，全国大学体育协会成员的参与将增加实施类似于国家体育协会现有规则的可能性。[①]

（二）电竞主体的相关法律：参与者、团队和联盟

电竞生态圈中的主体可以划分为参与者、团队和联盟。

对于电竞的参与者来说，1935年的《国家劳动关系法》（ *The National Labor Relations Act of 1935* ）作为一项联邦法规，已经赋予他们组建工会的权利，而不用担心被重新授权。该法在相关部分规定，私人雇员拥有自我组织的合法权利，并"为以下目的的参与一致的活动集体谈判或其他互助或保护"。[②]如果形成了一个可识别的联盟，那么雇主群体就获得了"谈判强制性条款和条件——工时工资和工作条件——的积极义务"。[③]

关于电竞竞争者在美国劳动法中的地位仍有疑问，尽管出于签证的目的，一些电子竞技运动员被视为职业运动员，但如果运动员不在公平劳动标准法案（FLSA）或其他相关州和联邦立法的豁免范围内，就无法获得最低工作金额的补偿（即加班费）。

电竞团队对其所属的队员享有相应的权利和义务。团队通过合同条款限制队员的宣传权，禁止队员认可与球队官方赞助商竞争的产品。此外，即使没有明显的冲突，商业代言合同也需要团队的批准。同时，电竞团队也承担队员工资、工作场所安全等方面的义务。许多电竞团队共享住房，住在一起，以最大限度地增加团队建设和练习时间。虽然球员获得住房，但也需要遵守相应团队规则，通常包括严格的练习计划和激烈的竞争关系。此外，住房的提供是以令人满意的玩家表现为条件的，在比赛中的不稳定的表现可能会导致玩家的房间被让给别人。

根据现有法律授权，在"正当程序的基本原则"下，电子竞技联盟拥有完全自由的裁决权来决定谁有资格参与竞争、谁是胜者。除了确定竞赛获胜者的规则外，支付奖金的电子竞技联盟必须符合联邦和州反赌博法，以及联邦和州法律禁止的非法私人彩票，禁止组织包含机会元素（通过随机抽签或除真正技能之外的任何方式选择获胜者）并获得奖赏报酬的电子竞技锦标赛。此外，由于电竞比赛的参与者不是任何联盟的成员，这意味着电子竞技联盟将不会享受任何非法定劳工豁免辩护来接受反垄断审查。

（三）电子竞技运动员的身份问题：美国移民局 VS 联邦一级

随着电竞在美国的快速发展，美国移民局逐渐承认电竞或专业视频游戏是一项体育运动，开始批准国际公认的合格职业电子游戏玩家的P-1签证。其中，P-1签证是"指

① Holden J T, Edelman M, Baker T. A Short Treatise on E-Sports and the Law: How America Regulates Its Next National Pastime[J]. Social Science Electronic Publishing.
② National Labor Relations Act, 29 U.S.C. § 157 (2018). See generally Michael H. LeRoy, Courts and the Future of "Athletic Labor" in College Sports, 57 ARIZ. L. REV. 475, 504 (2015).
③ For more on Streaming, see William A. Hamilton, Oliver Garretson & Andruid Kerne, Streaming on Twitch: Fostering Participatory Communities of Play Within Live Mixed Media, in proceedings of the 32nd annual acm conference on human factors in computing systems 1315, 1316 (2014).

定给国际公认的运动员和团队来美国参加体育比赛的类别"，允许持证者在美国停留长达5年，并在美国表演以获得报酬或奖金。[①]

虽然如此，电竞是否是一项运动的问题仍然饱受争议，特别在联邦一级没有得到很好的解决。[②] 这主要因为电竞选手与传统运动员的定义和特性存在差异。就法律意义而言，如果电竞被确定为一项运动，利益相关者将面临许多决定，高管们将被迫在一些问题上做出艰难的决定，比如是否应该对通过《职业和业余体育保护法案》监管电竞博彩的州采取行动。联盟官员还需要决定是否通过《有线法案》寻求司法部的帮助，以关闭庞大的非法赌博行业。此外，电竞也将受到涉及体育的各类法规的监管。因此，电竞是一项运动还是一种娱乐活动的定义问题尤为关键，这将影响美国电竞市场未来的发展。

（四）"幻想电子竞技"的法律问题：各州差异性

"幻想电子竞技"是指电子竞技比赛参与者利用现实生活中的电竞选手在个人和团队项目中产生的统计数据来构建虚拟团队，大部分州认为其属于幻想体育（Fantasy Sports）的一种。具体而言，"幻想电子竞技"就是用户选择某一即将举行的电竞赛事，选择这些现实生活中的电竞选手组建一支虚拟团队。根据选择的队员在现实生活中的表现，团队获得积分，然后和其他人的虚拟团队进行比较以确定获胜者。

不同的州对幻想体育有不同的规定，也意味着对幻想电竞有不同的法律规定。在那些已经实施特殊法律来许可和管理幻想体育竞赛的州，幻想电竞也可能受到这种许可要求的约束。因此，要在这些州经营电竞，既要获得许可证，又要遵守相关的规章制度。相比之下，在没有单独的法律来管理幻想体育的州内（以及在幻想电竞不属于幻想体育定义的州内），幻想电竞的法律地位将根据一般的州博彩法律来确定。

（五）电竞的赌博诈骗问题：美国司法部与联邦贸易委员会

在美国，电竞与赌博之间的关系几年来引发越来越多的关注。2018年，15个欧洲监管机构和美国华盛顿州签署的一份声明表示，他们越来越担心赌博和其他形式的数字娱乐（如电子游戏）之间的界限模糊带来的风险。联邦贸易委员会也宣布，计划在2019年的一次研讨会上公开赃物箱，以解决围绕儿童及其在电子游戏中购买神秘赃物箱问题的持续政治关切。在2019年，美国司法部废除了联邦对网络赌博的禁令，称"美国《电线法案》禁止所有涉及州际交易的网络赌博"，扭转了其自2011年以来"只有体育博彩被禁止"的立场。这意味着，视频游戏开发者必须提出一个解决方案来停止甚至禁止推广战利品箱（允许玩家支付——通常是用真钱——赢得虚拟物品的机会）等活动。

---

① Elizabeth Chung. Gotta Catch Em All! The Rise of e-Sports and the Evolution of its Regulation[J]. Science and Technology Law Review, 2019, 22(2):231-261.

② University F S, University S L . The Future Is Now: E-Sports Policy Considerations and Potential Litigation[J]. Journal of Legal Aspects of Sport, 2017.

对于游戏中存在的伪装成小额交易的潜在非法活动，美国主要依靠联邦贸易委员会进行监管。联邦贸易委员会要求社交媒体影响者（如顶级玩家或视频游戏流公司）必须向消费者披露他们与所展示的服务或产品之间的任何实质性联系，消费者有权利了解这些影响者们正在获得报酬来推广产品。2017年，美国两家视频游戏流公司就因"欺骗性地支持《反恐精英：全球攻势》的在线赌博服务，同时未披露他们共同拥有该赌博服务公司"而被罚款。

（六）亟待解决的产业问题：兴奋剂、知识产权和性别歧视

1. 电竞特殊性：兴奋剂监管的抉择

电子竞技联盟的常规做法就是对他们的运动员进行随机药物测试，检测运动员在缺乏有效处方的情况下，是否服用Adderall（一种用于治疗注意力缺陷多动障碍的处方药）和类似的处方药。一旦发现上述情况，就可以判定该电竞选手非法使用兴奋剂，但也存在着特殊情况——运动员拥有该药物的处方或先天患有相关障碍需要Adderall等处方药。

在传统体育运动中，因为这类处方药对比赛结果的影响在可控范围内，因而遇到这两类情况，只要运动员有有效的处方，就可以在不干扰他们参加比赛的情况下服用药物，至少在NCAA中是如此。但电竞是一项以精神耐力为基础的运动，这意味着进行游戏时使用的主要是大脑。Adderall改变了大脑，使其能够集中注意力，将会对电竞比赛结果产生较大的影响。

因此，电竞的特殊性意味着其不能照搬传统体育法律中的兴奋剂监控药物清单，而应当出台具体的相关法律来契合。

2. 知识产权法：游戏视频的录制与上传

游戏制作者能够根据版权法行使专有权利，版权法赋予创作者控制复制、发行、公开表演和衍生作品的创作的能力，这些作品涉及或源于他们自己受版权保护的作品。1976年的《版权法》为固定在有形表达媒介上的原创作品的创作者提供版权保护，这些权利存在于所有者的一生中，加上所有者死后的70年。就国际权利而言，在签署了《数字千年版权法》（*Digital Millennium Copyright Act*，*DMCA*）的国家，游戏制作者接受世界知识产权组织（World Intellectual Property Organization，WIPO）和《知识产权组织版权条约》（*WIPO Copyright Treaty*）提供的保护。

在电竞知识产权中较为普遍的问题聚焦在录制和上传游戏视频。在传统的体育联盟或组织中，没有任何个人有权在没有得到运动队或联盟本身的明确许可的情况下，广播或播放经过版权和许可的专业体育赛事。然而电竞领域，游戏制作人倾向于容忍"侵犯版权"，因为这实际上可能成为一种利益来源——视频能为游戏获得更多的宣传以吸引更多玩家参与。

目前，对于职业电竞玩家来说，这一问题是通过合同和许可协议来监管的，许可协议"允许个人在公司内部将游戏内容转换为视频内容，只要该内容免费提供，并且游戏的使用是非商业性的"。[①]

而对于流媒体来说，法律中包括的"合理使用"原则（fair use）是对版权主张的积极辩护，它允许出于批评、评论、新闻报道、教学、学术或研究的目的复制受版权保护的作品。根据版权法，合理使用是允许的，作为确保公众获得和使用信息的一种手段。法院在辨别对受版权保护的作品的盗用是否应作为合理使用受到保护时，利用了四个法定因素。这四个因素包括：① 使用的目的和性质；② 原始作品的性质；③ 复制中使用的受版权保护的内容的数量；④ 挪用对受版权保护的作品的市场价值的影响。此外，联盟或游戏开发商也可以将受版权保护的作品的部分权利转让给流媒体。例如，《守望先锋》联赛（Overwatch League，OWL）就以每年4500万美元的价格将其数字媒体版权打包出售给 Twitch，并将其线性电视版权出售给迪士尼，以便在 ESPN、迪士尼频道和 ABC 系列网络上播出。

3. 性别歧视问题

在职业比赛中，女性人数很少，这归因于许多元素，但性别歧视是其中的一个重要原因。2014年，《玩家之门》的一群美国男性玩家就组织了一场针对女性的行业骚扰运动，凸显出电竞中的女性待遇问题。在电竞高层中，女性不仅人数稀少，而且往往被"边缘化"。此外，尽管1972年美国《教育修正法》第九章禁止接受联邦财政援助的所有教育机构中基于性别的歧视，但在为妇女提供校际电竞机会方面仍然存在"巨大和显著"的不平等。因此，美国法律和国家监管需要在为"女性在电竞游戏中拥有更安全的空间"方面发挥更多作用。

（七）实践：全球电竞产业链上游的垄断者

1. 技术优势：顶尖游戏厂商垄断行业上游

美国电竞产业可以追溯到20世纪70年代的街机游戏比赛和家用游戏机比赛，美国在游戏研发领域底蕴深厚，拥有一大批顶尖游戏厂商。如暴雪娱乐（Activison），其代表作主要有《使命召唤》《魔兽世界》《魔兽争霸》等；维尔福（Valve），其代表作主要为《反恐精英》《求生之路》及 DOTA 2 等；艺电公司（Electronic Arts，简称EA），其代表作主要为 FIFA、《极品飞车》《模拟人生》等。（表2）

这些世界顶级游戏厂商几乎都来源于美国，而当今主流电竞游戏和主流电竞赛事也几乎都来源于这些顶级游戏厂商，可以说美国电竞牢牢占据了全球电竞行业的上游端，在自研游戏方面具有他国无可比拟的优势。

---

① Elizabeth Chung. Gotta Catch Em All! The Rise of eSports and the Evolution of its Regulation[J]. Science and Technology Law Review, 2019, 22(2):231-261.

表2　美国主要电竞游戏厂商及其游戏内容

主要游戏厂商	游戏产品	电竞赛事
拳头游戏 （Riot Games）	《英雄联盟》	《英雄联盟》季中冠军赛、《英雄联盟》S 系列全球总决赛、LPL 职业联赛、LCK 职业联赛、LCS 职业联赛等、《英雄联盟》全明星赛
美国艺电 （Electronic Arts）	FIFA 系列	FIFA 电竞国家杯、FIFA 电竞洲际杯、FIFA 明星赛
	《极品飞车》	《极品飞车》2004—2009WCG（世界电子竞技大赛）
	《战锤 online》	/
	《战地》系列	/
动视暴雪 （Activision Blizzard）	《魔兽争霸》	《魔兽争霸》黄金联赛、WCG 锦标赛、IEM 锦标赛
	《使命召唤》	CDL《使命召唤》联赛、CWL 锦标赛
	《魔兽世界》	《魔兽世界》竞技场世界锦标赛
维尔福 （Valve）	《反恐精英》	CS:GO Major、ESL、IEM 等
	DOTA 2	The International DOTA 2 Championships（简称 Ti）等
	《求生之路》	/

2. 经验优势：借鉴传统体育产业的成熟运营模式

美国在传统体育产业拥有成熟的市场基础，因而传统体育转向职业电竞联赛方面也更具优势。可以说，美国的游戏产业发展主要是以市场需求为导向的。随着电竞的发展，传统体育也开始与电竞合作，成立专业电竞联盟，并在美国蓬勃发展。如2017年，NBA（美国职业篮球联赛）正式进入电竞领域，从2017—2018赛季开始，举办 NBA 2K 电竞联赛，密尔沃基雄鹿等 NBA 俱乐部也花费近5亿美元改造场地以举办电竞联赛，推动了美国电竞基础设施建设。除此之外，美国的橄榄球联盟、篮球协会、职业棒球大联盟等传统体育联盟也纷纷涉足电竞领域，成立相应电竞联盟，举办电竞赛事。（图1）

图1　NBA 2K 电竞联赛标识

3. 体制优势：多重角色保障选手职业化发展

美国将电竞职业称为"六位数"的职业（six figure average salaries），比如，《英雄联盟》冠军系列赛（LCS）高级别的职业选手年薪平均为320000美元。然而，职业选手的日常训练是分外紧张的。值得肯定的是，美国电竞选手所在的俱乐部会给他们提供较好的保障，比如生活料理、医疗保健及退休计划制订等。因此，美国高中生投身电竞职业的人数也越来越多，社会资本亦是大量涌入电竞行业。

二、韩国：国家主导的强力监管

（一）机构：韩国职业电子竞技协会

韩国职业电子竞技协会（Korea e-Sports Association，KeSPA）作为独立于电竞行业的第三方机构，受到国家支持，在韩国电竞发展中扮演着主导者的作用。这种国家主导型监管在保证电竞行业被有效管理的同时，一定程度上也降低了电竞行业多样化发展的可能性。

韩国职业电子竞技协会由韩国文化、体育和旅游部（Korean Ministry of Culture, Sports and Tourism）在1999年建立。根据韩国《电子竞技促进法》（*Act on Promotion on e-Sports*），其被指定为负责游戏选择的机构。KeSPA选择和支持包括《星际争霸》《星际争霸2》《英雄联盟》和《DOTA 2》等在内的多款游戏。[①]

作为文化部的一个分支机构，KeSPA旨在构建健全的电竞生态体系，保障韩国电竞玩家的权益，致力于将电竞作为国家体育，挖掘职业电竞市场潜力，同时推动业余电竞体育的发展。[②]KeSPA负责竞争性电竞活动，包括竞赛、锦标赛及广播活动，与韩国电竞相关的其他活动也由KeSPA管理。KeSPA为职业玩家制定了可强制执行的最低工资标准，并且要求玩家的雇佣合同有效时长不得少于一年，保证了职业玩家的稳定性。

此外，KeSPA还具有能够根据韩国法律指控球员或球队刑事犯罪的能力。2010年，韩国媒体指出韩国传奇选手马在允《星际争霸：母巢之战》比赛中，在非法赌博集团的指示下故意输掉比赛，事件爆发后，KeSPA将马在允除名，取消其职业选手的资格，并判其入狱18个月。2015年，有11人由于操纵《星际争霸2》比赛而被起诉，其中，一位名为YoDa的球员和一位名为Gerrard的教练被KeSPA终身禁赛。[③]

KeSPA对韩国整个职业电竞体系具有绝对控制权，无论是比赛、选手还是广告赞助商都在KeSPA的管理之下。因此，KeSPA的支持成为电竞项目能否在韩国获得发展的决

[①] Giulio Coraggio, Mei Sum Chan, Nick Fitzpatrick, Peter C. Whit, Philip Lee. E-Sports Laws of the World[R]. London: DLA Piper Global Law Firm, 2021.

[②] 体坛+. 亚洲电竞地理（二）属于韩国电竞的时代正在结束[EB/OL]. 2018[2022-01-25]. https://baijiahao.baidu.com/s?id=1616021770896239521&wfr=spider&for=pc.

[③] Polygon. StarCraft 2 Matchfixing Scandal Leads to Lifetime Bans from Korean e-Sports Association[EB/OL]. 2015[2022-01-25]. https://www.polygon.com/2015/10/18/9565509/starcraft-2-matchfixing-scandal-lifetime-bans-kespa-korean-esports-association.

定性因素，受到KeSPA重视的电竞项目能够拥有更好的待遇和资源，这在一定程度上压缩了韩国电竞产业的发展空间。此外，这种管理模式也导致了知识产权方面的问题。美国游戏开发商暴雪（Blizzard）就与KeSPA在关于使用《星际争霸》（由暴雪开发）的知识产权监管问题上提起诉讼，尤其是关于广播权和衍生作品的问题上。虽然问题最终得到解决，但是有传言指出暴雪正在韩国寻找KeSPA以外的合作伙伴来推广《星际争霸》的续集。[1]

（二）实践：全球电竞产业的先导和领跑者

1. 韩国电竞快速发展：政策与资本驱动实现腾飞

"我敢跟你打赌，每个地区都有一个Faker[2]，非洲、美国、巴西之类的，任何地方一定都有像Faker一样强的人。韩国人只是强在能够把这个Faker找出来，把他变成全世界电竞爱好者心中的偶像。"

——Doublelift[3]（图2）

"专业游戏之所以能有今天的形式和规模，很大程度上要归功于韩国人。其他国家花费数年的时间追赶，现在还在模仿韩国电子竞技的成功模式。"

——Grubby[4]（图3）

图2 知名电竞选手Doublelift　　　　　图3 知名电竞选手Grubby

正是因为韩国具有完善的电竞人才培养体系、赛训管理制度，使得像Faker等在全球知名的职业选手的出现成为可能。北美《英雄联盟》职业选手Doublelift及荷兰《魔兽争霸》职业电竞选手Grubby的上述两段话证明了韩国电竞产业体系的成熟领先。

---

[1] The Korean Times. StarCraft broadcasting dispute headed to court[EB/OL]. 2010[2022-01-25]. http://www.koreatimes.co.kr/www/tech/2010/10/129_75165.html.
[2] Faker：原名李相赫，韩国《英雄联盟》中单，是国际电子竞技俱乐部T1英雄联盟分部的队员之一。Faker以顶级的游戏操作和取得赛事冠军的数目而闻名。其带领SKT取得3届英雄联盟全球总决赛冠军、2届英雄联盟季中冠军赛冠军、9次韩国国内顶级联赛冠军，率领SKT建立起自己的王朝，是英雄联盟中荣誉最多的职业选手。
[3] Doublelift：原名彭亦亮，美籍华人，北美《英雄联盟》知名电子竞技职业选手，原Team SoloMid英雄联盟分部ADC选手。
[4] Grubby：原名：Manuel Schenkhuizen，来自荷兰的魔兽争霸选手，曾获得2次WCG（电子竞技奥运会）和1次ESWC（电子竞技世界杯）世界冠军。

完备的电竞产业体系来自于韩国政府政策的大力扶持及资本的助推，从而使韩国成为电竞产业发展的良好土壤。

2. 官方扶持：政府介入电竞产业

（1）韩国政府政策转向文娱业

1997年，亚洲金融风暴让韩国经济遭受重大打击，韩国政府反思自身经济发展，改变过去以出口为主要支柱产业的产业结构，将政策转向不受土地资源限制的文娱业，包括电影电视产业、游戏动漫产业等，其中就包括电竞产业。

（2）《星际争霸》游戏促进韩国电竞氛围形成

1998年，美国暴雪公司推出了《星际争霸》游戏（图4）。适逢韩国基础通信业发展，《星际争霸》很快风靡韩国，拥有了庞大的玩家基数，并且因为《星际争霸》这款游戏，韩国网吧数量从1998年的3000多家一跃至1999年的15000多家，很大程度上刺激了当时低迷的韩国经济。此后，各种电竞比赛在韩国陆续举办，韩国电竞氛围十分浓厚。1999年，韩国首尔On Media电视台举办了首届Progamer Korea Open（简称PKO），通过电视直播电竞比赛，以此催生了韩国电竞媒体、电竞职业联赛的发展，此时电竞市场价值逐步显现并被韩国政府所注意。

图4 《星际争霸》游戏界面

（3）韩国电竞协会（KeSPA）成立

1998年开始，韩国政府开始支持韩国电竞产业的发展，并陆续成立了游戏产业振兴中心、游戏综合支援中心、游戏技术开发中心。此外，隶属于韩国旅游观光局的韩国职业电子竞技协会（KeSPA）成立，KeSPA依托政府资源引导韩国电竞产业的发展，它的成立使得电竞在韩国被承认为正式的体育项目，电竞选手获得身份认可。在KeSPA的指导下，完善的电竞赛事体系和电竞产业开始构建起来，韩国俱乐部达到高度职业化水平，韩国在电竞赛事包括星际争霸、英雄联盟等项目上很快占据统治地位。其中，星际争霸甚至曾在韩国民间与围棋、射箭并称为"韩国三大国技"。以英雄联盟每年被认为是最高荣誉的英雄联盟全球总决赛（League of Legends World Championship，简称 S 赛）为例，自 2011 年第一届英雄联盟总决赛举办开始，韩国队伍在十届比赛中斩获六届金牌，展现了惊人的实力。（图 5）

图 5　韩国 SKT T1 队伍夺得英雄联盟 S3 冠军

3. 资本助推：三星注资电竞产业

（1）发掘电竞新业态

三星集团是韩国最大的财团之一，三星资源发掘了电竞商业化价值，并开始布局电竞产业。2000 年，三星集团举办 WCG（World Cyber Games）赛事，取得了良好的经济效益，市场中资本的进入也开创了电竞新业态。

（2）拓宽电竞商业模式

在资本的推动下，韩国也形成了自己的产业特征，展开多种电竞商业模式变现途径，主要是：

· 深耕媒体版权、赛事运营。

· 专注韩国电竞直播与节目制作的发展。

· 电竞产业与娱乐业深度结合，职业选手的明星化包装。

韩国浓厚的电竞文化氛围及国家层面的经济结构使得韩国不同于其他电竞国家，其电竞市场围绕电竞赛事的宣传为中心，并与韩国发达的娱乐产业深度结合，包括利用韩国电竞选手流量价值，进行明星效应的包装。电竞选手通过包装，可以打造成国民偶像，将职业战队在某种意义上转化成"男团"而实现粉丝经济转化。例如，韩国知名职业选手 Faker 多次受邀参加包括真人脱口秀节目 *Radio Star*、*About Time* 等，并数次登上韩网热搜第一；2020 年，韩国职业选手 Wolf、Marin、PawN、PraY 等作为电竞导师参加韩国原创电竞选拔综艺节目 *LoL THE NEXT*（别名"电竞 101"）（图 6）。

图6 *LoL THE NEXT*节目

三、国际组织：基于产业特性的多方参与

为了更好地推动全球电竞的发展，各类国际性电竞组织纷纷涌现，例如国际电子竞技联盟、世界电子竞技协会等。这些国际性电竞组织各有侧重，但都是为了构建一个更好的电竞行业而努力。

（一）国际电子竞技联盟

国际电子竞技联盟（The International e-Sports Federation，IeSF）于2008年11月13日成立。IeSF的使命是在全球范围内推动电竞的发展。为了更好地建立一个电子竞技运动员可以与传统体育运动员在同一水平和相同支持下比赛的世界，IeSF主要通过以下四种方法发挥作用。

第一，增加会员数量。IeSF的会员主要是世界各国的电子竞技联合会，IeSF为其会员提供支持服务。目前IeSF的会员已经遍布亚洲、欧洲、美洲、大洋洲和非洲，数量达到111个。

第二，实现全球标准化。IeSF与电竞行业的利益相关者一起制定纪律法规，旨在为电竞提供更公平、更洁净的竞争环境。

第三，开展训练和教育。IeSF希望通过所开设的国际电子竞技学院（International e-Sports Academy）培养更多合格的裁判、经理和其他专业人士。

第四，组织世界锦标赛。自2009年开始，IeSF每年都会举办电子竞技世界锦标赛（IeSF e-Sports World Championship），这是IeSF的旗舰比赛，旨在让世界上顶尖的选手之间相互切磋竞争、彼此学习进步。

IeSF的成员是国家电子竞技联合会，但是许多知名电竞比赛是国际性而非全国性的，因此，IeSF能够在国际层面上充分发挥自己的监管作用。

官网：http://www.ie-sf.org.

（二）世界电子竞技协会

世界电子竞技协会（The World E-Sports Association，WESA）成立于2016年，是由行业领先的专业电竞团队和著名电竞组织ESL（Electronic Sports League）共同努力的结果。WESA将自己定义为一个开放包容的组织，通过引入玩家代表、规范化法规和团队收入分成等方式使得电竞不断专业化。WESA的远景是创建一个基于公平、透明和诚信的共同价值观，能够支持电竞可持续发展的框架，并且能够在玩家、团队和联盟之间分享电竞持续增长带来的好处。WESA的使命是通过该框架，建立全行业的标准。ESL Pro League的*CS:GO*是第一批成为WESA监管网络中的比赛之一。

目前，WESA已经拥有包括FNATIC、TEAM ENVYUS、G2 ESPORTS、ESL在内的成员。在未来，WESA希望能够让更多的团队和联赛参与进来，并与游戏发行商密切合作，推出更多优秀的电竞项目。但是，目前WESA的合法性尚未得到确认，且不具备监管执法权，还有许多领域内的问题需要解决。[①]

官网：http://www.wesa.gg.

（三）电子竞技诚信联盟

电子竞技诚信联盟（The E-Sports Integrity Coalition，ESIC）成立于2016年，是一个非营利性的会员组织，负责对电竞比赛中包括操纵比赛和兴奋剂在内的所有形式的作弊行为进行调查与诉讼，致力于成为电竞公平的守护者。ESIC坚信电竞是一项强大而充满活力的全球运动，行业里的所有人都可以在安全有益的环境中彼此竞争、共同进步。

为了更好地打击电竞行业中的作弊和腐败等问题，ESIC提出了用以团结电竞行业各方的价值观和远景，同时也为ESIC实施诚信计划（ESIC Program of Integrity）奠定了重要基础。ESIC的所有成员都必须同意并贯彻ESIC所提出的原则。

第一，诚信与尊重（integrity and respect）。ESIC绝不容忍任何形式的作弊或滥用，所有的参与者必须尊重官方、尊重对手、尊重电竞的规则和条例。

第二，公平程序（fair process）。ESIC致力于维护自然正义和公平程序，为此，ESIC所采取的任何程序、规则和条例都是公平的。

第三，标准化法规中的实施、教育和执法（implementation，education and enforcement in standardised codes）。ESIC意识到在电竞中实施标准化（不一定相同）、诚信守则、政策、规则和条例的价值和内在的清晰性和公平性。电竞行业中所有的利益相关者都意识到教育对遏制腐败的重要性，并努力开展稳健而全面的教育计划。

第四，承认制裁（recognition of sanctions）。ESIC的成员承认并执行ESIC或ESIC其

[①] Martinelli, Jacqueline. The Challenges of Implementing a Governing Body for Regulating E-Sports[J]. University of Miami International and Comparative Law Review, 2019, 26(2):8-8.

他成员使用的准则、政策或规范。

第五，信息共享（sharing of information）。ESIC的成员将共享信息和情报，以有力打击作弊行为和腐败活动，并支持ESIC的情报收集和调查职能。

第六，保密（confidentiality）。ESIC成员在处理诚信问题时将秉持最高保密标准，尤其是在个人被点名及未经证实的指控会造成巨大损害的情况下。ESIC仅根据ESIC规定的准则和条例，就诚信廉正问题发表公开声明，并尽最大努力保护指控和调查各方的机密性，直至罪行被确凿证明。

在共同价值观和远景之下，ESIC的成员也许彼此在商业上相互竞争，但是在保护和促进电竞行业上都是一体的。ESIC也通过自身的努力将原则付诸实践，使得其对全球电竞的美好远景变为现实。2021年12月14日，ESIC宣布将在伦敦举办首届ESIC全球电子竞技峰会（EGES），汇集电竞行业各方共同商讨行业所面临的问题，分享未来相关的专业知识。[①]

虽然ESIC为电竞行业的诚信付出许多努力，但是不可否认的是它的监管范围相对于蓬勃发展的电竞行业，多少有些力所不逮之处。[②]

官网：https://esic.gg.

（四）小结

虽然国际性电竞组织都拥有美好的远景，并为完成自己的使命而不断努力，但仍存在一些问题。首先，是国际性电竞组织的合法性。目前仍有不少国家不认可电竞作为一项体育运动而存在，认为这些组织是独立存在而非受到国家政府的支持，因此这些组织在具体监管电竞比赛时将会出现复杂情况。其次，这些组织通常只是给出一个整体框架，缺乏玩家和团队在具体比赛中需要遵守的规则，也缺乏必要的执行机制来保证规范的贯彻落实。再次，知识产权的问题也容易在这些组织履行职责的过程中造成争议。游戏发行商常常被视为知识产权的掌握者，但是问题在于他们是否愿意服从不具备合法性的外部管理机构所制定的规则和条例，即便在制定过程中双方存在洽谈的可能性，但是协调多方意见依然需要花费大量的时间和精力。因此，国际性电竞组织在充分发挥自己的作用前需要解决的难题并不少。[③]

---

① ESIC. Esic announces the imaugural esic global esports summit 2022 to be hosted in london. [EB/OL]. 2021[2022-01-26]. https://esic.gg/press-release/esic-announces-the-inaugural-esic-global-esports-summit-2022-to-be-hosted-in-london/.
② Martinelli, Jacqueline. The Challenges of Implementing a Governing Body for Regulating E-Sports[J]. University of Miami International and Comparative Law Review, 2019, 26(2):8-8.
③ 同上。

第二节 其他国家监管模式与发展概述

一、其他国家监管模式

（一）法国：高灵活度的轻型监管

法国出台了一系列与电竞相关的法案法令，旨在推动和规范电竞的发展。同时，由法案产生的法国电子竞技协会为法国电竞行业中的多方主体打通交流渠道。总体而言，法国对电竞的管理为灵活性高的轻型监管，在一定规则框架下将决定权交给电竞行业本身。

1. 机构：法国电子竞技协会

2016年，法国《数字共和国法案》（*Digital Republic Law*，DRA）通过并生效，法国电子竞技协会（France E-Sports）随之正式成立，并且得到法国经济和财政部（Ministry of Economy and Finance）的官方支持。法国电子竞技协会旨在从国家层面推动法国电竞的发展，制定与电竞实践相关的规范条例，建立会员政策，出台组织比赛、保护未成年人等规则。[1]

法国电子竞技协会将法国电竞领域中碎片般的各方利益集团联系为一个整体，并向法国所有的电竞爱好者开放，成为法国当局和电竞爱好者之间建立彼此对话沟通的桥梁，为法国政府如何更好地监管电竞活动提供有效建议。[2]

2. 相关法律：《数字共和国法案》及三个法令

《数字共和国法案》承认电竞作为独立的实体存在而非是附属于《法国赌博法》下的"彩票计划"（Lottery Scheme）。[3]同时，法案规定所有职业游戏玩家都受《法国劳动法》（*French Labour Code*）的保护，他们有资格享受某些税收和社会福利，并且必须通过书面雇佣合同受雇。此外，该法案还要求未成年人必须获得父母或监护人的同意才能参加电竞比赛。[4]

法国电竞比赛主要由2016年10月7日第2016–1321号法律、2017年5月9日第2017–871号法令和2017年5月9日第2017–872号法令管理。其中第2017–871号法令主要监管视频游戏比赛的组织，由内政部（Ministry of the Interior）监督；第2017–872号法令关注竞技视频游戏中受薪职业玩家的权益，由劳动部（Labour Ministry）监督。第2017–872号法令还设定了视频游戏比赛必须遵循的财务均衡阈值和比率，并对比赛程

① Vansyngel S, Velpry A, Besombes N. French E-Sports Institutionalization[C]// French E-Sports Institutionalization. 2018.
② Martinelli, Jacqueline. The Challenges of Implementing a Governing Body for Regulating E-Sports[J]. University of Miami International and Comparative Law Review, 2019, 26(2): 8-8.
③ Chris O'Brien, French Government Announces Plans to Legalize and Regulate E-Sports Industry, VentureBeat (May 3, 2016), http://venturebeat.com/2016/05/03/french-government-announces-plans-to-legalize-and-regulate-esports-industry/.
④ Windholz E. Governing e-Sports: public policy, regulation and the law[J]. Sports Law eJournal, 2020(7): 38.

序、雇佣专业视频游戏玩家所需的资质、未成年人参与比赛的条件、赛季的起始日期等内容作出规定。[①]

3. 相关制度：基于"通知"的管理方法

为了在规范电竞的同时保持其发展活力，法国引入了一种基于"通知"的管理方法，任何想要组织电竞比赛的公司或协会，需要依法在规定时间内向内政部报告必要的赛事信息，包括主办方信息、比赛时间、场地位置、费用等内容。完成报告后，电竞比赛就可以合法进行，由负责组织的公司或协会直接运行。这种较轻的监管方式在提供必要规则的基础上，充分尊重游戏发行商及其对游戏所拥有的知识产权，游戏发行商根据政府规定所做出的声明有效降低了双方由于知识产权问题而产生争议纠纷的可能性。法国灵活的监管方案几乎不需要法国政府付出过多的努力，为电竞行业留下自由发挥的空间，促进电竞行业中多方主体之间不同意见的相互沟通，也让游戏发行商和运营商之间就知识产权管理进行建设性对话成为可能。[②]

（二）乌克兰：沿袭传统的监管模式

1. 机构：乌克兰电子竞技联合会和乌克兰职业电子竞技协会

乌克兰的电竞机构包括乌克兰电子竞技联合会（UESF）和乌克兰职业电子竞技协会（UPEA）。

乌克兰电子竞技联合会（The Ukrainian E-Sports Federation，UESF）成立于2018年，核心成员包括亚历山大·科汉诺夫斯基（Oleksandr Kokhanovsky，NaVi俱乐部的创始人），在其牵线搭桥下，USEF在2020年与乌克兰大学生体育联盟和乌克兰学生体育工会合作并签署了备忘录，致力于电竞在青少年中的影响和传播。[③]

乌克兰职业电子竞技协会（The Ukrainian Professional E-Sports Association，UPEA）则成立于2020年，宗旨是规范乌克兰电竞职业与半职业环境，同时为选手提供便利。

2. 尚待解决的问题：合同、兴奋剂和知识产权

乌克兰电竞法律的一大重点在于国家承认其官方地位。作为一个新兴、强大的行业，电竞需要适当的法律监管。在缺乏统一的电竞法律监管方式的情况下，乌克兰电竞在某些法律关系规制上借鉴传统体育的监管模式，但也发现有许多特定于电竞领域的法律尚待解决，主要体现在合同义务明确性、电子兴奋剂问题和知识产权问题（尤其是转播权）。[④]

网络运动员与网络体育俱乐部的个人合同需要关注运动员的权利保护，因为他们中

① Vansyngel S, Velpry A, Besombes N. French E-Sports Institutionalization[C]// French E-Sports Institutionalization. 2018.
② Rizzi A, Serao N, Nowak L. E-Sports in Italy: an industry ready to take off (or still in search of its regulatory soul)?[J]. Interactive Entertainment Law Review, 2019(6): 42-48.
③ DOTA 2. 未来可期 乌克兰计划将电竞列入体育范畴[EB/OL]. (2020-08-25)[2022-01-25]http://dota2.uuu9.com/202008/38113.shtml.
④ Tolmachevska Y O, Tkalich M O. E-Sport: Problems of the Legal Regulation[J]. Journal of the National Academy of Legal Sciences of Ukraine, 2018.

的许多人都是未成年人。《反恐精英：全球攻势》（*CS:GO*）的职业选手欧文·巴特菲尔德（Owen Butterfield）指出，在与厄普西隆队签下个人合同后，他失去了比赛训练的机会，因为他没有被允许参加比赛。这导致他的月薪从2000美元降至700美元，同时他也失去了社会福利。巴特菲尔德不参加比赛，实际上相当于剥夺了他的职业生涯，因为他在合同期内不会上场，他作为没有比赛经验的队员的价值会随着时间的推移而降低。[①]巴特菲尔德还表示，虽然他的合同只有3.6万美元，但违约金已经高出三倍，因此他的合同被另一家俱乐部赎回的可能性很小。

这个案例表明，电竞玩家，尤其是未成年人的合同签订者，必须拥有能够更好地了解在电竞领域签订合同的法律后果的权利，而这一点还尚待完善。

此外由于电竞具有国际特殊性，比如一支德国战队可能由不同国家的成员组成，战队总部设在北美，并在秘鲁参加比赛，如果赛事组织者与队员或战队产生任何争议，就会产生管辖权和适用法律的问题。因此，合同应明确界定在发生争议或分歧时应遵循的管辖权和监管法律法规。暴雪公司《守望先锋》在这一方面有值得借鉴之处，他们为这款游戏的电竞俱乐部和玩家提供了自己的规则，要求电竞俱乐部与电竞选手之间签订的每一份合同都应由联盟自己批准和登记。[②]

而电竞中的知识产权问题的一个典型表现就在锦标赛转播权分配上，虽然知识产权是游戏开发商专有的，但一些对游戏本身没有版权的锦标赛组织者也能获得在在线平台上"流式传输"（广播）的权利。这些赛事组织者必须要保证赞助商和转播商的利益，但除了官方转播，事实上任何转播商或主播都可以自行转播比赛。因而，此类转播剥夺了组织者履行其对赞助商的义务的可能性，从而导致利润损失。[③]所以这种情况需要对涉及电竞比赛转播的关系进行明确的法律规定。

（三）意大利：边界模糊的监管模式

意大利目前的立法和监管框架并不能很好地适应电竞行业的发展现状，也难以为电竞行业的可持续增长提供有效保护。

1. 电竞比赛是否被视为有奖竞赛

意大利第430/2001号法令（*Presidential Decree no. 430/2001*）第1条中，有奖竞赛的定义为"向公众承诺有奖，旨在在国家领土内促进对产品、服务、公司、标志或品牌的了解、销售某些产品或提供服务，同时有某些商业目的"。对于电竞比赛而言，这些比赛有可能是专门负责组织和管理比赛的公司所组织的，并不会产生明显的促销目的，

---

① Miraa. Smooya announces break[EB/OL]. (2022-01-25)[2017-11-07] https://www.hltv.org/news/21970/ smooya-announces-break.

② 同上。

③ Tolmachevska Y O, Tkalich M O. E-Sport: Problems of the Legal Regulation[J]. Journal of the National Academy of Legal Sciences of Ukraine, 2018(4): 85-94.

那么就可能并不适用于有奖竞赛的定义及相关法律法规。[①]

2. 电竞比赛中的赌博问题如何进行监管

根据意大利第 496/1948 号立法令（*Legislative Decree no. 496/1948*）第6条，如果活动与意大利国家奥林匹克委员会（Italian National Olympic Committee，CONI）自己控制下组织或举办的体育赛事有关，则由CONI所管控。对于旨在促进体育发展的活动，CONI直接或通过其认定的特定实体进行管理。但是这类管理方法的界限并不清晰，主要的判断标准似乎在于一项活动是否能够被视为体育运动——当一项活动被认定为体育运动，那么CONI将成立一个管理这项活动的联合会，反之CONI则需要与有关机构决定是否属于其管辖范围。CONI目前尚未正式承认电竞是一项体育运动，但是被CONI认可的两个体育推广机构——ASI和MSP，都将电竞列入了其认可的体育活动。总结而言，电竞是否适合于意大利赌博条例是模糊的，随之对电竞中赌博问题的监管也存在着空白。[②]

3. 电竞比赛是否应该受宣传限制

电竞比赛受到的宣传限制对意大利电竞行业的发展产生了一定的阻碍。意大利第 87/2018 号法令（*Law Decree no. 87/2018*）[③]禁止任何形式的与博彩活动、游戏和其他形式的现金游戏相关的直接和间接广告，包括赞助商资格及任何其他形式的带有促销内容的传播形式。而在电竞比赛中，现金是常见的一种奖品形式，因此，该法令也许会影响意大利电竞行业的发展。

以上问题表明，倘若意大利的电竞行业想要得到长线发展，那么需要意大利投入时间和努力更深入地了解分析更完善的法律规范、更全面的监管体系。

（四）挪威：借力足联的监管模式

1. 机构：专注于电子足球的eSerien

尽管电竞在挪威青年中越来越受欢迎，挪威奥林匹克和残奥会委员会与体育联合会（Confederation of Sports，NIF）对其仍持怀疑态度。在挪威，电竞的发展很大程度上与足球关系密切。许多足球俱乐部对电竞持积极态度，精英球队 FK Bodø/Glimt 就是其中之一。俱乐部代表表示："游戏是现代社会的一部分。希望与俱乐部体育的联系将提高电竞运动员的身体活动水平。"[④]

同时，在全国体育联合会中，挪威足球联合会（the Norwegian Football Federation，NFF）对电竞项目的加入最为积极，2018年，挪威电子足球国家队组织并参与了挪威足

---

① Rizzi A, Serao N, Nowak L. E-Sports in Italy: an industry ready to take off (or still in search of its regulatory soul)?[J]. Interactive Entertainment Law Review, 2019(6): 42-48.

② 同上。

③ 转变为第 96/2018 号法律 (Law no. 96/2018).

④ Tjnndal A, Skauge M . Youth sport 2.0? The development of e-Sports in Norway from 2016 to 2019[J]. Qualitiative Research in Sport, 2020, 13(1):1-18.

球联合会历史上第一场虚拟国际比赛。2019年，eSerien成立。eSerien是挪威足球联合会的国家足联联盟，由挪威足球联合会、电视公司Discovery、锦标赛运营商和电竞公司Good Game合作组成。①

在体育俱乐部和挪威足球联合会看来，电子足球和精英足球之间存在相似之处。电竞的特点是明显的专业化，反映了精英体育的特点。与真正的精英运动一样，eSerien比赛的前奏包括博彩技巧、宣传镜头、专家分析和对运动员的采访。在提供的设施（付费教练、健身设施等）方面，eSerien运动员甚至被视为顶级运动员。此外，eSerien可以免费在线观看，也可以在挪威欧洲体育频道进行直播。比赛由专业评论员报道，季后赛在有观众在场的真实足球场进行。②

eSerien是挪威电竞发展一个可贵的尝试和推动力量，但挪威足球联合会仍然存在一定的发展难题。一是足球和电子足球的联系可能会发生冲突，NFF如何将组织足球的任务与电子足球结合起来是当下的发展障碍之一。另一个潜在问题是挪威电子足球的制度化和组织化还不够完善，挪威足球联合会没有国家电子竞技联盟的支持，eSerien很可能受到其他大型电竞公司的冲击而降低影响力。③

2. 相关法律现状：电竞法律针对性不足

电竞在挪威并没有专门的法律条文，相关问题更多是从法律普适性角度进行解决。

在电竞比赛方面，除了普遍禁止任何形式的与博彩活动、赌博和其他类型的现金赢利游戏有关的直接或间接广告和其他类型的没有挪威许可证的现金赢利游戏，以及禁止推销某些酒精饮料和烟草外，没有任何适用于电竞比赛赞助协议的具体要求。④

在国外电竞领域比较常见的赌博、广告、知识产权等问题，挪威的电竞均按照相应的博彩业法案、营销控制和合同条款有关法案、版权相关法来执行。

值得一提的是，虽然挪威对电竞比赛的选奖没有要求，但是，如果玩家支付现金参加包含机会元素的电竞锦标赛，并获得现金或具有经济价值的实物奖励，则这一锦标赛很可能被重新定性为赌博。此外，国外运营的实体在针对挪威玩家或消费者的电竞活动中，也应遵循挪威法律，比如使用挪威语索赔、接受挪威语付款、网站语言、担保人国籍等被挪威当局视为挪威法律适用性的指标，无论该电竞活动是否也向其他司法管辖区的玩家或消费者开放。⑤

---

① Tjnndal A, Skauge M . Youth sport 2.0? The development of e-Sports in Norway from 2016 to 2019[J]. Qualitiative Research in Sport, 2020, 13(1):1-18.
② 同上。
③ 同上。
④ Çakar D B, Yiğit M H. E-Sports e-Sports Regulations and Problematics[J]. The Journal of Eurasia Sport Sciences and Medicine, 2019, 1(3): 123-137.
⑤ 同上。

（五）英国：机构主导的监管模式

1. 机构：英国电子竞技协会

英国电子竞技协会（The British E-Sports Association，BEA）成立于2016年，是一个非营利性的国家机构，专注于电竞的基层，所有收入主要运用在组织的运营和资助草根电竞，包括为大学举办英国电子竞技锦标赛、支持建立俱乐部等举措。

其宗旨在于促进英国的电竞发展、提高其意识水平、提高标准并激发未来的人才。积极与学校、学院和其他教育机构合作，拥抱电竞，创造赛事活动，帮助教育家长、教师、媒体、政策制定者和政府更深入地了解电竞。

英国电竞协会包括一个英国电子竞技顾问委员会（The British E-Sports Association Advisory Board，简称AB）和一系列英国电竞游戏顾问。委员会每季度讨论当前英国电竞的重点领域，就关键战略和运营举措向执行团队提供咨询和专家建议，代表英国电竞协会参加活动和演讲活动，担任宣传英国电竞协会及其战略和价值观的大使。而其他游戏顾问则更多地提供社区等更为基层的变化信息和专业知识。

2017年，英国电子竞技协会在梅达韦尔（Maida Vale）图书馆举办了为期一个月的儿童电竞俱乐部试点计划；2018年初，完成了针对学校的英国电子竞技锦标赛试点，并于9月举办了第一届英国电子竞技锦标赛，共有70多支队伍参赛；2019年，英国电子竞技协会举办了首届电子竞技教育论坛，帮助大学了解电竞的益处并壮大大学生团队。在2019年年底，女性电子竞技运动兴起，以鼓励电竞中的女性人才，缓解电竞中的性别不平衡问题。与其同时，英国电子竞技协会在官网和各类活动中提供源源不断的电竞课程和职业建议信息。[1]

2. 相关法律现状：现有法律的拓展与依赖

英国法律并未正式承认电竞为体育运动，也没有适用于电竞的专门法律或监管制度，只在一些法规的部分内容中有所涉及。[2]

在视频游戏方面，英国将视频游戏归为计算机软件[3]，尽管各地有所不同，但一般法律会要求电竞比赛中使用的视频游戏，以及可以观看它们的观众的年龄，应符合英国采用泛欧游戏信息（PEGI）评级系统的法定视频游戏分类框架。[4]

在诈骗和博彩问题方面，除了2005年《博彩法》中关于游戏禁止欺诈、腐败或其他非法活动的规定外，英国规定锦标赛组织者可以而且应该规定合同要求和进行制裁，以及任命廉政官员来执行这些规定。[5]

---

① BEA. About the British E-Sports Association[EB/OL].(2022-04-23) [2022-01-25]https://britishesports.org/about-us/.
② Giulio Coraggio, Mei Sum Chan, Nick Fitzpatrick, Peter C. White, Philip Lee. E-Sports Laws of the World[R].DLA PIPER, 2021.
③ Tolmachevska Y O, Tkalich M O. Esport: Problems of the Legal Regulation[J]. Journal of the National Academy of Legal Sciences of Ukraine, 2018(4): 85-94.
④ Giulio Coraggio, Mei Sum Chan, Nick Fitzpatrick, Peter C. White, Philip Lee. E-Sports Laws of the World[R].DLA PIPER, 2021.
⑤ 同上。

（六）土耳其：亟待完善的法律空白

1. 机构：土耳其电子竞技联合会

土耳其关于电竞最早的机构可能是土耳其数字游戏联合会（Digital Games Federation of Turkey），2011年，电竞在该联合会中被国家承认为联合会权威，从而使得土耳其在正式承认电竞方面处于世界领先地位。

2013年，根据《体育联合会组织、职责、权力和责任条例》（政府公报第21766号），土耳其电子竞技联合会（TESFED）成立，并开始为青年和体育部（The Ministry of Youth and Sports）服务。土耳其电子竞技联合会旨在推动土耳其电竞发展，力求推动电竞成为一种广泛的社会现象，因而联合会也建立了管理机构，负有监管职责，并制定和实施相关法律法规，协调电竞生态系统中游戏制作商、俱乐部和玩家之间的关系。[①]

2. 相关法律现状：信息技术法与体育法的新介入

土耳其电竞的相关法规主要是在土耳其电子竞技联合会成立后，于2018年制定的。

首先，是运动员执照等问题。由于电竞是一个新的领域，谁将提供及如何提供电竞选手执照教育尚未确定，因此，在制定《运动员执照、注册、签证和转让条例》（政府公报第24606号）[*The Athletes License, Registration, Visa and Transfer Regulation（Official Gazette No. 24606）*]的同时，并行编写了电子竞技联合会运动员注册许可证和转让指令（*E-Sports Federation Athletes Registration License and Transfer Instruction*）。[②]

其次，电竞俱乐部成立的过程在《体育俱乐部注册条例》（*The Sports Clubs Registration Regulation*）的范围内进行。私人电竞馆的资格证书，则根据《私人体育教育和体育设施条例》（政府公报第23847号）实行。但当前场馆的管理尚且存在问题，2018年9月21日，在对世界著名的国际足联电竞队教练科林·约翰逊的采访中，这位教练提及电竞选手不能带嘉宾、某些时段不能外出、必须长时间训练等问题，指出这种情况造成了社会发展和选手的法律问题。考虑到大多数职业电竞选手为年轻人，正处于社会发展和教育生活的重要阶段，远离外界生活和在赛季中受到限制是不可接受的。[③]

总体而言，土耳其电竞法律也刚刚起步，仍需要更多的法律完善和变革，尤其是《信息技术法》和《体育法》是土耳其法律新开辟的领域，而电竞涉及欺诈软件和竞争保护等信息技术犯罪的领域，与这些法律新领域息息相关，因而也是亟待开发和监管的方向。

---

① Çakar D B, Yiğit M H. E-Sports e-sports Regulations and Problematics[J]. The Journal of Eurasia Sport Sciences and Medicine, 2019, 1(3): 123-137.
② 同上。
③ 同上。

（七）印度：专业性不足造成产业危机

1. 机构：印度电子竞技联合会

印度电子竞技联合会（the E-Sports Federation of India，ESFI）是印度电竞的主要代表机构。作为国际电子竞技联盟（IeSF）和亚洲电子竞技联盟（AeSF）的成员，ESFI要求它的成员遵循这些国际机构的规定。

印度电竞的发展体系并不完善，甚至是受到不小阻碍。

2. 尚待解决的问题：运动员身份和作弊行为

首先，印度的职业电竞玩家不被认可为运动员。[①]这导致印度职业电竞玩家无法获得足够的国家保障，包括缺乏能够用以参加全球赛事的特殊签证、没有保护职业玩家免受剥削的法律法规。此外，印度运动员大多由政府提供工作，这些工作为运动员提供的稳定收入和保障让他们能够专注于打磨自己的专业水平，但是职业电竞玩家并没有得到这种保护。[②]

其次，作弊问题在印度电竞中较为严重。一方面，印度的不少职业电竞玩家都较为年轻，尚未意识到诚信的重要性，容易被金钱名利所左右。另一方面，有关机构在监管和执法方面也存在不足之处。2018年10月，*CS:GO* 极限之地亚洲公开赛上，一位来自OpTic India战队的成员在比赛中使用作弊软件被当场发现，导致团队被取消比赛成绩。该队员先前就因为在比赛中作弊而被禁赛，直到2018年2月才被解除，却在短短8个月后再次使用作弊软件。这表明在队员选拔和惩罚机制上都存在需要改进的地方。[③]

此外，由于缺乏稳定的收入、不够成熟的体系和缺位的法律法规等因素导致电竞玩家很容易和比赛一起被操纵。印度电竞行业中有不少使用赌博法之外的物品进行投注，这导致年轻观众极易受到不良影响，从而使整个电竞发展环境不断恶化。[④]

二、其他国家发展概述

（一）其他欧洲国家

相比在欧洲经济整体下行的大背景下，欧洲电竞行业正步入高增长的黄金期。根据德勤的电竞报告，欧洲电竞市场规模目前超过了3亿欧元，到2023年有望达到6.7亿欧元。[⑤]

---

① Star S, Bakshi N. The growth of e-Sports in India -a short review of the main legal and regulatory challenges[J]. Law In Sport, 2019(4): 1-5.
② Press Information Bureau. Criteria for providing jobs to State and National Level Sports Persons[EB/OL]. 2015[2022-01-26]. https://pib.nic.in/newsite/PrintRelease.aspx?relid=116402.
③ Kezra Powell. ESIC announces 5-year ban for player Nikhil "Forsaken" Kumawat for Cheating[EB/OL]. 2018[2022-01-26]. www.esportsintegrity.com/2018/10/esports-integrity-coalition-esic-announces-5-year-ban-for-player-nikhil-forsaken-kumawat-for-cheating/.
④ Star S, Bakshi N. The growth of e-Sports in India: a short review of the main legal and regulatory challenges[J]. Law In Sport, 2019(4): 1-5.
⑤ Newzoo. 2020年全球电竞市场报告. (2020-02-01) [2020-02-08]. https://newzoo.com/insights/trend-reports/newzoo-global-esports-market-report-2020-free-verision-chinese/.

欧洲电竞赛事发展整体背景可以概括为五点。

①知名电竞赛事起源地。欧洲地区是Ti等知名电竞赛事的起源地。

②PC电竞发展领先。欧洲地区先进的设备配置和网络基础使得欧洲PC电竞远超于其他地区的发展。

③拥有庞大的游戏玩家基础。由于欧洲地区天气环境等因素，宅家玩游戏成为众多年轻人的选择，欧洲地区也因此拥有庞大的游戏玩家基础。

④深厚的体育产业底蕴。欧洲地区拥有悠久的传统体育历史和深厚的底蕴，具有丰富的足球赛事经验、产业运作背景、资本助推及高密度的政策扶持，欧洲电竞市场商业发展模式也因此赋能。

⑤电竞联盟发展构建，战队国家代表性相对较弱。

2019年，欧洲23个国家电竞协会和3个电竞相关组织在布鲁塞尔共同组建了欧洲电竞联合会（The European E-Sports Federation，简称EEF），旨在创建一个共同的、具有可持续性和包容性、健康和基于价值的电竞发展平台。相较于中国、美国及韩国等拥有各自的地区联赛来说，欧洲电竞联赛主要以欧洲国家联盟的形式出现，也就是说，在欧洲电竞联赛中，某个战队的选手可以来自瑞典、芬兰、德国等各个国家，电竞比赛中的战队的国家代表性相对较弱。

欧洲电竞发展早期并不被欧洲各国关注。随着世界电竞进入大众视野，其市场价值显现及行业认知度和认可度增加，电竞产业也开始分别受到各国政策扶持，成为各国经济发展的一部分。

1. 瑞典：欧洲的电竞王国

瑞典拥有极其浓厚的电竞文化氛围，各地建有非常多的网吧，甚至还有可以容纳两万人的超大型电竞网吧，这来源于民众对游戏的热爱。瑞典很多地区都会举办各类民间电竞赛事，培育出不少 *CS:GO*、*DOTA 2*、《英雄联盟》等电竞项目的知名战队。2011年首届英雄联盟全球总决赛（简称S1）即在瑞典举办，让瑞典及欧洲看到了电竞市场所带来的价值及其发展的广阔前景。（图7）

图7　瑞典电竞赛事举办现场

2. 德国：电竞体育化发展

近年来，德国成立了许多区域性的电竞协会，积极推动电竞作为一项正式的体育项目，以获得政治及社会上的认可。2017年，德国电子竞技协会（简称ESBD）正式宣布成立，其主要目的是将电竞在本国发展为一项正式的体育项目。（图8）德国国家数字化部长多萝特·巴尔（Dorothee Bar）也曾在社交网络平台上公开支持这个新兴的产业，称电竞为体育运动。

图8　德国电子竞技协会标识

电竞在德国民众当中的认可度较高。大约30%的德国人认为电竞是一项体育运动，在年轻人群中，超过一半人口认可电竞。2018年初，德国总理默克尔倾听年轻人的声音，承认电竞是一种体育项目，并推出了"承认电子竞技、扶持入奥"的口号。同年2月，德国宣布电竞正式成为体育项目。2018年11月11日，德国政府为了推动电竞产业的发展，斥资5000万欧元（约合人民币3.9亿元）建立游戏基金，由联邦运输和数字基础设施部来进行管理。这是德国首次从政府层面进行电子游戏产业的投资。

3. 波兰：电竞城市化发展

波兰的电竞大发展起源于卡托维兹。卡托维兹是一座小城，人口不过30万。然而在2013年，卡托维兹举办了电子竞技联盟（Electronic Sports League，简称ESL）旗下的英特尔极限大师杯赛（Intel Extreme Master，简称IEM）（图9），吸引了17.3万观众，共获得了高达2200万欧元的广告收益（折合人民币1.7亿元左右）。卡托维兹逐渐发展成为世界最大的电竞赛事中心之一，并致力于将其自身打造成欧洲电竞中心。

图9　波兰举办电竞比赛

波兰电竞发展还受国家层面的支持，2019年，波兰FIFA电竞项目国家队由总统亲自建立，波兰总统说："如果说国际象棋和桥牌是体育运动，那么意味着电竞也是。电竞能锻炼玩家的动手操作能力和反应能力，毫无疑问可以归入到体育运动一类。"

4. 芬兰：以游戏产业为支点

2020年，芬兰电竞以1.6亿美元的电竞赛事奖金收入位居欧洲第8名，芬兰电竞的发展起源于其历史悠久的游戏产业。芬兰在上游段的游戏研发中有着不容忽视的地位，为其电竞市场的发展打下深厚的根基。

智能手机时代之前的一款风靡世界、几乎家喻户晓的《贪吃蛇》小游戏即为一款纯正的芬兰游戏，成为当时最具现象性的手游，开始了芬兰游戏市场的第一步。

2001年，芬兰再次推出FPS游戏《马克思佩恩》，延续了芬兰在世界游戏市场的地位。2009年，芬兰研发出现象级游戏《愤怒的小鸟》，魔性的画面及有趣的玩法使得这款游戏很快出圈，收获大量热度。在众多现象级的游戏产业背景下，芬兰游戏毫无疑问占据世界前列。随后，芬兰游戏还在移动手游上进行突破，诞生了《部落冲突》《卡通农场》《海岛奇兵》和《皇室战争》等诸多重量级的手游大作。2018年12月12日全球上线的一款全新手游《荒野乱斗》，一经问世就一举称霸了诸多手游排行榜，仅上线两天就冲到美国App Store总榜第一。芬兰在移动游戏领域的遥遥领先也推动了其移动电竞的发展。（图10）

图10　芬兰电竞产业宣传画

（二）澳大利亚

1.持续扩大的市场规模

2020年，澳大利亚的互动游戏和电竞总收入达到34.1亿澳元，预计到2025年将增至49亿澳元。根据中点预测情景，2019—2025年，该行业将以7.5%的复合年均增长率增长。互动游戏和电竞市场占澳大利亚娱乐和媒体市场总量的5.9%。其中，澳大利亚的电竞总收入为600万澳元，到2025年将增长到1600万澳元。同样根据中点预测情景，2019—2024年预测期间，澳大利亚电竞总收入复合年均增长率为21.2%。（图11）

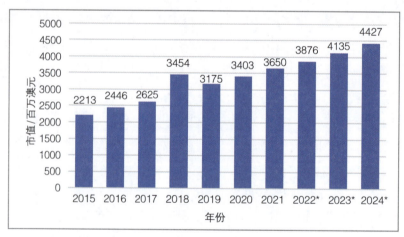

图11　2015—2024年，澳大利亚互动游戏和电竞市场总价值及预测
（数据来源：Statista）

2.电竞孤岛困境的瓦解

对于澳大利亚来说，电竞的发展并非水到渠成——从全球竞技体育区域划分角度

来看，澳大利亚的电竞发展面临地理条件的限制。上一代人观念禁锢和认可度的限制问题，也在一定程度上阻碍着澳大利亚的电竞发展。与欧洲不同，囿于早前网络连接技术和基础设施，澳洲与亚洲、美洲的联网游戏较难实现，缺乏庞大的可供选手互相切磋的电竞生态环境，澳大利亚成为电竞发展的一座孤岛。

与风靡欧洲的*CS:GO*相似，澳大利亚电竞发展也伴随着一款时代性的项目，《守望先锋》（图12）的出现和普及使得澳大利亚电竞开始进入世界视野——澳大利亚在《守望先锋》世界杯中获得了不错的成绩，使世界看到了澳大利亚电竞。《守望先锋》联盟和《守望先锋》世界杯的出现，在极大程度上推进了澳大利亚电竞产业的发展——在宏观层面，电竞正式与澳大利亚整体发展接轨，澳大利亚逐渐成为电竞产业的新兴国度。

图12　游戏《守望先锋》宣传画

（三）日本

1974年，日本世嘉公司就在东京举办了世嘉电视游戏机全国竞赛东京决赛，这是日本有记录可查的最早的一场全国性电竞大赛。1990年，由任天堂公司主办的大型电子游戏比赛——首届任天堂世界锦标赛在美国登场，总决赛被安排在好莱坞环球影城举行。这标志着电子游戏和电影一样走入了工业时代人类文化艺术的最高殿堂。2000年，日本第一家电竞企业Battle Top Japan成立。2018年对日本而言可谓是"电竞元年"，在这一年，日本电子竞技协会、日本电子竞技促进机构、日本职业电子竞技联盟这三大团体合并组成了日本电子竞技联合（Japane Sports Union，简称JeSU）。同年，"电子竞技"一词获得了日本2018年U-CAN新语流行语大奖，在日本国内的认知度大增。

1. 游戏厂商的深度合作

20世纪80—90年代，在日本，甚至是全世界都存在着FC游戏机的踪影，这是日本电竞的雏形。耳熟能详的《拳皇》《街霸》《侍魂》等游戏，就是在这个时期开始慢慢兴起并逐渐成熟的。

日本的知名游戏厂商Nintendo、SEGA、KONAMI、SNK、CAPCOM与电竞外设厂商的深度合作，使个人的比赛体验、观众的观赛体验持续上升。线下街机的投放、PS系列游戏机、Switch游戏机的研发与销售为日本提供了可观的财政收入，为电竞在日本的发展提供了更好的环境，也促使游戏厂商、设备厂商、媒体更趋于专业化、高科技化。

2. 三大产业的联合发展

游戏、动漫、影视三大产业的相互合作和联动，衍生出了漫画改编游戏、漫画改编电影、游戏改编电影等诸多形式，如《生化危机》《蜘蛛侠》《机动战士高达》等便是其中的佼佼者。日本动漫生态链完整，一个IP可以带动数个相关产业的发展，动漫游戏周边服饰、模型手办、主题餐厅、主题公园等在吸引粉丝以获得可观的财政收入的同时，又促进了产业链每一环节的发展。同时，日本漫展的专业化、普遍化也带动了Cosplay服装设计、舞蹈、道具，甚至是旅游业的发展。[①]据北美最大的娱乐软件商会组织IDSA（Interactive Digital Software Association）统计，日本电竞产业经过近50年的发展，其产值已远远超过了汽车工业。

3. 亟待突破的产业困局

在日本，人们长期以来一直把强身健体当作体育运动的根本出发点。电竞因久坐、伏案、操作电子设备等特征，受到传统体育竞技项目捍卫者的强烈质疑。电竞的反对者认为，电竞弱化人们的身体而不是强化身体，与体育运动的初衷相去甚远。所以，日本国内至今仍有许多人对于把电竞纳入体育运动的范畴持否定看法。

2019年，日本市场调查研究公司（Cross Marketing Group）曾就电竞的认知度和认识问题，以居住在日本全国47个都道府县的15—69岁的1200名男女为对象实施过一次问卷调查。结果显示，在被认为是体育运动项目的20多个选项中，选择足球、棒球、游泳这3项的受访者占比均在8成左右，排名前3位，而选择在线游戏对战（电竞）的受访者仅占比8.2%。也就是说，大多数受访者倾向于认为一些大幅度活动身体的运动项目才是体育运动。在2018年电竞成为雅加达亚运会的表演项目后，日本电竞联合会还向日本奥委会提出申请，希望在2020年东京奥运会中加入电竞项目，但是遭到了拒绝。日本奥委会的观点是：电竞还没有达到被批准认可的阶段，体育是为了促进健康，而世界卫生组织已经将游戏成瘾定义为疾病，不应该承认这种可能危害健康的行为。[②]

（四）其他东南亚国家

企鹅智酷数据显示，2019年，全球电竞市场总营收首次攻破10亿美元大关。其中一个有趣的数据是，东南亚击败了中国与韩国、美国等传统电竞强国，成为了全球范围内电竞发展最快的地区。据统计，整个东南亚地区拥有超过950万电竞核心爱好者，其

---

① 王震，沈伟晨.日韩欧美电子竞技运动产业发展战略模式及经验借鉴[J].文体用品与科技，2021（8）：116-118.
② 黄刚，Emily.全球电竞产业 从日本视角看电竞产业发展[J].世界博览，2021（16）：30-37.

中280万居住在越南、200万居住在印度尼西亚。越南，这一过去并不被重视的市场，却拥有对电竞非常友好的土壤与环境。

在2018年雅加达亚运会上，电竞作为表演项目登上了亚运舞台。值得一提的是，在本次赛事的6个项目中，越南队收获了4个项目的铜牌，位列奖牌榜第1名。借着这股赛事的东风，越南电竞也获得了来自本土与海外的关注。

1. 受众广泛

据中国—东盟移动互联网产业联盟CAMIA统计，2016—2017年，越南电竞受众的涨幅超过了36%。在2018年初，越南本地电竞市场就创造了8亿越南盾（约合人民币24万元）的收入。尽管拥有庞大的粉丝基数，与我国电竞市场相比越南本地电竞行业仍处于非常初期的阶段，在多个关键环节上都尚未有企业布局。

2. 蓝海市场

高端网咖较少，市场尚属蓝海。作为与电竞息息相关的产品，网吧行业不仅是电竞选手的起点，也是越南基层电竞赛事的主要组织者。在越南，根据流水与电脑配置、数量的不同，基本可以分为大中小三类网吧。其中大型网吧电脑配置与我国相当，网费大概在每小时1万（约合人民币3元）到1万8越南盾（约合人民币5.5元）之间。事实上，越南很少像我国一样将网吧做大或做成高端网咖，多是中小型加盟店。一方面，是由当地的经济情况所决定的；另一方面，越南地方小，很难找到大场地。对国内的网吧从业者来说，越南网吧行业仍是蓝海。尽管越南手游行业发展迅猛，但并未形成类似于国内"手游吧"一类的网吧。

（五）全球主要地区电竞发展特征对比

对比之下，中、韩及欧美国家都形成了一套自有的电竞发展模式，欧美主张电竞作为一项团队性体育运动，更强调玩家的赛事参与；韩国强调电竞作为国民经济的支柱产业，主张电竞企业化发展；对于中国而言，则寻求电竞的竞技化、健康化发展。（表3）

表3　中、韩、欧美地区电竞发展特征对比

地区	中国	韩国	欧美地区
价值主张	竞技化	产业化	个性化
价值导向	强调电竞竞技化，强调竞技精神	发展电竞产业作为国民经济支柱产业	认可电竞作为团队体育运动
赛事举办	以组织赛事为中心	以组织赛事、宣传赛事为中心	以组织赛事为中心
赛事目标	以电竞赛事商业化发展为导向	强调赛事活动营销推广以及明星选手包装	强调大众参与
政策支持	政策支持力度较大	政策支持力度大	政策支持力度较大

课后练习

一、判断题

1. 韩国借鉴模仿了其他国家电竞发展，从而形成了成熟领先的电竞产业体系。（　　）

2. 韩国电竞产业与其发达的娱乐业实现深度结合，形成了差异化的产业特点。（　　）

3. 绝大部分世界顶级游戏厂商都来源于美国。（　　）

4. 自2003年中国电竞战队在WCG取得三金一银一铜的优秀成绩后，中国电竞一路实现快速发展。（　　）

5. 中国如今成为全球第一大电竞市场。（　　）

6. 欧洲国家较多，其职业电竞战队的国家代表性较强。（　　）

7. 芬兰拥有历史悠久的游戏产业，尤其是上游段的游戏研发。（　　）

8. 波兰的电竞大发展起源于卡托维兹。（　　）

9. 《贪吃蛇》《愤怒的小鸟》等游戏都起源于丹麦。（　　）

10. 澳大利亚曾面临电竞孤岛难题。（　　）

11. 2018年雅加达亚运会电竞表演项目中，中国队获得首金的项目是王者荣耀AoV。（　　）

二、选择题

1. 国际公认的合格职业电竞玩家赴美参加会被批准何种美国签证？（　　）

　A. I　B. P　C. F-1　D. B-2

2. 截至目前，以下哪一国家已经正式承认电竞为体育运动？（　　）

　A. 英国　B. 美国　C. 土耳其　D. 意大利

3. 法国电子竞技协会是依据哪一个法律文件建立的？（　　）

　A. 2016年10月7日第2016-1321号法律　B. 2017年5月9日第2017-871号法令

　C. 2017年5月9日第2017-872号法令　D. 2016年《数字共和国法案》

4. 韩国职业电子竞技协会（KeSPA）建立于何时？（　　）

　A. 1998年　B. 1999年　C. 2000年　D. 2001年

5. 电子竞技诚信联盟（ESIC）的原则包括哪些？（　　）

　a. 诚信与尊重　b. 公平程序　c. 标准化法规中的实施、教育和执法　d. 组织世界锦标赛

　A. abc　B. bcd　C. abd　D. abcd

6. 资本助推帮助韩国开拓了电竞产业的新业态，下面哪个选项是韩国电竞商业化发展中的关键角色？（ ）

    A. 三星　B. 乐天　C. SK集团　D. LG集团

7. 以下哪个游戏厂商不来自于美国？（ ）

    A. 拳头游戏（Riot Games）

    B. 动视暴雪（Activision Blizzard）

    C. 维尔福（Valve）

    D. 蓝洞（Blue Hole）

8. 欧洲电竞联合会（The European E-Sports Federation，简称EEF)于哪年成立？（ ）

    A. 2015年　B. 2016年　C. 2018年　D. 2019年

9. 2011年首届英雄联盟全球总决赛（简称S1）的举办地点是（ ）

    A. 美国　B. 澳大利亚　C. 波兰　D. 瑞典

10. 中、韩、欧美地区电竞发展特征中，中国电竞的价值主张主要是（ ）

    A. 竞技化　B. 产业化　C. 娱乐化　D. 个性化

11. 韩国电竞发展的价值导向主要是（ ）

    A. 强调电竞竞技化和竞技精神
    B. 发展电竞产业作为国民经济支柱产业
    C. 认可电竞作为团队体育运动
    D. 将电竞与娱乐化板块深度结合创造流量价值

三、简答题

1. 请简述法国电竞基于"通知"的管理方法。

2. 请从立法和监管框架上简述意大利电竞发展遭遇的困境。

四、分析题

【材料一】

    女性游戏玩家的数量正在迅速增长，如今，世界上近一半的游戏玩家是女性。据谷歌和市场调研公司Niko Partners的数据，2020年，女性玩家占美国所有游戏玩家的近41%，亚洲则为40%~45%。

不过，尽管有很多成功的女性游戏玩家，却很少有女性在电竞上有所成就。*DOTA 2*比赛奖金十分丰厚，世界冠军甚至可以一夜变成亿万富翁，但截止到2021年，还没有一个女性玩家获得过这份殊荣。在*DOTA 2*游戏的两亿多美元的奖励中，只有0.002%流向了女性玩家。2021年9月，英国BBC调查研究发现，前300名收入最高的电竞比赛选手中都没有女性的身影，排名最靠前的一位女性玩家是第338名，第二位就直接掉到了第680名，由此揭示了女性在电竞圈的生存困境。

游戏圈的性别歧视是阻碍女性参与电竞比赛的重要原因之一。据电竞巨头EG战队的数据，仅2020年一年，在所有女性玩家中，就有将近一半遭受过性别歧视。许多女性玩家因此在游戏中伪装自己的身份，改变个人资料和角色来显得中性或男性化，且不敢使用麦克风。

2012年5月，加拿大裔美国人阿妮塔·萨克伊西恩因为在网络上发表一系列的影片，讨论《侠盗猎车手》《刺客教条》等畅销游戏中女性的表现，而受到各种网络霸凌，包括仇恨言论、性别歧视言论、强奸威胁和死亡威胁。最近的一次威胁是在2014年10月15日，她预定于当日发表演讲，但在前一天收到了一封匿名电子邮件，威胁她若举行演讲将会遭枪击，演讲因此取消。

2016年，一个昵称为"Geguri"的女性玩家，因其在《守望先锋》中惊世骇俗的操作受到人们关注，关注进而扭曲为质疑。不少人认为，其出色的表现是因为外挂。直到她开了直播之后，在成千上万人的注视下依然延续着此前的神奇表现，对其质疑之声才渐渐平息下来。而在《守望先锋》的开发公司暴雪证实Geguri没有用外挂之后，那些质疑外挂的声音又演变为近乎性骚扰的调侃，人们频繁地在其直播中以各种露骨的言辞对其进行示好。

【材料二】

2021年3月，电竞行业的"大腕"们再次合作，为女性游戏人才发声，挑战男性沙文主义盛行的严峻现实。3月25日至26日，EG战队、TL战队和TD战队（Team Dignitas）将选出队伍里优秀的女选手参加纸牌比赛，为慈善事业筹款。该比赛由Poker Powher公司主办，该公司的总经理艾琳·莱登表示："我们很高兴能与电竞界的女性合作，这次活动不仅让人们意识到女性玩家需要一个更包容的游戏环境，也为女性成为各行各业的佼佼者创造了可能性。"

【材料三】

2021年6月18日，WPL中国女子电竞选拔赛正式开启英雄联盟比赛报名通道。WPL中国女子电竞选拔赛是由中国互联网协会电子竞技工作委员会指导举办，着力推动国内女子电竞产业的发展，此赛事填补了中国女子电竞专项赛事的空白，吸引更多女性选手参与到职业联赛中，为2022年杭州第19届亚运会（已延期至2023年）电竞国家队输送更多优秀队员。通过本次赛事，进一步推广女子电竞文化，让更多女性群体拥有属于自己梦想的舞台。

问：结合上述材料和本章内容，分析当前电竞行业的性别歧视问题和可以采取的相应举措。

参考答案

一、判断题

1.错 2.对 3.对 4.错 5.对 6.错 7.对 8.对 9.错 10.对 11.对

二、选择题

1.B 2.C 3.D 4.B 5.D 6.A 7.D 8.D 9.D 10.A 11.B

三、简答题

1. 任何想要组织电竞比赛的公司或协会需要依法在规定时间内向内政部报告必要的赛事信息，包括主办方信息、比赛时间、场地位置、费用等内容。完成报告后，电竞比赛就可以合法进行，由负责组织的公司或协会直接运行。

2.意大利对电竞的了解不够深入，与电竞相关的立法和监管框架也不清晰。

第一，电竞比赛在意大利是否能够被视为有奖竞赛是模糊的。一些电竞比赛有可能是专门负责组织和管理比赛的公司所组织的，并不会产生明显的促销目的，那么就可能并不适用于有奖竞赛的定义及相关法律法规。

第二，电竞的赌博问题在意大利不能受到清晰监管。由于意大利国家奥林匹克委员会尚未承认电竞是一项体育运动，但是其下属的两个机构却将电竞列入了认可的体育运动。因此，电竞是否适用于意大利的赌博条例是模糊的。

第三，电竞比赛受到的宣传限制对意大利电竞行业的发展产生了一定的阻碍。意大利法律禁止任何形式的与博彩活动、游戏和其他形式的现金游戏相关的直接和间接广告，包括赞助商资格及任何其他形式的带有促销内容的传播形式。而在电竞比赛中，现金是常见的一种奖品形式，因此该法令也许会影响意大利电竞行业的发展。

四、分析题

（1）性别歧视问题：①男性沙文主义的影响，导致女性玩家受到性别歧视，在游戏中不得不伪装身份。②女性玩家更容易受到质疑，社会刻板印象普遍认为女性游戏水平低于男性。③帮助女性发声的个人容易受到极端分子的仇恨言论、性别歧视言论、强奸威胁和死亡威胁。④电竞高层中，女性不仅人数稀少，而且往往被"边缘化"。⑤大学电竞中，女性参与比赛的机会仍与男性存在显著的不平等。

（2）相应举措：从各国的电竞机构、政府、电竞俱乐部、公司等出发。比如英国电子竞技协会发起女性电竞运动，以鼓励电竞中的女性人才，缓解电竞中的性别不平衡问题。政府方面出台相关的法规或管理条例，加大对隐性的性别歧视现象和极端分子的言论的惩处力度，也和联盟、协会一起发展女子电竞专项赛事；此外电竞俱乐部服从协会、联盟和政府有关性别平等的规定，提高女性选手的地位，比如为女性游戏人才发声。

参考文献

REFERENCE

[1] Abbasi A Z, Asif M, et.al.The effects of consumer e-Sports videogame engagement on consumption behaviors[J]. Journal of Product & Brand Management, 2020(10).

[2] Çakar D B, Yiğit M H. E-Sports e-Sports Regulations and Problematics[J]. The Journal of Eurasia Sport Sciences and Medicine, 2019, 1(3): 123-137.

[3] Giulio Coraggio, Chan Mei Sum, Nick Fitzpatrick, Peter C. White, Philip Lee. E-Sports Laws of the World[R]. DLA PIPER, 2021.

[4] Rizzi A, Serao N, Nowak L. E-Sports in Italy: an industry ready to take off (or still in search of its regulatory soul)?[J]. Interactive Entertainment Law Review, 2019(6): 42-48.

[5] Sjoblom M, Hamari J. Why do people watch others play video games? An empirical study on the motivations of Twitch users[J]. Computers in Human Behivior, 2017(75): 985-996.

[6] Star S, Bakshi N. The growth of e-Sports in India -a short review of the main legal and regulatory challenges[J]. Law in Sport, 2019(4): 1-5.

[7] Tjnndal A, Skauge M. Youth sport 2.0? The development of e-Sports in Norway from 2016 to 2019[J]. Qualitiative Research in Sport, 2020, 13(1): 1-18.

[8] Jang Wooyoung William, Kevin K. Byon, et al. Mediating effect of e-Sports content live streaming in the relationship between e-Sports recreational gameplay and e-Sports event broadcast[J]. Mediating effect of e-Sports content live streaming, 2020(11): 89, 108.

[9] 蔡骐.社会化网络时代的粉丝经济模式[J].中国青年研究，2015（11）：5-11.

[10] 陈健珊.亚文化视角下"社群经济"营销现象探析——以我国电子竞技产业为例[J].现代营销（下旬刊），2021（1）：49-51.

[11] 戴志强，齐卫颖.电子竞技的原动力：虚拟现实的情感体验与艺术期待[J].现代传播（中国传媒大学学报），2019，41（6）：80-85.

[12] 顾向栋.通过肖战浅析饭圈的属性、生产与权力结构[J].新闻研究导刊，2020，11（13）：62-63.

[13] 胡荻.电子竞技赛事的粉丝经济与生态[D].硕士学位论文，北京外国语大学，2019.

[14] 兰建平，傅正.创意产业、文化产业和文化创意产业[J].浙江经济，2008（4）：40-41.

[15] 刘慧.数字媒体艺术概论[M].武汉：华中科技大学出版社，2016.

[16] 刘寅斌，芦萌萌，肖智戈，张潇月.中国职业电竞赛事体系的演进及发展路径研究——以英雄联盟职业联赛为例[J].山东体育学院学报，2019，35（6）：43-47.

[17] 徐越，付煜鸿.虚拟偶像KDA女团——电竞文化与粉丝文化结合的典型范例[J].新媒体研究，2019，5（3）：90-91.

[18] 杨海燕，杨阳.我国电子竞技赛事的商业化发展研究——以英雄联盟为例[J].当代体育科技，2020，10（4）：222-225.

[19] 杨敬研，李颖卓，李松哲.韩国电竞产业的社会商业经济价值研究[J].中国经贸导刊，2010（18）：65.

[20] 张洁瑶.产业集聚的知识网络构建路径研究——基于文化创意产业视角[J].经济问题探索，2015（12）：73-80.

[21] 张璇，刘媛媛.传播学理论视域下的移动电子竞技研究——以《王者荣耀》为个案研究[J].传媒观察，2018（8）：51-59.

[22] 赵亚楠.对新媒体艺术与文化创意产业的和谐互动分析[J].传媒论坛，2018，1（24）：8-11.